王雪明 编著

古今天文地理二十杰

湖北长江出版集团
湖北教育出版社

(鄂)新登字02号

图书在版编目(CIP)数据

古今天文地理二十杰传奇/王雪明编著.—武汉:湖北教育出版社,2012.2(2020.11重印)
(灿烂星光)
ISBN 978-7-5351-7092-7

Ⅰ.古… Ⅱ.王… Ⅲ.地理学家-生平事迹-世界 Ⅳ.K815.89

中国版本图书馆CIP数据核字(2011)第251372号

出版 发行:湖北教育出版社　武汉市雄楚大道268号
网　址:http//www.hbedup.com　邮编:430070　电话:027-83619605

经　销:新　华　书　店
印　刷:保定市铭泰达印刷有限公司
开　本:850mm×1168mm　1/32　12印张
版　次:2012年2月第1版　2020年11月第3次印刷
字　数:241千字

ISBN 978-7-5351-7092-7　定价:22.80元

前　言

天文学也许是可证实的最古老的科学，人们对遥远的星空显然要比对喻为“母亲”的地球更为关注。中国的甲骨文保留了可以追溯到公元前13世纪的月食和日食等星相记录，在中国、古埃及等一些文明中，粮食的收获和播种的时间完全依靠某些星群在天空的位置来判断。譬如，在古埃及，他们的历法就是根据天狼星的轨迹制定，当天狼星第一次出现在地平线的时候（只比太阳升起早一点点），成为埃及新年第一天的标志，它的出现总是预示着尼罗河洪水即将泛滥。

而人类对地球进行系统的探索始于18世纪，随着西方工业生产的迅速发展，对矿物原料的需求急剧增加，工业界和科学界日益加强了对地质学的研究。初期的研究主要课题是地球上的矿产、岩石、山脉是怎样形成的。

18世纪之前，关于地球的形成有许多假说，无一例外地都把“上帝”作为第一推动力。很多人相信广阔海洋的成因是洪水的暴发，就像《圣经》里面关于地球起源的解释一样。而地球的年龄被认为只有五千多年，如1645年，爱尔兰阿尔马大主教詹姆斯·厄舍在研究《圣经》中列举的资料后得出了结论：创世的时间为公元前4004年10月26日的上午九点。到他那时为止，我们脚下的大地和头顶上的天空仅仅存在了5650年。

现在我们知道地球的年龄大概在 46 亿年左右，然而事实上，人们还没有在地球自身发现确凿的档案来证明地球存在了 46 亿年。科学家们仍然在探索数百万甚至数亿年前地球上所发生的不可思议的事情，希望揭示这个地球最古老的秘密。

本书以年代为线索，分天文、地理两个领域，介绍了从古希腊到现代的 20 位科学家的人生轨迹及对人类作出的重大贡献，没有他们的努力，人类就不可能发展到现在这种文明的程度。

今天，人们津津乐道于古人的“愚蠢”，殊不知人类对这个世界、对自身的认知都是一点一滴在进步。阅读本书我们也会加深对欧洲中世纪和宗教法庭那个灾难深重的时代的了解，但无论多么严酷的宗教刑罚都未能阻止科学的进步。为了摆脱愚昧、探求知识，人类已经走过并且还在继续走着一条漫漫的上下求索的道路。

“上知天文，下知地理”自古是对博学之士的崇高赞誉。天文、地理之事，似乎离人们的日常生活很远，但我们俯仰呼吸，无时不在这宇宙之中，对于天地的敬畏和探求，也是对生命的敬畏和探求。文中所及二十杰人士，境遇互异，奇彩人生，然则对这世界的孜孜探索使其在科学的天空熠熠成星，照亮人类未知之路。

灿烂星光

古今天文地理二十杰传奇

contents

目录

古希腊天文学的巨擘——喜帕恰斯、托勒密

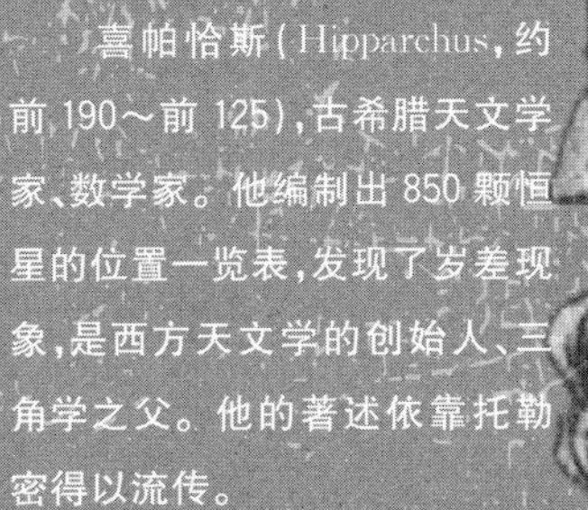

喜帕恰斯(Hipparchus,约前190～前125),古希腊天文学家、数学家。他编制出850颗恒星的位置一览表,发现了岁差现象,是西方天文学的创始人、三角学之父。他的著述依靠托勒密得以流传。

托勒密(Claudius Ptolemaeus,约90～168),古希腊天文学家、地理学家和光学家。他的宇宙观"地心说"统治了西方上千年的历史,直到16世纪哥白尼的"日心说"发表才被推翻。

时光倒流 2200 年

在中文世界，喜帕恰斯的译名极不统一，除喜帕恰斯外，还有希巴恰斯、希巴克斯、依巴谷、伊巴谷等，这是因为中文译名多是从英文转译的，Hipparchus 是古希腊语原名的英文翻译，经两次翻译，汉语译名与其母语的准确发音就有很大出入。其中，最流行的还是喜帕恰斯和依巴谷，在提到这名天文学家的天文成就时，一般称其为喜帕恰斯，而在提到以其名字命名的天文卫星依巴谷卫星和与其有关的天文术语（如依巴谷星表）的时候，一般称之为依巴谷，在提及占星学的时候，就用希巴恰斯。

喜帕恰斯，这位古希腊最伟大的天文学家和富有才华的数学家，我们对他的生平知之不多。据说他出生于小亚细亚半岛西北部的尼西亚（今土耳其伊兹尼克），约公元前 190 年出生，公元前 125 年之后卒于希腊罗得岛。

年轻时，喜帕恰斯曾在亚历山大城求学。这座城是埃及托勒密王朝的首都，曾是当时科学和文化的中心，吸引了几乎所有那个时代的伟大科学人物。但是，在喜帕恰斯时代托勒密王朝日趋衰落。托勒密王朝的统治者已不再像他们的祖先那样关注和支持科学事业，亚历山大城也不再是让学者们安心治学的地方。所以，一完成学业后喜帕恰斯便离开了这座曾经辉煌过的亚历山大城，来到了当时的新文化中心——爱琴海南部的罗得岛。他在这座小岛上建起了天文观象台，开始了自己热爱的天文学研究。公

元前 141 年起定居罗得岛并长期从事天文观测，写过不少天文著作，多已散佚，有关他的科学成就大多是从托勒密的《天文学大成》中得知。他拥有两个令人肃然起敬的称号：西方天文学家之父和三角学之父。

最早发现岁差现象

我们知道，地球一直处于生生不息的各种运动中，其中最明显的是地球围绕地轴的自转运动，形成昼夜交替；不那么明显的是地球每年环绕太阳一周的公转，这一运动形成了一年四季的转换。此外，地球还会受到其他行星施加于它的引力而产生的一些小得多的摆动，不过由于距离太远，这些引力引起地球偏离公转轨道的幅度是非常微小的，但月球是一个例外，由于相对距离较近，月球对地球上海洋的引力会导致潮汐的涨落，而由此产生的潮汐重量的移动会使地球出现轻微的失衡。而且，当月球由南向北越过赤道时，它对地球赤道隆起部分的引力会使地轴产生摆动，喜帕恰斯是第一个发现并测出地球这一摆动的天文学家。

为了更好地理解喜帕恰斯所作出的贡献，我们引入几个天文学的概念。

地球绕地轴旋转，可以看做是巨大的陀螺旋转，由于日月等天体的影响，类似于旋转陀螺在重力场中进行运动（在旋转速度减慢时，陀螺中心线会倾斜，中心线上的点做圆周运动），地球的旋转轴在空间发生缓慢旋转形成倒圆锥体，其锥角等于黄赤交角 23.5°，旋转周期 26000 年，这种运动称为岁差。

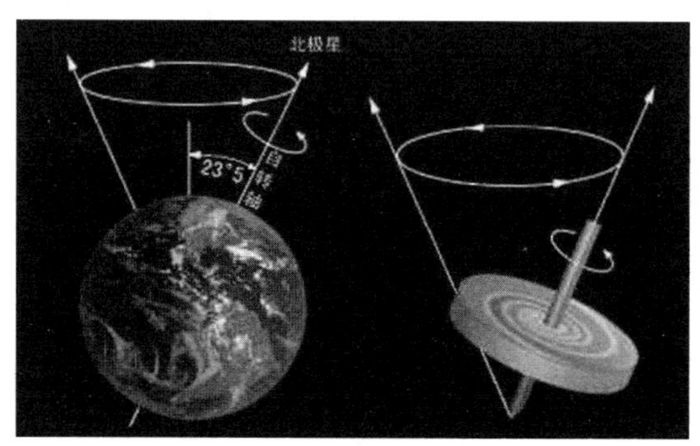

地球旋转轴绕空间呈倒圆锥形

月球绕地球旋转的轨道称为白道，由于白道对于黄道约 5 度倾斜，这使得月球产生的转矩的大小和方向不断变化，从而导致地球旋转轴在岁差的基础上叠加 18.6 年的短周期圆周运动，振幅为 9.21 秒，这种现象称为章动。

公元前 2 世纪，喜帕恰斯在编制一本包含 850 恒星（又说 1025 颗、1080 颗）的星表，把他测出的星位与 150 多年前的古希腊天文学家提默洽里斯（Timocharis，前 320—前 260）和阿里斯基尔（Aristillus，前？—前 280）测定的星位进行比较，发现恒星的经度有较显著的改变，而纬度的变化则不明显。在这 150 年间，所有恒星的经度都增加约 1.5°。喜帕恰斯认为，这是春分点（每年 3 月 21 日前后）沿黄道（一年中太阳在天球上运动的轨迹称为黄道）后退所造成的，并推算出春分点每 100 年西移 1°。这是岁差现象的最早发现。

制作依巴谷星表

传说中，喜帕恰斯的视力非常好，他在罗得岛建立的天文观象台观测天象，并发明了许多用肉眼观测天象的仪器，这些仪器后来沿用了 1700 多年。公元前 134 年，喜帕恰斯在天蝎座里发现一颗新星，他未能在以前的观察记录中找到这个星体。古希腊时代，人们坚信天体是永恒不变的，由于以前的观察实质上不系统，所以喜帕恰斯不能轻易地下结论。他决定制作一份标有亮星的连续位置的精确星图，使以后的天文学家不会遇到类似的困难，这就是著名的依巴谷星表，西方历史上第一个记载恒星的星表。他把肉眼可见的星按亮度分为 6 等，最亮的为 1 等星，最暗的为 6 等星，从而奠定了恒星星等概念的基础。

喜帕恰斯留下大量的观测资料，可以说，这是天文界不可多得的宝贵财富。后人在定出行星的各种周期与参数时，常常利用他的观测结果。1718 年，哈雷（Halley，1656—1742）将自己的观测与喜帕恰斯的记录比较而发现了恒星的自行。

为了测量的需要，喜帕恰斯创立了三角学及球面三角学，这也是了不起的成就，他被认为是三角学的奠基人。

喜帕恰斯利用自制的观测工具和他创立三角学计算方式，测量出地球绕太阳一圈（一年）所花的时间为 365 又 1/4 日再减去 1/300 日，与正确值只相差六分钟；他算出一个朔望月周期（月相盈亏的周期）为 29.53058 天，与现今算出的 29.53059 天十分接近;利用视差法,求出月地距离。就是在月食时用月球的视直径和地球影子的直径相比较,求得月亮的距离为地球直径的 30 又 1/6 倍;并定出岁差值为每年 45″或 46″。

喜帕恰斯还发现以经纬度测定地球上地理位置的方法和由极点向赤道面投影的制图法,这些方法至今仍在使用。

据说,喜帕恰斯编过一本 12 卷的著作,可惜没有流传下来,现在所知的关于他的工作都是从托勒密的著作中得来的。

支持“地心说”

喜帕恰斯一方面奠定了天文学基础,另一方面又为“地心说”开辟了道路。

在古老的宇宙观中,人们把天看成是一个盖子,地是一块平板,平板就由柱子支撑着。在公元前 4 到 3 世纪,对于天体的运动,希腊人有两种不同的看法:一种以欧多克斯(约前 400 年—前 355 年)为代表,他从几何的角度解释天体的运动,把天上复杂的周期现象,分解为若干个简单的周期运动;他又给每一种简单的周期运动指定一个圆周轨道,或者是一个球形的壳层,他认为天体都在以地球为中心的圆周上做匀速圆周运动,并且用 27 个球层来解释天体的运动。到了亚里士多德时,又将球层增加到 56 个。另一种以阿利斯塔克(前 315—前 230)为代表,他认

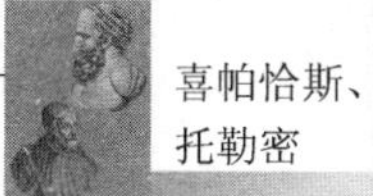

为地球每天在自己的轴上自转，每年沿圆周轨道绕日一周，太阳和恒星都是不动的，而行星则以太阳为中心沿圆周运动。但阿利斯塔克的见解当时没有人表示理解或接受，因为这与人们肉眼看到的景象不同。

地心说其实是亚里士多德（前384—前322）首创，亚里士多德认为宇宙的运动是由上帝推动的。宇宙是一个有限的球体，分为天地两层，地球位于宇宙中心，所以日月围绕地球运行，物体总是落向地面。地球之外有9个等距天层，由里到外的排列次序是：月球天、水星天、金星天、太阳天、火星天、木星天、土星天、恒星天和原动力天，此外空无一物。各个天层自己不会运动，上帝推动了恒星天层，恒星天层才带动了所有的天层运动。人居住的地球，静静地屹立在宇宙的中心。

喜帕恰斯为“地心说”建立了理论体系，他认为，地球是宇宙的中心，日月星辰等每一个天体都有一个轨道（即“本轮”），而这些轨道又在一个更大的轨道（即“均轮”）上围绕地球运动。

喜帕恰斯的这种宇宙观指导着从托勒密到第谷（1546—1601）的许多杰出天文学家的工作，统治天文学界达1600年之久。

但是可以肯定的是，在当时的历史条件下，喜帕恰斯提出的行星体系学说是具有进步意义的，它不但肯定了大地是一个悬空着的没有支柱的球体，还从恒星天体上区分出行星和日月是离我们较近的一群天体，这无疑是把太阳系从众星中识别出来的关键性一步。

另外，在当时及之后的1000多年中，天文学和占星学不是互相独立的。因为从事这两种活动的是同一群人。大名鼎鼎的喜帕恰斯和托勒密，这两位现代人心目中的古代天文学家，正是那个时代的占星学权威。其中，喜帕恰斯的占星学说经常被后世的罗马作家援引，托勒密著有占星学经典《四书》。

所以在"天文学之父"的喜帕恰斯身上，我们可以看到双向性结局，这也许是古代天文学上致命的弱点。尽管如此，喜帕恰斯仍不失为希腊化时代的天文学巨星。他一个又一个惊人的发现和发明，他对天文学的划时代贡献，使他成为希腊最伟大的天文学家。

古希腊在天文学上成绩巨大，与其他文明古国相比，它的理论性最强，体系也最为完整、科学，方法上也达到了古代的高峰，它的影响也是具有深远意义的。

喜帕恰斯去世两百多年后

第二位出场的人物是托勒密（90—168）。这位众所周知的天文与地理学家是受到了喜帕恰斯的研究成果的启发。

关于托勒密的生平，至今所知甚少。最主要的资料来自他传世著作中的有关记载，其次是罗马帝国时代和拜占庭时代作家们传述的一些说法——通常颇为可疑。

在托勒密最重要的著作《天文学大成》（又名《至大论》）中，记载着一些他本人所做的天文观测，这是确定他生活年代、工作地点的最可靠的资料。见于《天文学大成》

书中的托勒密天文观测记录，最早的日期为公元127年3月26日，最晚的日期为公元141年2月2日。《天文学大成》是托勒密早年的作品，此后他还写了许多著作。由托勒密留下的观测记录来看，他的所有天文观测都是在埃及（当时在罗马帝国统治之下）的亚历山大城所做。直到今天，仍未发现任何确切的证据，能表明托勒密曾在亚历山大城以外的地方生活过。

托勒密的姓名中，保存着一些信息，可供推测。Ptolemaeus表明他是埃及居民，而祖上是希腊人或希腊化了的某族人；Claudius表明他拥有罗马公民权，这很可能是罗马皇帝克劳狄乌斯（Claudius，41年—54年在位）或尼禄（Nero，54年—68年在位）赠予他祖上的。

通过以上这些推测，我们可以得到以下情况：托勒密生于埃及，父母都是希腊人。那时，埃及已成为罗马帝国的一部分，而身为埃及居民的托勒密则拥有世袭的罗马公民权，这可能是由罗马皇帝赠予他祖先的。尽管如此，由于文化渊源的关系，托勒密在大多数情况下都视为希腊化时代的人物。公元127年以后，托勒密被送到亚历山大求学，在那里，他阅读了不少书籍，学会了天文测量和大地测量。他曾长期住在亚历山大城，直到151年。

托勒密画像，画于16世纪

统治西方天文学一千多年

托勒密最重要著作《天文学大成》共计 13 卷，概括了古希腊时代天文学的全部成就，被认为是西方古典天文学的百科全书，也是唯一幸存的全面论述古代天文学成就的著作，直到开普勒（1571～1630）时代，都是天文学家的必读书籍。书中确定了一年的持续时间，编制了星表，说明旋进、折射引起的修正，给出日月食的计算方法等。他利用希腊天文学家们特别是喜帕恰斯的大量观测与研究成果，把各种用偏心圆或小轮体系解释天体运动的地心学说给以系统化的论证，后世遂把这种地心体系冠以他的名字，称为托勒密地心体系。

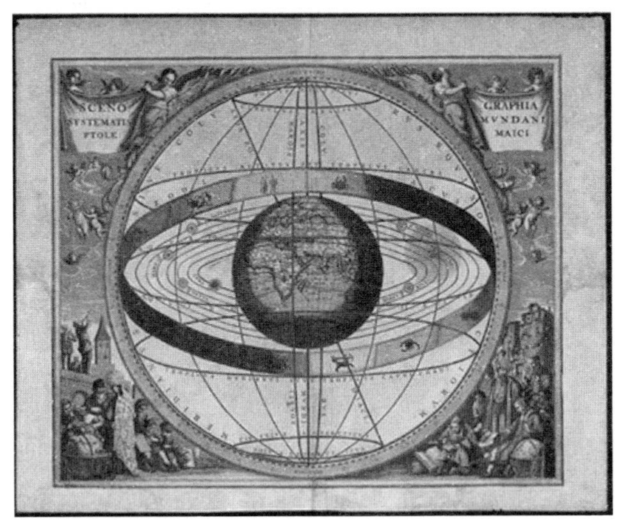

托勒密地心体系宇宙图

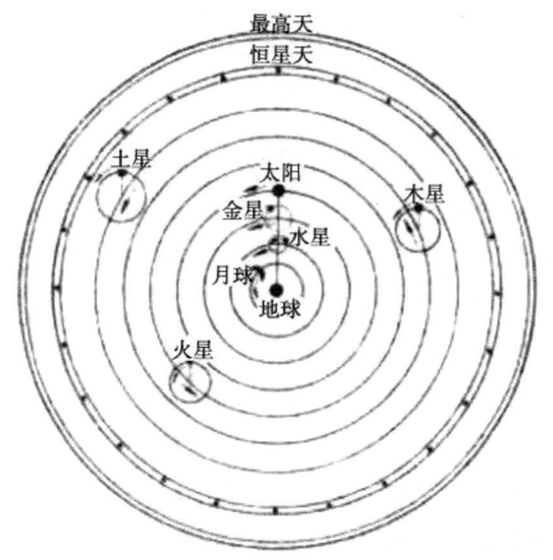

托勒密地心体系简图

托勒密全面继承和发展了亚里士多德、喜帕恰斯的地心说，并利用喜帕恰斯和他自己长期观测得到的数据，把亚里士多德的 9 层天扩大为 11 层天。托勒密设想，各行星都绕着一个较小的圆周上运动，而每个圆的圆心则在以地球为中心的圆周上运动。他把绕地球的那个圆叫“均轮”，每个小圆叫“本轮”。同时假设地球并不恰好在均轮的中心，而偏开一定的距离，均轮是一些偏心圆；日月行星除做上述轨道运行外，还与众恒星一起，每天绕地球转动一周。

托勒密这个不反映宇宙实际结构的数学图景，却较为完满地解释了当时观测到的行星运动情况，并取得了航海上的实用价值，从而被人们广为信奉。至于教会利用和维护地心说，那是托勒密死后一千多年的事情了，在托勒密时代，基督教还没有在欧洲占据主导地位。

《地理学》对后世影响巨大

除了在天文学方面的造诣，托勒密在地理学上也有出色的成就，著有《地理学》8卷。他认为，地理学的研究对象应为整个地球，主要研究其形状、大小、经纬度的测定以及地图投影的方法等。他还制造了测量经纬度用的星盘和后来驰名欧洲的角距测量仪。

托勒密的《地理学》8卷，在相当程度上是以泰尔人马里努斯的工作为基础的。此人是托勒密的前辈，如果没有托勒密《地理学》一书记述了他的工作和成就，他很可能从此在历史上湮没无闻；这情形和喜帕恰斯的天文学成就由托勒密《天文学大成》记载保存极为相似。与在天文学史研究中的情形一样，有人也将托勒密的《地理学》贬斥为马里努斯的"拙劣抄袭者"。然而在事实上，《天文学大成》对喜帕恰斯和《地理学》对马里努斯工作的保存及记述，足以证明托勒密在此两大领域内，都将自己的工作置于前辈最伟大成就的基础之上。而托勒密本人在两大领域的巨大成就，也是有目共睹的。

托勒密非常清楚，将球状的地球表面画到一张扁平的地图上意味着许多误差和扭曲，因此他创立了将球体图形投射到平面上的技术。这一技术需要极大的耐心以及数学方面的知识。在《地理学》一书中，托勒密将整个世界画在27张地图上。其中欧洲画了10张，亚洲画了12张，非

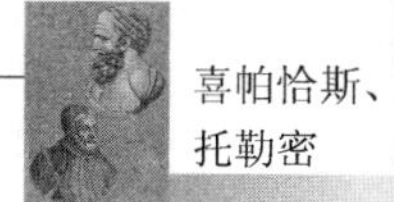

洲画了4张。托勒密画每张地图时，总是将地图正上方定为正北，这便是我们现在“上北下南、左西右东”的由来。在这本书的最后，托勒密列出了地图上所有的地名以及它们的经度和纬度。他的著作为以后地图的制作提供了典范，并且一直沿用了近2000年。

托勒密地理学对后世影响巨大。《地理学》一书在9世纪初叶便有了阿拉伯译本，书中关于伊斯兰帝国疆域内各地记载中的不准确之处，很快被发现并代之以更准确的记述，原初的阿拉伯文译本已经佚失，但此书在伊斯兰地理学中的直接与间接影响是值得注意的。《地理学》约在1406年由安杰勒斯（Angelus）从希腊文本译出拉丁文译本。因为此书即使在当时（在它问世后1200年）仍是对已知世界总的地理情况的最佳指南，所以很快流行起来，直到16世纪才逐渐被新的地图所取代。尽管托勒密的投影法受到非议，然而无论如何，《地理学》为后人提供了世上最早的有数学依据的地图投影法。

哪个名声更大？

无论是在古代中国，还是在古代欧洲，天文学家大都兼有星占学家的身份。

关于托勒密在他身后的历史时期中，他作为天文学家和作为占星学家，哪个名声更大的问题，学者们有不同的看法，不过至少在中世纪晚期，他的名声首先是和他的占星学巨著《四书》联系在一起的。

《四书》（共 4 卷）的写作，大致在完成《天文学大成》之后，在撰写《地理学》之前，托勒密本人将此书视为《天文学大成》的姊妹篇，在《天文学大成》中，托勒密几乎完全不涉及占星学，他只是致力于让人们能够预先推算出任何时刻的各种天体位置。而在《四书》中，他试图详细阐述这些天体在不同位置上对尘世事物的不同影响，他认为这两方面是不可偏废的。托勒密坚信天体对人间事物有着真实的、“物质上的”影响力，他从太阳、月亮对大地的物质影响出发，由类比推论出上述信念。当然，托勒密并非宿命论者，他承认左右人间事物的因素有多种，天体的影响力只是其中之一。

星盘是星占术士观测天象的工具

占星学并非托勒密首创，早在好几百年前发源于巴比伦，传入希腊化世界（包括埃及在内）也已很久，所以托勒密当然不能不在大体上与旧有的占星学原则相一致，在《四

星座的命名大都源于神话故事

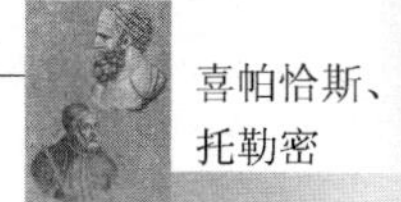

书》中有所创新和发展。

《四书》集希腊化时代占星术之大成，作为一部占星术专著，在古代和中世纪极负盛名，为此后一千多年的西方占星术的理论和实践提供了标准模式，托勒密也由此长期被视为星占学大家。令人惊奇的是，直到1300年之后，欧洲的算命天宫图仍然遵守与该书完全一样的标准形式。有趣的是，在托勒密逝世后，许多占星家还将自己的著作伪托在他的名下。特别要提到《金言百则》(*Centiloquium*)一书，是一部占星学格言集，共100条，被归于托勒密名下，而实为伪托。

天文学史上的丑角？

托勒密对光学也做过研究。托勒密之前的希腊光学，今人所能了解的情况非常之少，因为文献缺乏。传世的托勒密《光学》一书，要算一部结构完整的巨著了。此书中最有价值的部分是讨论折射理论，他认为光线在折射时入射角与折射角成正比关系。托勒密还研究了光线在空气与玻璃交界面上的折射，他发现玻璃对空气的折射率比水对空的折射率大，这是正确的。在这一卷中托勒密又论及与天文观测有关的折射，以及折射量与媒质密度的关系、折射的成像等问题，不过托勒密最终未能将他所讨论的折射规律表示为数学公式。

除此之外，托勒密流传至今的著作还有：《实用天文表》此书在后来很长时期内成为同类作品的标准样式，这种样式一直沿用至中世纪以后。《行星假说》2卷，仅第一卷有希腊古本保存，全文有阿拉伯文译本传世，此书为托勒密晚年所作。《恒星之象》2卷，仅有第二卷存世。《日晷论》，除保存了一部分希腊文抄本残卷外，仅有13世纪的拉丁文译本存世（译自希腊文）。《平球论》，有11世纪初年的阿拉伯文译本及12世纪中叶据此阿拉伯文本转译的拉丁文译本传世，此书专论天球上的各种圆如何投影于平面，这是构造平面星盘的理论基础。《谐和论》3卷。数理乐律学著作，根据各个不同的传统希腊体系，讨论各种音调及其分类中的数学音程等问题。

此外，根据一些古代著作家在他们作品中征引所及，可知托勒密还有另外一些著作。如他曾着有《体积论》及《元素论》两书，都已佚失。他还写过一部讨论机械学的书，共3卷，也未能传世。

托勒密的《天文学大成》在他身后不久成为古代西方世界学习天文学的标准教材。公元4世纪就出现了帕普斯（Pappus）的评注本和亚历山大城的塞翁（Theon of Alexandria）的评注本。约在公元800年出现阿拉伯文译本。随后出现更完善的译本，它们与阿拔斯王朝的哈里发阿尔马蒙（Al-Ma'mun）对天文学的大力赞助密切联系在一起。公元1175年，出现了克雷莫纳的杰拉尔德（Gerard of Cremona）从阿拉伯文译的拉丁文译本，《天文学大成》开始重新为西欧学者所了解。在此之前不久，公元1160年左右还有一个从希腊文本译出的拉丁文译本出现在西西里，但可能不太为人所知。这些译本，连同来自阿拉伯一些以《天文学大成》为基础的新论著，在13世纪大大提高了西

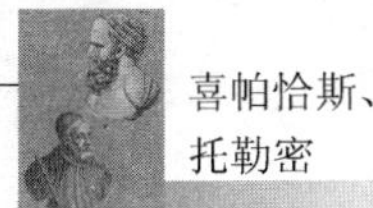

方天文学的水准。而在此前漫长的中世纪时期,西方世界的天文学进展主要出现在阿拉伯世界,然而阿拉伯天文学家更是大大受益于托勒密的天文学著作。

在讨论托勒密的历史功绩及影响时,我们已经习惯嘲笑托勒密,他荒谬地把地球放在宇宙的中心,于是成了天文学史上的丑角,只能反衬哥白尼的伟大。我们也习惯嘲笑亚里士多德,似乎在物理学史上他唯一够格出场的就是在论述伽利略时提到他,他以为"重物落得快,轻物落得慢"。

事实是,我们因为对历史细节了解不够,很多根深蒂固的印象都是错的。有人认为在哥伦布和麦哲伦之前没人知道地球是圆的,其实亚里士多德通过观察推理早就得出了这个结论。我们总认为哥白尼第一个提出日心说,其实早在公元前 2 世纪的阿利斯塔克(前文所述)就尝试着把太阳放到了宇宙的中心。

托勒密的著作第一次完整、全面、成功地展示了古希腊的学术成就,仅从这个意义上讲,托勒密作为一名人类科学史上的重量级科学大师当之无愧,如果没有他,喜帕恰斯、马里努斯的著作极可能湮灭在历史的长河中,更遑论他还取得天文、地理、光学等很多领域的科学成就。事实上,哥白尼和他之前的许许多多天文学家一样,都是吮吸着托勒密《天文学大成》的乳汁长大的。

发明古代神器地动仪——张衡

张衡(78～139)，中国东汉时期伟大的天文学家。创制了第一架测试地震的仪器——地动仪；正确地解释了月食的成因，指出月球本身并不发光，月光其实是日光的反射；认识到宇宙的无限性及行星运动的快慢与距离地球远近的关系。

游学四方，不屑博取功名

公元 138 年，安置在京都洛阳的一台仪器——“地动仪”突然传出了清脆的声响，一枚铜球从仪器上的一条龙嘴里吐落出来，掉落在下面承接的铜制蟾蜍口中，准确地报告了西方千里之外发生的地震，这就是张衡创制的地动仪。1700 多年以后，欧洲才有了类似的测报地震的仪器。我国历史上正式记载地震，也是从地动仪出现以后开始的。

张衡，字平子，东汉章帝建初三年(78)诞生于南阳郡西鄂县石桥镇(今河南省南阳县城北 50 里)一个没落的官僚家庭。张衡的曾祖父为两汉之际南阳郡世族大姓，曾有过数百万的家产，不幸早亡。祖父张堪曾任蜀郡太守和渔阳(今河北省冀县一带)太守。为官清廉，曾在东汉开国皇帝刘秀麾下建功立业。张衡的父亲史书上不见记载，可能未及入仕故去。张衡幼年时，家境已经衰落，有时甚至还要靠亲友们的救济度日。

少年时代的张衡，生活中东汉章帝、和帝时代，国力强盛，是当时世界上最发达的国家，政治、经济、文化都遥遥领先。而他的家乡南阳郡是当时工商业大都会之一，经济文化十分发达。在这个背景下成长的张衡思想开阔，不喜欢受传统观念的束缚。当时一般士大夫人家的子弟，都必须读《诗经》《礼记》等儒家经典。张衡少年时也熟读过这些书，但他认为经书太束缚人们思想。张衡最喜爱的是文学，对当时著名的司马相如、扬雄等人的作品，都曾经下过一番功夫。他不仅能深刻地理解，而且还能背诵。少年时张衡就很会做文章，受到乡里邻人的称赞。成年后，张衡不愿走传统的道路博取功名，不愿像一般读书人那样，由地方推荐，去做“秀才”或“博士”的弟子，而是怀着远大的志向，去全国游学。

汉代盛行游学之风，游学，既结交朋友，又求得做官的机会，也可开阔视野，学得新知识。东汉和帝永元五年(93)，15岁的张衡离开家乡，踏上了游览名都大邑、求师问业的旅途。据《后汉书·张衡传》文：“衡少善属文，游于三辅，因入京师，观太学，遂通五经，贯六艺。”翻译成白话文就是：张衡年轻时就擅长写文章，曾到“三辅”一带游学，接着进了洛阳，在太学学习，于是通晓五经，贯通六艺。“三辅”就是京兆尹、右扶风、左冯翊，相当于郡级的行政区域，在今天陕西省中部地区。这一地区是当时全国最富庶的地区，也是最高学府的所在地。

张衡游学的路线：从南阳出发，向西北行，过武关，经蓝田、南山，到达长安。他游览了“三辅”，东去新丰，参观骊山，作了一篇《温泉赋》。由新丰再向东，过函谷关，到京师洛阳。张衡的足迹踏遍了八百里秦川，考察着山川形势、名胜古迹、资源矿产、风俗人情等，积累了丰富的文学素材，为日后创作《西京赋》奠定了坚实的基础。

年少才高，志趣大半在文学

公元95年，抵达京师洛阳的张衡结束了两年的游学

生活。这时候的洛阳，早一辈的思想家、文学家和学者几乎凋零了。东汉著名哲学家、《论衡》的作者王充(27～约97)已年过七十，两年后病逝。平定匈奴的大将军窦宪(?～92)于和帝永元四年(92)政治失利、迫令自杀，同时，他幕府里几位著名的文人——修成《汉书》的班固和以《四巡颂》闻于世的崔骃，受到牵连，于同年去世。

青年时的张衡，志趣大半还在文学——诗歌、辞赋、散文。张衡在洛阳的五六年间，他写了不少优美的辞赋，如《定情赋》《同声歌》《扇赋》《七辩》等，这些作品大部分没有留传下来，只留下一鳞半爪。如他的《定情赋》只存世四句："夫何妖女之淑丽，光华艳而秀容。断当时而呈美，冠朋匹而无双。"

在洛阳五六年，张衡的名气渐渐地传播出去，朋友也多起来了，如著名的词赋家马融、贤士窦章、政论家王符、学者崔瑗等。在这些朋友中，崔瑗(77～142)对张衡的影响最大。

公元94年，崔骃的儿子崔瑗到京师来了，他慕东汉经学家贾逵之名，就跟着贾逵学习天文、历数、《易传》等学问，为太学里诸儒生所钦佩。张衡在这时候认识了崔瑗，并成为最要好的朋友。崔瑗对于天文、数学、历法有精深的研究，他们经常在一起研究问题，交换心得，这对于张衡以后研究天文、历数等科学有一定的影响。

《后汉书·张衡传》描述当时的张衡："虽才高于世，而无骄尚之情。常从容淡静，不好交接俗人"。

由于生活所迫，家境贫寒的张衡不得不结束他的游学生活。恰巧有一位黄门侍郎鲍德调到南阳郡去当太守，素来仰慕张衡的才华，又因张衡是南阳郡人，所以多方设法邀请张衡回南阳郡帮他办理郡政。张衡素闻鲍德的品学很好，因而答应了鲍德的要求，做了鲍德的助理——主簿官(各级主官属下掌管文书的佐吏)，这年为永元十二年(100)，张衡 22 岁。

小吏九年，文学创作焕发异彩

张衡在南阳郡任主簿期间，利用南阳郡较好的农业基础，帮助鲍德兴修水利，发展农业生产，使得南阳郡在各地连年灾荒的时候还能获得丰收。南阳郡的郡学学舍荒废了多年，张衡劝鲍德加以修理和重建。在学舍修建完成时，鲍德邀请了当地的儒家学者来参加典礼，举行宴会。张衡曾写了一篇《南阳文学儒林书赞》，来纪念这次盛会。在张衡的积极努力下，南阳地方的教育事业也蓬勃发展起来。

在南阳的官邸里，张衡完成了酝酿十年的《二京赋》——《西京赋》和《东京赋》，两篇赋加起来五六千字，他写了改，改了又写，于公元 107 年写成。《后汉书·张衡传》中说他“精思博会，十年乃成”。《二京赋》流传于世，张衡名声大震，不仅是一部优秀的文学作品，也是我们研究两汉都城和宫廷建筑重要的参考资料。公元 110 年，已闲居在家的张衡还写了一篇《南都赋》，生动地描绘了南阳郡的繁荣景象，反映了当时的社会面貌、人民生活情况和民间的风俗习惯。

鲍德在南阳郡当了 9 年太守，汉安帝永初二年(108)

被调到京师去，升任大司农，负责管理国家田赋税收，不久病卒。张衡没有跟鲍德同去京师，他辞去了南阳主簿的职位，回到家乡，专心钻研学问。

这时的朝廷是邓太后临朝，邓骘兄弟秉权，为了巩固自己的地位，邓骘网罗了一些社会上的名流学者做自己的幕僚和朝官，对于鼎鼎大名的张衡自然设法罗致，因而多次征召，张衡都谢绝了，但张衡还是有书信和邓骘保持联系。

其时朝廷政治斗争频繁，党派林立，互相倾轧，文人卷入政治斗争就会招来杀身之祸。大历史学家班固，才华横溢，仕途顺遂，投靠窦宪，当窦宪在政治斗争中失败，班固也因牵连而被下狱处死。

13 年后(121)，邓太后崩，汉安帝与宦官李闰合谋诛灭邓氏家族，邓骘绝食自杀，邓氏一党被清算。历史证明，张衡不应聘是有政治眼光的，是明智的选择。

闲居家中，研究转向天文历法

辞去职位的张衡住在家里，专心进修学业，他开始研读汉末年重要的思想家、哲学家扬雄著作《太玄》。《太玄》内容丰富，博大精深，涉及自然科学，如宇宙、天文、历法、数学知识，这些都进一步启发了张衡研究自然科学的兴趣，使得张衡逐渐由文学创作转到对哲学的深入研究，转向对宇宙现象的执著着探索，终于在天文历算等方面获得了巨大的成就。

张衡细心研读了《太玄》后，曾几次特地写信给好友崔瑗说："以其满泛，故时人不务此。"意思是说《太玄》内容太杂，所以当时的人不肯费功夫去钻研它。

张衡研究学问的态度是非常严肃认真的，对于大小问题，他都不轻易放过，一定要弄个明白才肯罢手，并且有恒心，有毅力。正如好友崔瑗在张衡去世后的墓碑上所写："如川之逝，不舍昼夜"，称赞张衡研究学问的态度，像大江里的水一样，日夜奔流，片刻不停。这也是张衡能够在学术上获得巨大成功的重要原因之一。

张衡在33岁以前，主要从事文学创作、研究学问，在南阳郡任主簿期间，了解了社会的复杂性，丰富了从政经验，形成了人生观和价值观。33岁以后，走向仕途，开始施展才华，在科学领域成就了一番事业。

两任太史令，官场沉浮数十载

永初五年（111），张衡33岁。这一年，汉安帝下令要全国各地的地方官保举有学问和通达政教的人。汉安帝早知张衡"善术学"，就于永初五年以公车特请他到京都来，给予郎中职位。郎中是汉朝尚书台的低级官员，任务是"主作文书起草"。担任郎中，使张衡有机会阅读了许多平时难得见到的书籍，继续研究《太玄》，作《太玄注》和《玄图》，现已失传。

公元114年，张衡升任尚书侍郎，研究天文、阴阳、历算。由于学识渊博，次年（115）又被调任太史令。太史令是汉朝中央管理"天时、星、历"的主任官员。它所属官员，有太史丞、明堂丞、灵台丞各一人，太史待招和灵台待招各数十人，分掌历法、观测日月星辰、候望风雨气象、调理钟律等事务。太史令管理的项目虽然很多，但主要项目是天文。担任太史令一职为张衡进一步研究大文历算提供了更加方便的条件。元初四年(117)，发明“水运浑天仪”，震惊整个京都，大批学者纷纷前去观看。

张衡第一次为太史令共六年。经过公车司马令五年的转折，公元126年再为太史令，又是七年。前后十三年的专业职守，使他的科学事业日益巨大而显著。公元132年，即复为太史令的最后一年，他发明了“候风地动仪”，即地震仪。这是世界上地震仪的鼻祖。此事记载在《后汉书·安帝纪》，可见当时受到的重视。

东汉时期政治上最突出的现象就是宦官和外戚争夺统治权力的斗争，他们都同地方上的豪强地主有着千丝万缕的联系。汉和帝即位时，外戚窦宪把持朝政，和帝同宦官郑众等人密谋诛杀了窦宪，宦官的权势日盛。汉安帝时，宦官李闰使用奸计排挤外戚邓骘，迫使邓骘等自杀而死，从此宦官们更加肆无忌惮，无恶不作。

公元133年，张衡升任侍中，侍从在皇帝左右，“赞导众事”，是一种类似高级顾问性质的差事。张衡几次上书，俱被排斥，不为顺帝所接受，他觉得事已一无可为了。公元135年，张衡把满腔的忧愤发泄到文章里去，于是写出了洋洋数千言的《思玄赋》。

顺帝永和元年(136)，顺帝受宦官怂恿，把58岁的张衡调出京城，去担任河间(河北献县)王相的官职。在这里，他努力做一些切实的事，如打击豪强，整饬法度，使地方安定，上下肃然，政事耳目一新，一切有条规地得到治理。张衡晚年有消极避世的思想，因而有《归田赋》之作。永和三年(138)张衡上书给皇帝请求免官去职，回归故里，但没有获准，被调回京师任尚书，第二年死在任上，时年61岁。

作为科学家和文学家的张衡，并不是不关心政治的。顺帝时，尚书令黄琼上疏言事，致力于腐朽内政的改革。张衡在这种朝气复萌的形势下，亦自陈其思想政治上的主张。自光武帝以来，图谶成为统治者欺骗人民的工具。张衡愤其虚妄，首先上疏论其言而无征，实为少数妄人欺世愚民捏造出来的把戏。他以秦至西汉末的历史事实，证明本无图谶，则知图谶成于哀平之际。后来有些人所言某些灾异，亦无事实效验。因此他主张“宜收藏图谶，一禁绝之，则朱紫无所眩，典籍无瑕玷矣”。这些议论在当时是很大胆的，没有多少人敢说，而且儒者们一直在“争学图谶”。这时朝政大权已由外戚转移于宦官集团。张衡复上疏言事。但张衡作为太史令，不在公卿之位，他的几篇奏章，虽都言之成理，但并未被采纳。

张衡在科学领域上成绩杰出，在政治上基本没什么建树。他一生两次担任太史令，官职屡屡得不到升迁，被时人议论纷纷。为了表明心迹，张衡做《应间》：“不患位之不尊，而患德之不崇；不耻禄之不伙，而耻智之不博”。就是说，不要担心职位不够高，而应该想想自己的道德是不是完善；不要以自己的收入不够高而感到耻辱，而应该想想自己的学识够不够渊博。以这种心态做官做事，在没有自己的政治势力、又不肯去钻营和投靠的情况下，当然只能

钻研分内的事，所以才有了位名垂青史的杰出的科学家。

写成《灵宪》，提出宇宙无限的思想

中国是世界上天文学发展最早的国家之一，我们的祖先经过对天象的长期观测和研究，到汉朝时，关于天体运动和宇宙结构，已经先后出现了几种不同的学说，其中有代表性的是盖天说、宣夜说、浑天说三个学派，它们的思想渊源有的可以追溯到春秋战国时代。

盖天说创立最早，成书于公元前 1 世纪的《周髀算经》便是这一学派的代表作。主要观点是：天与地是平行的。天像盖笠，地像棋盘。天在上，地在下，日月星辰都附在天盖上。盖不停地运动，因而日月星辰也在转动，从而把地球的自转说成是天盖的转动。用盖天说来解释天的视运动，已被越来越多的天文观测事实所否定。只是由于古人活动范围狭小，科学水平低，所以一般人较易接受这种直观的盖天说，以至于在西汉仍然流行。

宣夜说由东汉前期的郄萌作了系统的总结和明确的表述。他指出“日月众星，自然浮生虚空之中，其行止皆须气焉”，这就是说日月众星不是附着于天体的，而是悬浮在宇宙空间，并依靠气的作用而运动。宣夜说没有对天体运动的规律作更具体的论证，到东汉末年失传。

浑天说是西汉中期新兴的一种学说。浑天说认为天是浑圆的，日月星辰会转入地下。这种学说把天比做蛋壳，地比做蛋黄，地包含在天内，日月星辰都在蛋壳上不停地转动。这种说法虽不是很恰当，但用浑天说的理论就能较客观地解释夜晚看不到太阳的现象，这种学说也逐渐为人们所接受。

张衡根据自己对天体运行规律的认识和实际观察，认真研究了这三种学说，认为浑天说比较切合实际。他坚持不懈地观察日月星辰，努力探索它们的运行，把研究的成果写入《灵宪》，公元118年完成，张衡40岁。《灵宪》代表着当时最先进的天文学理论，使我国当时的天文学研究居世界领先水平，并对后世产生了深远的影响。

张衡在《灵宪》中也用了相当大的篇幅阐述了他的浑天思想，进一步明确提出在“天球”之外还是有空间的，浑圆的天体并不是宇宙的边界。他说：“过此而往者，未之或知也。未之或知者，宇宙之谓也。宇之表无极，宙之端无穷。”就是说，我们能够观测到的空间是有限的，观测不到的地方是无穷无尽、无始无终的宇宙。这段话明确地提出了无限宇宙的思想，是十分可贵的。关于宇宙的有限性和无限性，一直就是古今中外天文学界长期争论的一个问题。

其次，清楚地说明了月亮本身并不发光，而是反射太阳光，并科学地阐述了月食的原因。张衡在《灵宪》中写道：“月光生于日之所照；魄生于日之所蔽。当日则光盈，就日则光尽也……当日之冲，光常不合者，蔽于地也，是谓暗虚。在星则星微，遇月则食。”大意为：月亮本身是不发光的，而是太阳光照射到月亮上，月亮才折射出光，太阳光照不到的地方则出现亏缺，正所谓“月有阴晴圆缺”。如果月亮进入地影——张衡将地影取名叫“暗虚”，就会发生“月食”，星星碰上“暗虚”就隐而不见了。

其三，实测日和月的平均角直径值。张衡实测出日、月的角直径是整个周天的1/736，转换为现行的360度制，即29°21′，这与近代天文测量所得的日和月的平均角直径值31′59″和31′5″相比，绝对误差仅有2′。囿于两千多年前的科学技术水平及观测条件，这个数值可以说是相当精确的。

其四，重制载星三千的新星表。张衡在认真观察天体的基础上，对前人留传下来的好几种星表作了整理、汇总，建立了恒星多达三千的新星表。据《灵宪》载，其中“中外之官常明者百有二十四，可名者三百二十，为星二千五百，而海人之占未存焉”。张衡所制星表，不仅大大超于前人，也为后世所不及。汉末丧乱，张衡所制星表失传。晋初陈卓建立的星表，有星1464颗，仅为其半。直到清康熙年间，用望远镜观察，方过三千之数。可见，张衡星表的亡佚，是我国天文史上的重大损失。

其五，阐述五星的运行轨迹。关于五星的运动问题，张衡提出：日、月、五星是在天地之间运行，而非在天球壁上运行。并且，这七个天体运动的速度各不相同，“近天则迟、远天则速”。所谓天，是指设想中的天球壁，也就是说距地近则速度快，距地远则速度慢。按照五星距地的远近及运行的迟速，张衡确实发现行星运动的速度与运转中心体的距离有关。可惜，这种正确的思想没有引起后世的足够重视，在很大程度上限制了中国天文学的发展。直到17世纪，开普勒在哥白尼太阳系学说的基础上，提出行星运动的三大定律，而其中之一，便是行星速度和公转周期决定于行星与其运转中心体太阳之间的距离。

在1800多年前科学水平还很低下的情况下，张衡能有这样的见解，这就使我们不能不惊异他大胆的创见和卓越的智慧了。

创制浑天仪：第一台水力推动的天文仪

张衡以他的浑天学说为基础，在天文学上作出了一系列创造性的贡献，浑天仪和地动仪就是其中最为突出的杰作。

中国古代所创制的天文仪器中，用于测量天体位置的叫浑仪，用来演示天体结构和周日周年视运动方位的叫做浑象，后者类似于现在的天球仪。这两件仪器在汉代通称为浑天仪。而张衡所造的浑天仪，就是后一种浑象仪器。

张衡浑天仪

早在浑天说创立之始，人们就计划着制造浑天仪来观测星辰。西汉武帝时的落下闳，大约是第一个着手制造浑天仪的人。宣帝时耿寿昌铸铜为象，永元十五年（103）贾逵创制了黄道铜仪，也都是浑天仪。张衡的浑天仪又称水运浑象，是世界上第一台用水力推动的大型天文仪器。

张衡创制浑天仪的成功是在公元117年，那时他39岁。为了制造这架仪器，张衡耗费了很多心血，先后用了

一年多的时间。在铸造正式的浑天仪之前，他经过了仔细的研究和观察，设计出了一个图案，然后用竹条劈成薄薄的竹篾，把这些竹篾刻上度数，再把它们编成圆环，穿连起来，制成一个仪器的模型以作为试验。经过多次修改试验准确了，然后再用铜铸成正式仪器。因为这个仪器是根据浑天说的理论来制造的，所以张衡就把那个用竹篾编成的模型叫做“小浑”，铜铸的就定名为“浑天仪”。

据史书记载，这座铜铸浑天仪主体是一个球体模型，代表天球，每弧度长为 4 分，圆周长为一丈 4 尺 6 寸 1 分，直径 4 尺 6 寸 5 分。球体里面有个铁轴贯穿球心，轴的方向就是天球运转的方向，也是地球自转轴的方向。轴和球面有两个交点——天球上的北极与南极。北极高出地平线 36 度，表示当时京师洛阳的地理纬度。球的表面上刻有 28 宿和中外星官。球的外面有地平圈和子午圈，天球半露在地平圈之下，天轴即支架在子午圈之上。另外还有黄道圈和赤道圈，互成 24 度的交角。在赤道和黄道上，各列有 24 个节气，并且从冬至点起，刻分成 365.25 度，每度又分 4 格，太阳每天在黄道上移 1 度。

为了使浑天仪能够按照时刻自己转动，张衡把浑天仪和计时用的漏壶联系起来。滴漏壶是我们祖先用来测知时刻的仪器，它用一个特制的器皿装水，器皿下面有小孔，水通过小孔，一滴一滴流到刻有时刻记号的壶里，因而可以由壶里水的深浅知道是什么时刻。张衡就是利用漏壶滴水的力量来推动齿轮，齿轮再带动浑天仪，通过恰当地选择齿轮的个数和齿数，巧妙地使浑象一昼夜转动一周。这样，他就使浑天仪上所刻的天文现象，按时刻自动地呈现出来。人们要想知道某天某时刻的某颗星所在的位置，只需在屋子里看浑天仪便知。某颗星出现了，某颗星正在中天，某颗星不见了，这些现象，几乎同真正的天象完全一样。

浑天仪的贡献是巨大的。首先它把观测天象所在地的地理位置跟天球联系起来。现在我们已经知道，一个地方的地理纬度等于该地的北极出地高度。根据后人《浑天仪图注》的说明："北极乃天之中也，在正北出地 36 度。"拿浑天仪上的 36 度折算现今地理纬度，恰好跟洛阳地区的纬度很相近；其次，浑天仪上的周天 365.25 度跟东汉当时的《四分历》所用的岁实 365.25 天完全吻合。同时，张衡在浑天仪上所用的黄、赤交角 24 度也是很接近实际的；再次，《浑天仪图注》里说："各分赤道、黄道为 24 气，一气相去 15 度 16 分之七，每一气者黄道进退一度焉……三气一节，故 46 日而差令 3 度也。"这 3 气 1 节差 3 度，即黄、赤道差的计算法，一直到隋代都没有改变，这是张衡在历法上一项重要贡献。

浑天仪应用的齿轮系和凸轮机构在当时可以说是相当复杂的。水运浑象实质上还可以被认为是一个天文钟，通过它的等速旋转，可以报告时刻。此后，张衡还采用漏壶的原理，创造了另外一种仪器"瑞轮冥荚"。瑞轮冥荚装有机械，连接在漏壶上，也依靠水力转动。它能够按照阴历上的朔日、上弦、望日、下弦、晦日等顺序，一次又一次地循环旋转开合着。瑞轮冥荚可以表示日期，又能告诉人们月亮的圆缺变化，在世界科学史上算是第一架具备了机械能的计时器，以后经唐朝的一行、梁令瓒和宋朝的张思训、

苏颂、韩公廉等人的改进和发展，终于制成了世界上最早的天文钟。

张衡创制的浑天仪原来被安放在东汉政府观察天象的地方——灵台，一直保存到魏晋时代。西晋末年发生战乱，浑天仪被移往长安。公元418年，刘裕率军攻进长安城，获得了这架仪器，但已经残缺不全。此后，它就不知下落了。

幸亏曾经有人替浑天仪写了两部说明书，一部是《浑天仪图注》，另一部是《漏水转浑天仪注》。这两部说明书各有一部分保存下来，使后人可以按照其中的说法，重新制造出浑天仪来。

南朝宋文帝元嘉十三年(436)，太史令钱乐之曾铸造浑仪和小浑天，和张衡的浑天仪大体相同；唐朝初年，李淳风、梁令瓒等人重新改制了浑天仪；北宋苏颂、元代郭守敬都相继制造出浑天仪。他们在制法上都有改进，机械的精巧程度也是一代胜过一代。现今陈列在南京紫金山天文台的浑天仪是明朝正统三年(1438)钦天监监正皇甫仲仿照元朝郭守敬的浑天仪制成的。

发明地动仪：记录地震的科学神器

除了浑天仪外，张衡在世界科学史上另一个不朽的创造发明——地动仪，这是世界上第一台测定地震及其方位的仪器。

我国是一个地震比较多的国家。几千年来，我们的祖先一直在顽强地同地震灾害作斗争。早在3800多年前，我国便已经有了关于地震的记载。东汉时期，我国地震比较频繁。据《后汉书·五行志》记载，自和帝永元四年(92)到安帝延光四年(125)的三十多年间，共发生了 26 次比较大的地震。汉安帝元初六年(119)，就曾发生过两次大地震，第一次是发生在 2 月间，京师洛阳和其他 42 个郡国地区都受到影响，有的地方地面陷裂，有的地方地下涌出洪水，有的地方城郭房屋倒塌，死伤了很多人；第二次是在冬天，地震的范围波及 8 个郡国的广大地区，造成了生命和财产的巨大损失。当时人们由于缺乏科学知识，对于地震极为惧怕，都以为是神灵降祸。

张衡地动仪

张衡当时正在洛阳任太史令，对于那许多次地震，他有不少亲身经验。张衡多次目睹震后的惨状，痛心不已。为了掌握全国的地震动态，他记录了所有地方上发生地震的报告，在他已有的天文学基础上，经过长年孜孜不倦的探索研究，终于在他 54 岁的时候(132)，发明了世界上第一架用于测定地震方位的地震仪——地动仪。

据《后汉书·张衡》记载，地动仪是用青铜铸成的，形状很像一个大酒樽，圆径有 8 尺。仪器的顶上有凸起的盖子，仪器的表面刻有各种篆文、山、龟、鸟兽等花纹。仪器的周围镶着 8 条龙，龙头是朝东、南、西、北、东北、东南、西

北、西南8个方向排列的，每个龙嘴里都衔着一枚铜球。每个龙头的下方都蹲着一只铜铸的蟾蜍，蟾蜍对准龙嘴张开嘴巴，像等候吞食食物一样。哪个地方发生了地震，传来地震的震波，哪个方向的龙嘴里的铜球就会滚出来，落到下面的蟾蜍嘴里，发出激扬的响声。

现代人推测的地动仪结构

汉顺帝永和三年（138）二月三日，安放在京城洛阳的地动仪的正对着西方的龙嘴突然张开，一枚铜球从龙嘴中吐出，掉在蟾蜍口中。可当时在京城洛阳的人们对地震没有丝毫感觉，于是人们议论纷纷，怀疑地动仪不灵验。几天后，陇西（今甘肃省东南部）便有人飞马来报，当地发生了地震。于是人们对张衡创制的地动仪“皆服其妙”。陇西距洛阳有1000多里，地动仪标示无误，说明它的测震灵敏度是相当高的。在1800多年前的技术条件下，这可以说是一项非常伟大的成就。

张衡的地动仪是历史上第一架记录地震的科学仪器。在国外，过了一千多年，直到公元13世纪，古波斯才有类似仪器在马拉哈天文台出现；而欧洲最早的地震仪也是出现在地动仪发明1700多年以后了。

历史遗憾，地动仪缘何彻底消失

然而历史也有遗憾。自从公元 132 年张衡造出了地动仪，仅在公元 138 年记录了一次陇西地震后，“地动仪”就仿佛一阵烟尘般地消失在历史的深壑。据史学家推算在西晋末年，不知什么原因“地动仪”彻底消失无踪了。

对地动仪存在的记录仅见于西晋文人范晔所著《后汉书·张衡传》中，张衡地动仪成为千古不解的谜团。

考古学家王振铎认为地动仪消失于 307 年至 312 年西晋永嘉之乱。地震学家冯锐分析还要早，“估计在东汉末年，恐不会超过魏文帝曹丕登基的 221 年”。

关于地动仪缘何消失，传统的说法是：由于封建王朝的统治者对于科学技术上的发明创造素来不加重视，所以张衡在地震方面的研究和发明，得不到他们的支持。地动仪创造出来以后，不仅没有得到广泛地推广使用，就连地动仪本身也不知在什么时候毁失了，这实在是科学技术史上的一大损失。

现在有专家分析，地动仪的毁失，与当时的统治者把地震与国运联系起来有关。

张衡任太史令时，曾多次议朝说地震。在他的地动仪安置在洛阳灵台不到一年，公元 133 年 6 月 18 日京师发生了地震，张衡上书《阳嘉二年京师地震对策》，他说“妖星见于上，震裂着于下，天诫祥矣，可为寒心。今既见矣，修政恐惧，则转祸为福”。这份上书果然立竿见影，19 岁的顺

帝刘保受天戒观的控制，于震后第二天发布了地震“罪己诏”，而太尉庞参和司空王龚“以地震策免”。“天人感应”的传统观念在地震年代为政治倾轧准备了充足的借口。于是，历史在张衡地动仪问世前后的这段时间内有过公元133年、134年“以地震免”三公（司徒、太尉、司空）中二人的记载，而且这也是开中国历史之先河的“以地震”撤免朝廷最高长官事件。

地动仪的出现，使地震年代的政治变得如此复杂，以至于震后升职的官员同时命途多舛，以张衡来说，他升至侍中，被顺帝问及谁是天下最可恨的人时，满朝文武宦官都怕他说自己的坏话，最终导致“阉竖恐终为其患，遂共谗之”。

张衡的地动仪成为一颗犯了众怒且“惧其毁己”的煞星，陇西地震后东汉多次发生地震，但史料中却不再有地动仪工作的记录。地动仪随着张衡政治地位不再，重视程度一落千丈，甚至被人为地抛弃了。

张衡地动仪是中国科技史的光荣，也是一个朝代的噩梦，这个朝代毁灭之后，它也不知所踪。

张衡地动仪的内部结构原理，史书上的记载非常简略，使人无法详知，这是很令人遗憾的。近代中外科学家做了不少研究工作，提出了一些复原方案。1959年，中国历史博物馆展出了王振铎复原的张衡地动仪模型。但是在准确测定地震方向的问题上，王振铎的模型和《后汉书·张衡传》中的记载有很大的出入。

无用摆设？地动仪的后续话题

一直以来，中国国家博物馆陈列的张衡地动仪被很多中国人理解为张衡的原作。除了历史学家，几乎没有人知道张衡在东汉末年制作的这一科学仪器至今还没有出土文物。

1955 年中国人民邮政发行的张衡纪念邮票

作为中国地震局的标志、中国人民邮政的邮票、中学教科书上的内容、国礼用品，王振铎于 1951 年复原的张衡地动仪早已深入人心并在对外交流贫乏的年代成为中国人根深蒂固的民族骄傲。

王振铎复原的张衡地动仪

鲜为人知的是，在 20 世纪 60 年代，随着不断深入的国际学术交流，这个模型的偏谬和失误不断暴露出来，批评与否定渐趋激烈。1969 年以来，中、日、美、荷、奥等国学术界发表了一系列的措辞严厉的论文。对模型的质疑和批评，不仅来自工作原理，有的甚至涉及中国科学史的真实性以及民族心态问题。

而关于张衡地动仪是否能工作在国际地震学界已经被争议了 130 多年。一种观点认为地动仪不过是个“无用的摆设”，戏称“礼器”，史书中的陇西地震是“编造的故事”，一百多年来各国科学家的所有复原模型也都“不过是艺术品摆设”。该观点认为，张衡的地动仪是不能科学的工作，而且它失传，再进一步说，因此它失传了，所以张衡地动仪也没给后人任何启发、思想作用什么都没有，因此后来意大利、法国，这个后来发展的地动仪器跟张衡无关系，因此在历史上有张衡没张衡，历史是一样的。

奥地利人雷立柏用中文撰写了《张衡：科学与宗教》（社会科学文献出版社，2000 年出版）将西方这些争议坦陈出来，并且他本人也持这种观点。雷立柏曾是北大哲学系的博士，后在中国社科院访学。雷立柏在书中写道：“张衡的地动仪是华夏科学停滞的典型表现”，“《后汉书》的记载不一定是可靠的”。

这些惊世骇俗的言论，根本就是极其荒谬的。

综观历史，首先肯定地动仪价值的本就源自海外。1868 年的明治维新使得日本在 19 世纪中叶后，远远地走在了中国的前头。有个叫服部一三的日本人那时在美国留学，8 年后的 1875 年，24 岁的服部一三回到日本，这位懂汉字的年轻人首先绘制了张衡地动仪的外形，并用汉字在图画的四周抄下了《后汉书·张衡传》中的196个字，在日本传播地动仪的思想，这种行为与他的祖国是个地震多发国有关。

第二年，英国工程学教授约翰·米尔恩受聘于东京帝国工程学院，他从英国出发，徒步走过欧洲、俄罗斯和今天的蒙古入境中国。中国当时正是清朝光绪皇帝刚刚继位的时候，他在中国也是靠步行游历了北京、天津、扬州和上海后，才弃陆登舟漂洋过海到了日本。米尔恩在日本生活了20年，他对东方的游历以及中日同源的文化背景，使这位地质学者接触到了东方文化和张衡地动仪，并第一个向西方介绍张衡地动仪。

1880年，日本地震学会成立，服部一三任会长，米尔恩任副会长。在成立大会上，米尔恩有个很重要的讲话，他说人类历史上的第一个地震仪，是中国人张衡发明的。

米尔恩1883年在服部一三1875年描绘的张衡地动仪外形基础上，绘制了新的张衡悬摆式地动仪复原模型，10年后，米尔恩制成世界上第一部可在台站普遍架设的现代水平摆地震仪。又过了10年，1896年米尔恩回到英国，将他发明的地震仪安装于62个英联邦国家，并编制了全球地震报告，成为举世公认现代地震学的奠基人。

不同于张衡地动仪只有验震功能，米尔恩地震仪还具有记录地震时间、方位、地震波形的作用。米尔恩在他的《地震和地球的其他运动》一书中提到张衡"悬挂都柱"的工作原理，在他的回忆录中讲过他曾受到启迪才于1880～1883年间进行了大量模仿和试验，并于1892～1894年发

明了现代地震仪。米尔恩在自己所熟悉的牛顿、惠更斯、皮纳等对惯性和悬摆研究的基础上，发现张衡地动仪在1700多年前就已经运用了惯性原理。在这个科技发展史的链条中，米尔恩是古代张衡地动仪原理与现代地震理论相互衔接的重要一环。

但不论怎样有一点是毋庸置疑的，中国汉朝的大科学家张衡在公元2世纪，创造的地震观测理念，的的确确影响并启发了相隔1700年后18世纪的英国人米尔恩，使他建立起现代地震学。

地震学家冯锐复原“张衡地动仪”模型

西方这些质疑张衡地动仪的观点，终于促使中国的科学家重新认识和复原张衡地动仪。当代地震专家冯锐在得到河南博物院和地震局的支持后，开始了张衡地动仪的复原工作。2005年，冯锐复原模型得到了考古界、科技界的一致认可。

科学复原地动仪，与其说是对“张衡地动仪”这一古代神器的追索，不如说是对人类科学精神的回归。

万祀千龄，令人景仰

张衡是一位具有多方面才能的科学家，其成就涉及天文学、地震学、机械技术、数学、文学艺术等许多领域。郭沫若对张衡的评价是："如此全面发展之人物，在世界史中亦所罕见，万祀千龄，令人景仰。"

张衡写过一本《算罔论》的数学论著，久已佚失，从该书遗文可知，张衡第一个否定了对圆周率的古代粗疏认识，《九章・算术注》内引"张衡算"有"圆周率一十之面"等语，经清代数学家李潢考证，张衡当时计算出的圆周率是3.1622。这个数值虽然仍很粗略，但却是进步的开始。由此才有刘徽的推进，并最后有了祖冲之的杰出发明。

张衡还做了另外一些机巧的器械。制作年代不明，制作详情也都已失传。如张衡制造过一种能飞的木鸟，类似今天的模型飞机。张衡制造过指南车，《宋书・礼志》云："指南车，其始周公所作……至于秦汉，其制无闻。后汉张衡始复创造。汉末丧乱，其器不存。"因而后来曹魏时马钧又一次作了再创造。

张衡还做过一种有三个轮子的器械，《傅子》云："张衡能令三轮独转。"张衡在所作《应间》中也说："参轮可使自转。"不需外力而纯粹的自转是不可能的，这是件什么东西还难断定。今人孙文青《张衡年谱》引宋王应麟的话，认为是记里鼓车。记里鼓车的特点是能反映车所行经的里程，与"独转""自转"所强调的似乎是两回事。或许，这更像是

一架风车，或水磨，因为它们是借助于自然的风力或水力驱动的，故仍可称之为“自转”。

无论如何，张衡被后人誉之为“制作侔造化”（崔瑗《河间相张平子碑》），“善机巧”（《后汉书·张衡传》），“性精微，有功巧艺”（《北堂书钞》卷五十五引《文士传》），是完全当之无愧的。

张衡也研究过地理学，根据他研究和考察的心得，画过一幅地形图。唐张彦远《历代名画记》卷三云：“衡尝作地形图，至唐犹存。”

为了纪念张衡的功绩，人们将月球背面的一座环形山命名为“张衡环形山”，将 1082 号小行星命名为“张衡星”。

张衡青铜像，2000 年完成，地点：湖南长沙

伟大的和尚天文学家——一行

一行(683～727,本名张遂),中国唐朝天文学家。唐玄宗时主持修订历法,根据测定事实,得出恒星是运动的结论,精确测出了子午线的长度,编订了《开元大衍历》,在中国古代天文工作中作出了重要的贡献。

名门世家

一行的生年不见载于史籍，根据卒年反推，世存两说，其一为普遍采用之公元 683 年，其二为 673 年。《辞海》“一行”条下注释为：一行(673 或 683～727)。1955 年中国出版的科学家邮票上，一行的生年即被标注为“683(?)～727”。本文倾向于 683 年说。

一行，本名张遂，20 岁出家僧名一行，以“一行”之名闻名天下。一行是唐朝魏州昌乐(今河北省魏县南)人。曾祖父张公谨是唐代开国功臣，由于他辅佐李世民争夺帝位、反突厥有功，为唐初开国功臣，受赐实封一千户，在统治集团中地位是较高的。先后做代州都督、襄州都督，也有很好的政绩。最后卒于襄州任上，年四十九。贞观十三年，追封郯国公。十七年，画像于凌烟阁。

张公谨有三个儿子，长子大象、次子大素、大安，都名动一时。长子袭爵位，官至户部侍郎。张大素官至怀州长史。张大素还是当时著名的历史学家，曾撰写《后魏书》一百卷、《隋书》三十卷、《隋后略》十卷、《敦煌张氏家传》二十卷等。不过这些著作后来大都失传了。张大安曾任太子庶子，也是著名学者，曾经与人注范晔《后汉书》。张大安的儿子张涚在开元年间官至国子祭酒。至于一行是谁的后人并不清楚。关于一行少年时代的情况，史书上很少记载。他的父亲在畿县(今陕西省武功县)做过县令，大概去世比较早。一行少年时住在京城长安(今陕西省西安市)。

公元690年，武则天自己做了皇帝，改国号为“周”，年号为“天授”。武则天上台，唐初的功臣、贵族并不甘心，武则天严厉镇压，李唐宗室有相当一部分人被杀戮，武则天还下令追收功臣、贵族所占的大量土地。

一行的家庭正是受打击的对象，原来赐予张公谨的封地大概就是这个时候被收回的。因此在一行幼年和青少年时期，张家的政治和经济地位都一落千丈。

少年成名

出生于仕宦家庭的一行，少年时代家境并不十分优越，却受到良好的教育，“少聪敏，博览经史”，自幼刻苦学习历象与阴阳五行之学，最擅长的是“历象、阴阳、五行之学”，历象所涉及的是天文学和数学，阴阳五行之学是古代哲学的一个重要部分。

一行常去长安城南的元都观（又名玄都观）看书，观中藏书多达万卷。观主尹崇学问很高，博通儒、道、释三教。聪明好学的一行很受尹崇的赏识。有一天，他在元都观借来了汉代学者扬雄写的《太玄经》，此书意旨深奥，尹崇自称研读数年尚不能晓，一行仅数日就读完，并能究其义而撰《大衍玄图》一卷。尹崇大惊，对人说：“此后生颜子也。”将他比做孔子三千弟子中最有学识的颜回。从此，一行学识渊博的名声便在京城里广为传播。

其实一行少年博学除了天资聪慧，还在于虚心求教，受益于多位学者。有史料记载，一行在出家前曾求学于道

士尹崇、天台山国清寺布算僧人、禅宗的普寂禅师、律宗的弘景禅师、玉泉天台系的惠真禅师、玉泉天台系的道一禅师、善无畏三藏、金刚智三藏等八名高学。

嵩山出家

公元 703 年,20 岁的一行出家。《旧唐书·一行本传》记一行"隐于嵩山,师事沙门普寂"。《内正佛法相承血脉谱》记载了一行最初出家时的景况:"父母俱殁,豁然厌世,怀方外之心。因遇荆州景禅师(弘景),欣乐出家。为性疏旷,不事服饰,从嵩山大照禅师咨受禅法。"

一行出家的诱因是政治。据说,武则天当皇帝后,其侄子武三思当了尚书,封为梁王,地位十分显赫。为沽名钓誉,到处拉拢文人名士以抬高自己,博学多才的一行自然成了他拉拢的对象。武三思多次致意一行,"请与结交",一行的反应是"逃匿以避之,寻出家为僧。"为什么一行不愿与之为伍,一方面,一行确实看不惯武三思的所作所为,不耻他的为人,《新唐书》称之"性倾谀,善迎谐主

一行像

意”；另一方面，一行的观念中还是以李唐王朝为正统。前文提到过一行的曾祖张公谨是唐朝的开国功勋，这在门阀观念仍很重的唐朝，是一件很光彩的事情。如果一行改为武周政权效力，也就意味着对先祖的背叛。因此，饱读圣贤书的一行不和武三思合作完全在情理之中，然而又得罪不起，逃匿也不是长久之计，于是最终选择了出家。

一行的出家地是河南太室山南麓的嵩岳寺。嵩岳寺是始建于北魏孝明帝正光元年（520）的一座古寺，当时的住持是释普寂，普寂的师父就是当时和六祖慧能齐名的神秀。在此，普寂为他取法名“一行”。

游学天下

出家后的一行刻苦好学，加以深厚的文化根基，很快得以畅游经、律、论三藏并能深契佛法精髓。据说当时有一位叫卢鸿的隐士，得知一行的才学，惊异地对普寂说，此子“非君所能教导也，当纵其游学”（《一行传》，《宋高僧传》卷五）。普寂知一行终非池中物，于是让他四处游历参学，遍访当时的名宿。据考证，一行游学的路线为：嵩山—天台山—嵩山—荆州—长安。

一行游学的内容非常广泛，不仅仅参访佛教人物和关于佛法方面的，也包括其他世间学问。“有阴阳谶纬之书，一皆详究。寻访算术不下数千里，知名者往询焉，末至天台山国清寺”（《宋高僧传》）。在浙江天台山国清寺向一位老僧学算术、历法，向金刚智、善无畏学习密法，得金刚界、

胎藏界两部密法之传授，被后世奉为继金刚智、善无畏之后的一代祖师。

一行这次出游多长时间，后人已经无法推测，他大约在睿宗景云二年(711)前回到嵩岳寺。

此时，政局发生巨大变化，武则天于公元705年被迫退位，唐中宗重新登位，皇后韦氏勾结武三思把持朝政，政治混乱，民不聊生。公元710年中宗被毒死，他的侄子李隆基发动政变，使父亲睿宗再一次坐上皇帝的宝座。睿宗时代是太平公主当权。

一行已经成为全国有名的学者，景云二年(711)，朝廷派东都留守韦安石到嵩山去征召一行出山，一行托病拒绝。

拒绝征召之后，一行再一次出去游学，步行到荆州当阳县玉泉山(今湖北省当阳县西)玉泉寺，在这里“依沙门悟真，以习梵律”，一行从此住在玉泉山，后来从这里直接去了北京，再也没有回到嵩山。

译著佛典

睿宗复位后第三年(712)让位给儿子李隆基，他就是唐玄宗。玄宗在统治前期开创了“开元之治”，政治清明，社会稳定，为当时科学文化的发展提供了有利的物质条件和较好的政治氛围。

据《旧唐书》记载，唐玄宗于开元五年(717)派一行的族叔到玉泉山去请一行入得京城，向他请教安国抚民之道，玄宗亲自接见他，把他安置在光太殿。由于他不愿做官，让他居住在长安城内的华严寺译著佛典。

一行回京的最初几年，主要从事佛学的研究和著作，主要的译著有：《大毗卢遮那成佛神变加持经》七卷（与善无畏合译），《大日经疏》二十卷，《释氏系录》一卷（已佚），《药师琉璃光如来消灾除难念诵仪轨》一卷，《大毗卢遮那佛眼修行仪轨》一卷，《曼殊室利焰曼德迦万爱秘术如意法》一卷，《七曜星辰别行法》一卷，《北斗七星护摩法》一卷，《宿曜仪轨》一卷。其著述或属于金刚、胎藏合部，或属于胎藏部，以《大日经疏》为其代表作。

测子午线

开元九年（721），“太史频奏日蚀不效”。当时使用的是《麟德历》已经推行五十多年，误差渐大，需要改革历法。经宰相张说推荐，唐玄宗诏令一行负责主持制定新历。于是一行开始从事天文历法工作。

从开元九年到开元十五年（727）逝世，是一行一生中最繁忙和最光辉的六年，其间他在编制新历、制造仪器、观测天象和主持天文大地测量等方面取得了一系列重大的成果。

中国古代的天文、历法工作者，大都注重实际观测，在实测的基础上制定历法。东汉末年著名天文学家刘洪，曾实测二十多年，因而编制出比以前精密的历法《干象历》。南北朝时的大科学家祖冲之（429～500）为了编制《大明历》，也曾“考影弥年，穷察毫微”。

进行天文实测，即使是最简单的实测，也需要一定的

天文仪器。因此试制和改进天文仪器，就成为历代先进天文学家所必须考虑的重要课题之一了。

一行在接受改历任务后，要求主管天文、历法、气象的国家机关太史监，实测“黄道进退”，可当时的天文仪器，大都破旧不堪，重新设计制造天文仪器就是当务之急。一行与当时担任太子率府兵曹参军的机械制造家梁令瓒合作，制造了两架大型天文仪器——“浑天铜仪”和“黄道游仪”。

浑天铜仪是在汉代张衡的“浑天仪”的基础上制造的，上面画着星宿，仪器用水力运转，每昼夜运转一周，与天象相符，其精密程度超过了张衡的“浑天仪”。“黄道游仪”的用处是观测天象时可以直接测量出日、月、星辰在轨道的坐标位置。一行使用这两个仪器，有效地进行了对天文学的研究。

后人复原的水运仪象台结构图

水运浑仪还是一架最早的自动计时器。在我国古代，日的十二分之一的时间叫作“辰”，一日的百分之一的时间叫作“刻”。木人“至一辰”自动击鼓，“至一刻”自动撞钟。北宋元祐初年（1086～1089），苏颂和韩公廉在此基础上创制世界上第一台天文钟——水运仪象台。在这个时代，外国基本上还是采用“水漏”和“沙漏”计时，有齿轮的钟和自鸣钟的发明，分别要到 12 世纪至 13 世纪后半期，再过一个多世纪，在 1370 年才出现比较完善的齿轮系的威克钟，比中国人的发明晚了好几百年。

一行以前，天文学家包括像张衡这样的伟大天文学家都认为恒星是不运动的。但是，一行却用“浑天铜仪”“黄道游仪”等仪器，重新测定了 150 多颗恒星的位置，多次测定了二十八星宿距天体北极的度数。从而发现恒星在运动。根据这个事实，一行推断出天体上的恒星肯定也是移动的。于是推翻了前人的恒星不运动的结论，一行成了发现恒星运动的第一个中国人。英国天文学家哈雷（1656～1742）在 1718 年也提出了恒星自己移动的观点，但比一行的发现晚了一千多年。

公元 724 年～725 年，一行组织了全国 13 个点的天文大地测量。这次测量以天文学家南宫说等人在河南的工作最为重要。一行从南宫说等人测量的数据中，得出了北极高度相差一度，南北距离就相差 351 里 80 步（合现代 131.3 千米）的结论。这个数据就是地球子午线一度的弧长。这与现在计算北纬 34°5 地方子午线一度弧长 110.6 千米，仅差 20.7 千米。唐朝测出子午线的长度如此精确，英国科学家李约瑟等人著文论述此事，认为这是“科学史上划时代的创举”。

一行是重视实践的科学家，他使用的科学方法，用标杆测量日影，推算出太阳位置与节气的关系。一行设计制造了“复矩图”的天文学仪器，用于测量全国各地北极的高度。他用实地测量计算得出的数据，推翻了“王畿千里，影

差一寸”的不准确结论。

编定新历

从公元725年一行开始编定历法，至逝世前完成草稿，即《大衍历》。一行死后，玄宗命张说和历官陈玄景等人进行整理，前后经过10个月左右的时间，到公元728年8月最后完成。开元十七年(729)起全国颁行。公元728年颁行。

《大衍历》共52卷，结构严谨，演算合乎逻辑，在日食的计算上，首次考虑到全国不同地点的见食情况。《大衍历》比较正确地掌握了太阳在黄道上运动的速度与变化规律。自汉代以来，历代天文学家都认为太阳在黄道上运行的速度是均匀不变的。一行将数学和天文学结合起来，运用数学不等间距二次内插法推算出每两个节气之间，黄经差相同，而时间距却不同。还提出了月行黄道一周并不返回原处，要比原处退回一度多的科学结论。“张衡内插法公式”在天文学上是一个巨大的进步，直到明末的历法家们都采用这种计算方法；在数学史上也占有光辉的地位，在欧洲，直到17世纪，一行死后两百多年，才有人使用内插法。

尽管《大衍历》是当时最优越的历法，但是，颁行不久便遭到守旧派的反对，连天文测量执行者南宫说也出来反对，这时，支持一行改革历法的大臣张说已在开元十八年(730)亡故。一时间玄宗拿不定主意，命人分别用《麟德历》、从印度传入的《九执历》《大衍历》来计算，结果是《大衍历》十有七八是准确的,《麟德历》十有三四准确,《九执历》十次仅有一两次准确,这就证明了《大衍历》最符合实际。从此人们对《大衍历》有了正确的认识和公允的评价。南宫说等人也因此获罪。

《大衍历》是当时世界上比较先进的历法。公元 733 年,此历传入日本。日本曾派留学生吉备真备来中国学习天文学,回国时带走了《大衍历经》一卷,《大衍历主成》十二卷。于是《大衍历》便在日本广泛流传起来。

英才早逝

开元十五年(727),《大衍历》初稿刚刚完成。这年 9 月,一行病倒在华严寺,到 10 月初病情稍有减轻。初八那天,随从唐玄宗前往新丰(今陕西省临潼县东北新丰镇)。他当时虽说“身无诸患”,但“口无一言”,精神委顿到不愿说话的地步,可见是带病出发的。当天晚上,他的病情急剧加重,死在新丰,年仅 45 岁。遗体运回长安,停灵于罔极寺(即兴唐寺,在长安太宁坊),不久葬于长安城外的铜人原,墓前建有纪念塔,追谥“大慧禅师”。

《佛祖统纪》中载:十五年陪驾新丰,道病,诏京师十大德结坛祈福。十月八日寂于华严寺,停龛三七日,颜貌如生,塔铜人原,谥大慧禅师。

由于一行的技术、历算精巧,非常受后人景仰,署他名字的依托之作也多达三十二种七十五卷。也不排除有的还存在争议,如《梵天火罗九曜》有人便认为确是一行所著。

一行在世时，曾发明了不少观测天象的仪器，并修正了多颗恒星的位置，发现恒星在运动的天体运行现象。当然更重要的是他在开元年间第一次成功测量了子午线。一千多年后，为纪念这位出色的中国古代天文学家，国际小行星组织将一颗小行星命名为“一行小行星”。

一行纪念邮票

为了纪念中国著名的天文学家、唐代高僧一行，中国人民邮政于 1955 年 8 月 25 日发行了一套《中国古代科学家（第一组）》纪念邮票，志号：“纪 33”，全套 4 枚。同时发行无齿小型张邮票 1 套 4 枚，每枚邮票面值均为 8 分。邮票规格 20 毫米×38 毫米，齿孔 14 度，北京人民印刷厂营业分厂印制。其中，第 3 枚《僧一行像》，主图案为僧一行的肖像画，设计者孙传哲，原画作者蒋兆和。这是与江门五邑有关的人和事首次在新中国邮票上出现。

2001 年 9 月 1 日，江门市邮政局以国家邮政局发行的《牡丹图》普通邮资明信片为载体，发行《江门五邑风光》（第二组）普通邮资风光明信片，全套 16 枚。邮资图为牡丹花图案，面值均为 60 分，其中，第 2 枚为《古寺茶香》，主图案是茶庵寺及唐僧一行禅师全身站立塑像，这是僧一行禅师塑像第一次被搬上国家普通邮资风光明信片画面。

十三世纪登上世界科学高峰——郭守敬

郭守敬(1231～1316),中国元朝天文学家、数学家、水利专家和仪器制造专家。1276 年郭守敬修订新历法,经 4 年时间制订出《授时历》,通行 364 年,是当时世界上最先进的一种历法。

少年时动手能力强

公元1213年春～1214年春，蒙古成吉思汗率三路大军南下，席卷金朝统治下的黄河以北各府路州县，大肆劫掠人口、牲畜、财物后北返。公元1234年，金亡，长江以北尽归蒙古统治。

公元1231年，郭守敬出生在顺德邢台（今河北省邢台县）。邢台这地方本来属宋朝，公元1128年被金朝夺去，到公元1220年又为后来建立元朝的蒙古贵族占领。

郭守敬出生在改朝换代的战乱时期，度过他的少年时代。

郭守敬，字若思，出身于一个书香门第，他的父母的情况，史籍未见记载。郭守敬从小跟随他祖父郭荣生活。郭荣"通五经，精于算数、水利"，是当地颇有名望的学者。郭守敬受到祖父的培养，自小就喜欢动手制作各种器具，"生有异操，不为嬉戏事"，"公年十五六，得石本莲花漏图，已能尽究其理"（齐履谦《知太史院事郭公行状》）。就是说，郭守敬生来就有奇特的秉性，不像一般小孩喜好嬉戏玩耍，十五六岁的时候就显露出了才能。他得到了一幅"莲花漏图"的拓片，立刻被它迷住了。这"莲花漏"是一种较为准确的计时器，北宋科学家燕肃在古代漏壶的基础上改进创制的，由几个漏壶配合组成，结构特别复杂，元代时已失传。郭守敬用了几天工夫，居然摸清了制作方法，并照着图纸成功地复制了一个莲花漏。

少年时流传下来的另一件事是，郭守敬“又得《尚书璇玑图》，规竹篾为仪，积土为台，以望二十八宿及诸大星”。“尚书璇玑”指古代的浑仪，它一般是用铜制成黄道、赤道等环圈，并装有窥管以观测天体的位置。郭守敬因陋就简、就地取材用竹篾编成，并依《尚书璇玑图》所示的构造模式，制成了一座虽简易但可用的浑仪。为扩大视野，他还将所制浑仪安置在土台之上，用以观测中国古代传统的特定星座二十八宿诸星和二十八宿之外的其他亮星。

由此可见，少年郭守敬不仅对科学知识有很强的领悟力，其动手能力也是一流的，这些在他今后的成长岁月中得以充分的发挥。

紫金山五杰聚会

大约在郭守敬十七八岁的时候，祖父郭荣将郭守敬送到同乡刘秉忠门下去学习。刘秉忠也是邢台人，他长郭守敬 16 岁，但与郭荣相比却是后生晚辈，郭荣和刘秉忠应当是忘年之交。

此时，元世祖忽必烈尚未登上皇位时，“世祖皇帝始居潜邸，招集天下英俊，访问治道，一时贤大夫云合辐辏，争进所闻”。海云禅师和刘秉忠便是最早被招募的两位贤者。刘秉忠以其渊博的学识与天下大事的通达了解而深受忽必烈的赏识。

“时太保刘文贞公（刘秉忠）、左丞张忠宣公（张文谦）枢密张公易、赞善王公恂同学于州西紫金山，而文贞复与

鸳水翁（郭荣）为同志友，以故俾公（郭守敬）就学于文贞所。”这是一段关于郭守敬早年重要经历的记载，对于他的仕途和科学技术素养的进一步提高以及科学技术抱负的实现关系重大，刘秉忠、张文谦、张易、王恂又是郭守敬后来的天文历法与水利工作的重要指导者或合作者。

刘秉忠（1216～1274）、张文谦（1217～1283）、张易（约1215～1282）、王恂（约 1235～1282）和郭守敬号称“紫金山五杰”，是在元代早期政治、经济、思想和科技中起了十分重要作用的所谓“邢州集团”的核心人物。他们的这一次聚会，引起后代很多研究者的关注。

五杰之首刘秉忠被后人誉为“大元帝国的设计师”。刘秉忠在蒙古王朝灭金后，曾出任邢台节度府令史，因怀才不遇公元 1238 年弃官，不久剃度为僧，成为邢台天宁寺虚照禅师的门徒。1239 年同海云禅师一起应召，在忽必烈潜邸逗留七年有余，于 1247 年春动身回邢台奔父丧，后于 1249 年初又回到潜邸，在邢台居留了约一年半的时间，这也应是郭荣送郭守敬到刘秉忠处深造的时间。

张文谦、张易是刘秉忠的同学，大约是在他赴邢台奔丧之前的 1247 年，刘秉忠向忽必烈举荐的。王恂性颖悟，3 岁就能识字。刘秉忠 1247 年回邢台的路上，显然怀着好奇心再访这位神童，这一年大约正是王恂“十三学九数，辄造其极”的时候，刘秉忠见之，以为是可造之才，于是携带王恂到邢台进一步培养教育。

紫金山在今邢台市、邯郸市、武安县三者交界处，“五杰”确曾聚会于紫金山共同研习，当然，刘秉忠、张文谦等三人主要是讨论天下大事，而王恂与郭守敬则主要是向刘秉忠等人讨教，进一步学习有关知识。

1249 年刘秉忠返回潜邸后，郭守敬则回到故里。郭守敬的家乡邢州本来人口繁盛，经济殷实，战争后农业极度衰退，邢州人口锐减。在这种情况下，张文谦建议：派良吏去治理居南北要冲的邢州，为其他地方示范。忽必烈同意了，1251 年设立邢州安抚司，由脱兀脱、张耕任安抚使。刘肃任商榷使，张、刘等到任后，采取了一些安抚措施，如兴办冶铁作坊，召集流散的百姓，进行恢复生产等工作。农业生产与水利关系密切，张、刘二人邀请年仅 20 岁的郭守敬一起进行了水利治理工作。

郭守敬进行勘察之后，按照水位、流量和灌溉需要等条件，他规定了河道的位置，拟订了路线，确定了堤岸的尺寸，核算了需要的工时等，提出治理规划。在施工过程中，民工们在郭守敬指定建桥的地方，挖出了已沉没于地下 30 余年的达活泉石桥遗迹，这是郭守敬的规划符合河道与周边自然地理环境的结果。整个工程“凡役工四百有奇，经四旬而成，是可纪也”，工程只征调了 400 多人，干了 40 多天，就顺利完工了，其效率之高也人惊叹不已。郭守敬的才干得到了家乡百姓的称赞。

治理水利初露锋芒

1260 年，忽必烈将我国北方地区分为十路，各设宣抚司，任命了一批宣抚使，作为地方政府机构的负责人。张文谦以原官职中书左丞兼任大名路与彰德路（今河北大名

地区西部至河南安阳地区东部)宣抚司的宣抚使,转到地方。张文谦当然还记得郭守敬在水利治理方面的才华,邀请他随同上任。

张文谦在大名任职的时间大约半年,除了"革旧弊"等外,支持郭守敬制作"宝山漏"是其又一作为。郭守敬"及随张忠宣公奉使大名,因大为鼓铸,即今灵台所用铜壶"。郭守敬显然看到了偌大一个大名府,因缺乏必要的时间计量仪器,给人们的生产与生活造成的不便,于是,在张文谦的支持下,制造出宝山漏。

宝山漏在大名引起轰动,人们"如堵来窥",文人作铭颂之。这也引起了朝廷的关注与天文历法机构的认可,一些城市纷纷效法,请郭守敬依式造之,于是乎才有"大为鼓铸"之举。也正因为要完成一批宝山漏的制作,在张文谦从大名返回京师之后,郭守敬仍逗留在大名。1262 年初,郭守敬"造宝山漏成,徙至燕京"。

1262 年,张文谦把郭守敬推荐给忽必烈,说他"习水利,巧思绝人"(熟悉水利,聪明过人),忽必烈就在当时新建的京城上都(今内蒙古多伦附近)召见了郭守敬。此时的忽必烈才登皇位三年,正是要大展宏图,亟欲发展经济、增强实力,进而统一全国的时候,发展水利事业,是为发展农业、交通的基础与命脉。

郭守敬初见忽必烈,"面陈水利六事",当面提出了六条水利建议。第一条建议修复从当时的中都(今北京)到通州(今通县)的漕运河道(1292 年动工,后文有详述);第二、第三条是关于他自己家乡及地方城市用水和灌溉渠道的建议;第四条是关于磁州(今河北磁县)、邯郸一带的水利建设的意见；第五、第六条是关于中原地带（今河南省境内）沁河河水的合理利用和黄河北岸渠道建设的建议。每奏一事，忽必烈叹曰：“任事者如此，人不为素餐矣。”（天下管事的人要都像这样，哪会有不劳而食者。）当下任命郭守敬为提举诸路河渠，掌管各地河渠的整修和管理等工作，第二年又升他为银符副河渠使。

北京郭守敬纪念馆的郭守敬雕像

1264年，张文谦被派往西夏（今甘肃、宁夏及内蒙古西部一带）去巡察，他带上擅长水利的郭守敬同行。郭守敬到了那里，立即着手整顿。有的地方疏通旧渠，有的地方开辟新渠，修筑了淤塞水道千余里，灌溉农田九万余顷，为发展生产作出了很大贡献。

1265年，郭守敬回到上都，被任命为都水少监，协助都水监掌管河渠、堤防、桥梁、闸坝等的修治工程。1271年升任都水监，掌管全国水利工作。1276年都水监并入工部，他被任命为工部郎中。

郭守敬是一位出色的地质学家。他的水利工程设计，都是以他自己实际的地理勘测资料为基础的。他曾在巡视河北、山东河道时，对黄河附近一带几百里的水域进行

过仔细的地形测绘，制成了一幅幅地图。以大都东边的海平面为基准，将大都的水平高度与海平面作了比较，进而又将大都至开封一线上的逐段与海平面作了比较。郭守敬得出的结论是：开封离海很远，高程差得较多，致水湍急；大都距海极近，高程相差甚小，故水流缓慢，这是地理学中一个重要的概念——“海拔”的创始，在地理学与测量学上有重要的意义。

天文仪器独领风骚

1279 年，忽必烈灭了宋，统一中国。1276 年，元军攻下了南宋首都临安（今浙江杭州），忽必烈迁都大都，决定采纳两年前去世的刘秉忠的建议，修订旧历，颁行元朝自己的历法。令张文谦等主持成立新的治历机构太史局，调动了全国各地的天文学者，另修新历。

这件工作名义上以张文谦为首脑，但实际负责事务和具体编算工作的是精通天文、数学的王恂。王恂想到了老同学郭守敬。虽然郭守敬担任的官职一直是在水利部门，但他的长于制器和通晓天文，是王恂很早就知道的。在王恂的推荐，郭守敬参加修历。从此，在郭守敬的科学活动史上翻开了新的一页，他在天文学领域里发挥了更为杰出的才华。

治历一开始，郭守敬首先指出：“历之本在于测验，而测验之器莫先仪表。”就是说治历的根本在于实际观测，观测要有工具，就得先准备适用的仪表。而当时重要的天文仪器设备还是北宋时代的东西，年久失修，测得的数据自然不会准确。此时的郭守敬已经46岁了，职位也相当高了，可以他依然亲自动手重新设计和制造新的天文仪器，以适应实际观测的需要。在许衡等一些著名天文学家、机械制造专家的协助下，郭守敬精心设计创制了一整套天文仪器，包括简仪、圭表、候极仪、浑天象、玲珑仪、仰仪、立运仪、证理仪、景符、窥几、日月食仪、星晷定时仪、正方案、丸表、悬正仪、座正仪、大明殿灯漏等18种。这些天文仪器精密、灵巧、轻便、实用，在当时的世界上处于遥遥领先的地位。

在观测天象的过程中，郭守敬等人创制的天文仪器发挥了举足轻重的作用。其中，最为人称道的是圭表、仰仪和简仪。

圭表，是测定二十四节气的主要仪器。表是一根垂直立于地面的标杆，当太阳在子午线上时，表影投落在南北方向圭面上，量一下影子的长度，就可以推算出节气。圭表，虽然古已有之，但旧圭表表影边缘模糊，影界不清，影长也不准确，计算时刻容易发生误差。郭守敬利用小孔成像的原理，制造了一个名为“景符”的仪器，使日光通过小孔射到圭面，这样影界就清晰多了。同时，又改进了圭表表高及量取长度等等，使测量的准确性大大提高。

仰仪，是郭守敬独创的、观察太阳位置、日食状况的天文仪器，结构非常巧妙。不过，比它更令人叫绝的，当属经郭守敬革新而创制的测定天体在天球上位置的仪器——浑仪。早在公元前5世纪的战国时期，我国的天文学家就发明了浑仪，以后，历代对浑仪虽然都有所改进，有所发

展。郭守敬对浑天仪进行了大胆的革新，使它变得结构简单、方便实用，被人们称为“简仪”。这个仪器，比西方要早3个世纪。英国著名中国科技史专家李约瑟博士赞赏地说：“标志着从中世纪仪器向现代仪器转变的主要发明，则是将窥管安装于极轴上，即自由大圆环形成的支承装置。这不是产生于文艺复兴时期的西方，而是在元代皇家天文学家郭守敬的领导下于公元1276年完成的。”

郭守敬发明的简仪

1280年巅峰之作

1279年，为了加强改历工作的领导，世祖忽必烈下令太史局改称太史院，王恂任太史令，郭守敬为同知太史院事，建司天台（天文台）。司天台，高7丈（约17米），共分三层。一层是办公用房、仪器储存室，中层放置图书资料、漏壶等，上层放置郭守敬设计制作的简仪、仰仪等观测仪器。司天台西南面是观星台，东南面建有一个小台，上面放置玲珑仪等，用以演示天体运行，是当时世界上最大的、设备最完善的天文台。

观星台

为了制定一部适合全国使用精确的历法，仅仅在大都一地进行天文观测是远远不够的，需在全国范围内进行更为广泛的天文观测，在郭守敬的建议下，派了14位天文学家，到当时国内27个地点，进行了大规模的"四海测量"，这是中国乃至世界历史上规模空前的天文观测活动，又是世界上大规模的纬度测量活动。

"四海测量"新测二十八宿距度，平均误差还不到5′；测定了黄赤交角新值，误差仅1′多；确定了一个月为29.530593日，一年为365.2425日，比地球绕太阳一周的实际运行时间只相差26秒。这些观测的结果，都为编制全国适用的历法提供了科学的数据。

经过王恂、郭守敬等人的共同努力，到1280年春天，一部新的历法宣告完成，忽必烈定名为《授时历》。同年冬天，正式颁发了根据《授时历》推算出来的下一年的日历。《授时历》颁行不久，年仅46岁的王恂病逝。有关这部新历的许多算草、数表等都还是一堆草稿，不曾整理。郭守

敬又花了两年多的时间，把数据、算表等整理清楚，写出定稿——《授时历经》《授时历议》，这两部著作和简仪、圭表等几种仪器的构造和使用方法，载入《元史》得以保存下来。至于郭守敬创制的简仪和其他的天文仪器，曾经完整地保存到清初。但是在公元1715年，却被西方传教士纪理安当做废铜毁掉了。

《授时历》使用时间长达364年（1280～1643），是我国历史上使用最长、最精密的一部历法，比意大利格雷戈里1576年提出的现行公历要早近300年。

在《授时历》里，有许多革新创造的成绩。第一，废除了过去许多不合理、不必要的计算方法，例如避免用很复杂的分数来表示一个天文数据的尾数部分，改用十进小数等。第二，创立了几种新的算法，采用了类似现在球面三角算法的“弧矢割圆术”来处理黄道和赤道的坐标换算，在计算太阳、月亮和行星原形位置时创造运用了“招差法”，也就是三次差内插法。第三，总结了前人的成果，使用了一些较进步的数据，确定了一个月为29.530593日，一年为365.2425日。正式废除以前历法积累的时差，以实际观测为准。确定以一年的1/24作为一个节气，以没有中气的月份为闰月，此原则现在一直沿用。

这一时期，郭守敬编撰的天文历法著作有《推步》《立成》《历议拟稿》《仪象法式》《上中下三历注式》和《修历源流》等十四种，共105卷。可惜被统治者锁在皇宫秘府之中，并没有流传于世。

沟通南北大动脉

从 800 多年前的金朝起，北京就成了国家的首都。京城内每年消费的粮食达几百万斤，这些粮食绝大部分是从南方产粮地区征运来的。为了便于运输，从金朝起，在华北平原上利用天然水道和隋唐以来修建的运河建立了一个运输系统，但它的终点不是北京，而是京东的通州，离开京城还有几十里路。这段几十里的路程只有陆路可通。陆路运输要占用大量的车、马、役夫；一至雨季，泥泞难走，开凿一条从通州直达京城的运河就成了当务之急。

郭守敬经过多次实地勘测，并经历了几次失败后，终于制订了一个周密的规划。忽必烈对它极为重视，下令重设都水监，命郭守敬兼职领导，并且调动几万军民，在 1292 年春天动工。这条全长 160 多华里的运河，连同全部闸坝工程在内，只用了一年半的时间，到 1293 年秋天就全部完工了。当时，这条运河起名叫通惠河。

从此，南方的运粮船可以一直沿着大运河直达北京，古代沟通中国南北的大动脉——京杭大运河全部完成了。

通惠河开通以后，郭守敬一直兼任天文和水利两方面的领导工作。1294 年，63 岁的郭守敬升昭文馆大学士、知太史院事。这是元代一个级别较高但无实权的工作，授给汉族文职官员的虚衔，带有荣誉性。就在这年，80 岁的忽必烈去世。

1298年，朝廷决定在上都附近开一条渠，元成宗召郭守敬去商议。郭守敬就去当地查勘了地形，了解了雨量情况，发现这条河道近山，所经地区的年雨量虽不多，却很集中，大雨连日的时候山洪非常凶猛。他认为，纵然河道平时的流量不大，河道本身也一定要宽达50～70步。当时主管其事的官员目光短浅，认为郭守敬把雨季的流量估计得太大，处理这事太小心了，竟把郭守敬所定的宽度削减了1/3。河渠开通的下一年，一到大雨时节，山洪顺河直冲下来，河道狭窄，容纳不下洪水，两岸泛滥成灾，漂没人、畜、篷帐不计其数，几乎冲毁了元成宗的行宫。元成宗被迫北迁避水时，想起了郭守敬去年的预言，不由得对左右叹道："郭太史神人也，惜其言不用耳。"

邢台郭守敬纪念馆

从此以后，郭守敬的声望更加高了。1303年，元成宗下诏，说凡是年满70岁的官员都可以退休，独有郭守敬，因为朝廷还有许多工作都要依靠他，不准他退休。郭守敬那时已72岁了。

郭守敬一生最后的20年中，主持和指导日常的天文观测工作，主持和指导授时历的编纂工作，按时向全国颁布，并在1298年建造一座水运浑天漏。

公元1316年，郭守敬去世，享年86岁。

郭守敬是杰出的天文学家，也是卓越贡献的水利专家，既是成绩优异的数学专家，又是具有独创精神的仪器制造专家。他这几个方面的成就，在当时科坛居世界首位，领先世界水平三五百年。

为了纪念这位科学伟人，我国邮电部曾于1962年12月发行过两枚纪念邮票，其中一枚便是简仪的绘像。1970年，国际天文学会将月球背面的一个环形山脉命名为"郭守敬山"；1977年7月，经国际小行星组织批准，中国科学院紫金山天文台把他们于1964年发现的一颗小行星，也正式命名为"郭守敬"。这个伟大的名字，将像天空的星座一样，永放光芒。

郭守敬邮票

挑战古老的地心说——哥白尼

尼古拉·哥白尼(Mikolaj Kopernik,1473～1543),伟大的波兰天文学家,日心说的创立者,近代天文学的奠基人。通过挑战古老的地心说,哥白尼改变了天文学的概念,被公认是现代天文学的奠基人。

10 岁丧父，舅父收养

哥白尼的日心说发表之前，“地心说”(地球是宇宙中心)在中世纪的欧洲一直居于统治地位。在古代欧洲，亚里士多德和托勒密主张“地心说”，认为地球是静止不动的，其他的星体都围着地球这一宇宙中心旋转。这个学说的提出与基督教《圣经》中关于天堂、人间、地狱的说法刚好吻合，处于统治地位的教会便竭力支持地心学说，被定为天经地义一成不变的真理。经过了一千多年，16 世纪初哥白尼提出日心说引发了一场天文学的革命，也引起了基督教上层人物的仇视。

关于哥白尼的生活情况，至今仍有许多不解之谜。哥白尼的学生曾为他撰写过一篇传记，可惜这篇传记在纽伦堡遗失了。第二篇关于哥白尼的传记是在他死后大约 200 年时追记的。所以关于哥白尼的生平情况，有许多事情已经成为永久的秘密。

哥白尼 1473 年 2 月 19 日出生于波兰维斯杜拉河畔的托伦市一个富裕家庭，他是这个家庭的第四个孩子。父亲尼古拉原是克拉科夫的商人，1458 年迁居托伦城，因商致富，被选为托伦市的议员和市长。母亲巴巴娜是当地一位富商的女儿。10 岁之前，哥白尼过着无忧无虑的金色童年。10 岁的时候，一场瘟疫降临托伦市，哥白尼父亲成了这场瘟疫的第一批牺牲品。父亲去世后，由舅父卢卡斯·瓦泽罗德(1447～1512)大主教收养。舅父是一位具有人

文主义思想的进步人士，因此哥白尼从小就受到了良好的教育。

大学生涯持续15年

1491年，舅舅把18岁的哥白尼送到克拉科夫大学读书，从此开始了他持续15年之久的大学时代。大学生活的开始，成为哥白尼一生中的转折时刻。

哥白尼在克拉科夫学院人文学系读书的时候，正值人文主义者对这所大学影响最盛时期的尾声。对他影响最大的莫过于克拉科夫大学的数学和天文学教授沃伊切赫，这位沃伊切赫堪称杰出的学者和人文主义者，他唤醒了哥白尼对天文学的终生兴趣。这位优秀人物影响了哥白尼的整个一生。是他最早在年轻哥白尼的心灵深处播下了怀疑的种子，使哥白尼敢于怀疑当时普遍公认的法则，而正是这种怀疑进一步激励哥白尼实现了具有划时代意义的发现。

1495年上半年，哥白尼离开克拉科夫，来到住在瓦尔米亚的舅舅身边。当时在人文学系初级阶段的学习已经可以结束了，在克拉科夫，他获得了深刻的天文学知识，并且同人文主义结下了不解之缘。舅舅希望哥白尼能够继续深造，他愿为此提供物质保证。在筹措学习经费方面，舅舅作为一名主教，是有很大活动余地的，他可以先让两位外甥担任瓦尔米亚主教区的神甫，然后经神甫会同意就可以获得神职人员的固定收入。波兰历史上曾有不少市民子弟借助宗教外衣去享受神职人员的特权，并利用这一特权从事自己的事业。

1496年哥白尼赴意大利波洛尼亚大学帕多瓦大学、帕多瓦大学、斐拉拉大学学习法律、医学和神学，成为教规法律专家并获得医生资格。但他最感兴趣的还是天文学。意大利也是他首次做天文观测的地方。

当时意大利工商业很发达，是文艺复兴的发源地。在意大利逗留期间，哥白尼接触了许多杰出的学者和艺术家，接触到一些不受教会权威影响的自由思想，甚至在教皇的宫廷里也碰见过只相信自己的理性，不承认任何权威的无神论者。哥白尼受到古希腊哲学的有关日心说的启发，接受了文艺复兴的新思想。

初次阐述日心说，无人喝彩

1503年哥白尼获得法学博士学位，他舅父提供给他一个在波兰波罗的海边上的弗伦堡的神父位子。1506年哥白尼回到波兰，担任他舅父的医生和秘书。1512年他舅父去世，哥白尼迁居到东普鲁士的弗伦堡，被任命为大教堂的神父。哥白尼在此钻研天文学。作为神父，哥白尼成年后的大部分时间都在教堂任职，他并不是一位职业天文学家，他的成名巨著是在业余时间完成的。

在意大利学习期间，哥白尼就熟悉了希腊哲学家阿里斯塔克斯(前3世纪)的学说，确信地球和其他行星都围绕太阳运转的日心说是正确的。哥白尼逐个解决了猜想中

的数学问题后，就把它变成了有用的科学学说——一种可以用来做预测的学说，通过对天体观察结果的检验并与地球是宇宙中心的旧学说的比较，你就会发现它的重大意义。

大约在1515年前，哥白尼以书信形式撰写了一篇论文，寄给了自己的朋友和自己熟悉的天文学家。这篇论文开头的一句话是："尼古拉·哥白尼浅说自己提出的关于天体运动的假设"，于是这篇论文的名字就被简称为《浅说》。这篇《浅说》几乎传遍了整个欧洲，哥白尼在这篇《浅说》中以概括为几点的方式扼要地阐述了他的日心说的基本思想：

一、不存在一个所有天体及其轨道的中心点。

二、地球中心不是宇宙中心，只是重心和月球轨道的中心。

三、所有天体都围绕作为自己中心点的太阳运转，因此太阳位于宇宙中心附近。

四、地球到太阳的距离同天穹高度之比，就如同地球半径同地球与太阳间距之比一样渺小。地球到太阳的距离同天穹高度之比是微不足道的。这就是说，由地球绕太阳公转所造成的观察角度的变化，被称为视差位移，它同观察者与天穹，也就是观察者与各行星的距离相比，简直是太小了，所以这个变化很难被发现。

五、在天空中看到的所有运动，都是由地球自己的运动造成的。因为地球连同环绕它的自然要素一道每24小时围绕对天空来说不变的两极连线旋转一周。

六、使人感到太阳在运动的一切现象，都不是由太阳的运动产生的，而是由地球及其大气层的运动造成的。

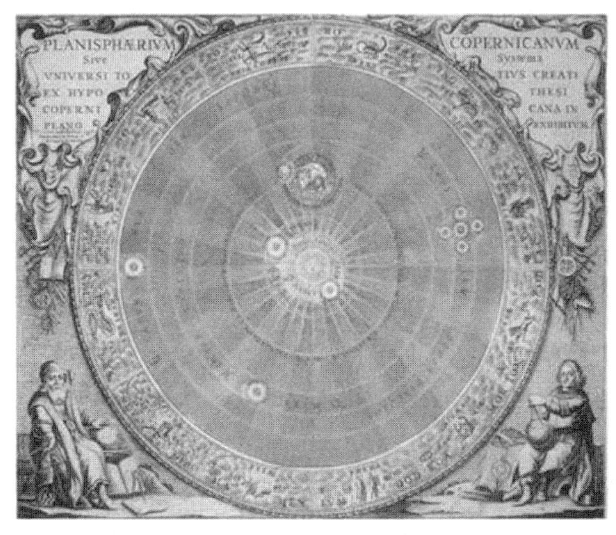

哥白尼宇宙体系示意图

《浅说》中提出的地球每昼夜围绕自己的轴心旋转一周和每年围绕太阳旋转一周的理论是一条惊人的发现。哥白尼这一惊人发现竟然是借助普通的简陋仪器——象限仪、三角仪和捕星器实现的。象限仪不过是用木板做成的一个正方形，板上绘制了 1/4 的圆弧，在圆心处钉上一条细棍，用于观测太阳的位置，主要是测量太阳中天时的高度。三角仪是用 3 根活动的尺子构成的，用于观测月球。捕星器是哥白尼用来测量月球与行星的位置及角度的工具，是用 6 个摆放在相应位置上的带有刻度的圆环构成的。哥白尼时代，科学家们使用的天文观测仪器十分简单，直到 1609 年伽利略才发明了天文望远镜。在弗伦堡差不多 30 年间，哥白尼就是用这样简陋的仪器建了一个小天文台，用来观测天象，后来被称为“哥白尼塔”，自 17

世纪以来被人们作为天文学的圣地保存下来。

不过，在1915年，哥白尼的《浅说》寄出后，并未引起收信人的很大兴趣，也未见任何良好的反响。没有人敢违背以教会权威和以《圣经》论述为支柱的公开理论来承认哥白尼的成果。所有人都保持完全的缄默，也可能有人在内心里承认哥白尼是有道理的，但嘴上却不说什么。在著名编年史家和历史学家、哥白尼的同事马切伊·米耶霍维塔所作的图书目录中，保存有这样一个条目："关于行星理论的笔记：该理论认为地球在运动，而太阳原地不动。"

毫无疑问，这里说的笔记就是哥白尼的《浅说》。随着时间的推移，《浅说》在欧洲越来越引人注目，并引起了截然不同的反应和争论。这时哥白尼已经在编撰自己的主要著作《天球运行论》。

地球围绕太阳转？

当时的人们相信太阳围绕着地球转，首先，太阳看起来每天都在跨越天空，从东方升起，慢慢升高，然后划过巨大的弧线缓缓下降，最后在西方落下，对一个观察者来说，似乎是太阳而不是地球在运动。第二，当时的天文学家认为，地球不能绕着自己的轴旋转。如果地球绕着自己的轴转动，那么建筑物为什么不会倒塌？第三，认为地球是固定的、太阳在运动的有利证据引自《圣经》中的一句名言："太阳啊，你要停留……"中世纪的基督教思想家认为，这就意味着，太阳按照神的旨意在运动。

古希腊哲学家亚里士多德在公元前4世纪已经描绘了他对宇宙的看法——太阳围绕着地球做圆周运动，但无法作出论证。天文学家观测到，太阳、月亮、行星实际上并不是这样运动的。为了作出解释，天文学家托勒密（约90～168）为地心说体系引入了一大堆复杂的理论，其一就是地球出于行星运动轨道的中心，而行星在另一个称为“本轮”的圆周上运动，本轮有着自己的轨道或者称“圆心轨迹”。一千多年后，这个托勒密体系还被认为是基本上正确的。

但是在以后的许多世纪里，大量的天文观测资料显示，只用托勒密的本轮不足以解释天体的运行，这就需要增添数量越来越多的本轮。后代的学者致力于这种“修补”工作，使托勒密的体系变得越来越复杂，每个行星需要不止一个本轮，总数达80个以上的“轮上轮”，并且还要引入“偏心点”和“偏心等距点”等复杂概念。

哥白尼是古希腊以来第一个挑战地心学说的天文学家。哥白尼曾十分勤奋地钻研过托勒密的著作。他看出了托勒密的错误结论和科学方法之间的矛盾。哥白尼正是发现了托勒密的错误的根源，才找到了真理。哥白尼认识到，天文学的发展道路，不应该继续“修补”托勒密的旧学说，而是要发现宇宙结构的新学说。他打过一个比方：那些站在托勒密立场上的学者，从事个别的、孤立的观测，拼凑些大小重叠的本轮来解释宇宙的现象，就好像有人东找西寻地捡来四肢和头颅，把它们描绘下来，结果并不像人，却像个怪物。

哥白尼观测天体的目的和过去的学者相反。他不是

强迫宇宙现象服从"地球中心"学说。哥白尼有一句名言："现象引导天文学家。"他正是要让宇宙现象来解答他所提出的问题，要让观测到的现象证实一个新创立的学说——"太阳中心"学说。他这种目标明确的观测，终于促成了天文学的彻底变革。

一段美好恋情，被教会扼杀

大约在1528年或者更晚一点，哥白尼的家里来了一个女管家，名叫安娜。安娜是勋章雕刻家施林的女儿，一种说法认为施林是哥白尼母亲家族的远房亲戚。在施林家里，哥白尼见到了年轻貌美的安娜。哥白尼身为神父，必须恪守终身不娶的誓言。安娜出身名门，性情贤淑，衷心爱慕哥白尼，毅然抛弃世俗的成见，与哥白尼同居。哥白尼在安娜的帮助和照顾下，书桌上的手稿迅速地一叠叠地增加起来了。当人们对安娜住在哥白尼家里已经习以为常、司空见惯的时候，瓦尔米亚省新任主教丹蒂谢克走马上任，情况有了变化。

1537年，神甫会开始选举新的瓦尔米亚主教，丹蒂谢克神父当选，哥白尼当初是不支持他当选的，丹蒂谢克神父于是便把这件事牢牢记在心里，开始清除异己，对不支持他当选的神父进行迫害，其中自然包括哥白尼。

根据别人的告密，丹蒂谢克强迫哥白尼和安娜脱离关系。此时，哥白尼和安娜同居已近十年，感情很深。哥白尼向丹蒂谢克这个无理的要求提出抗议，但丹蒂谢克说安娜已使哥白尼"失魂落魄"，为了他的"灵魂得救"，他勒令安娜立即迁出弗伦堡。哥白尼执行主教的指示，让安娜离开了自己的家，但却一直同安娜保持见面，直到去世为止。安娜在哥白尼去世以后又在弗伦堡住了一段时间才回到家乡。

雪藏多年，迟迟不敢发表

大约在1530年，57岁的哥白尼完成《天体运行论》的手稿。哥白尼的朋友们在意大利高级教会人士中传播了哥白尼的理论和观点，想通过这种办法为哥白尼公布自己的学说铺平道路，从而使当时的科学实现革命。此时，哥白尼的早期著作抄本已在整个欧洲流传。

正是由于他们的努力，引起了教皇的兴趣。1533年，60岁哥白尼在一次讲演中向罗马教皇克莱门特七世阐述自己的日心说，并未遭到教皇的反对。

这部差不多已经定稿的划时代的巨著，长久地躺在哥白尼的住处，哥白尼并不急于出版这部著作，后世有研究者认为哥白尼担心会因这部书被指控散布异端邪说，进而受到宗教法庭的审判；也有研究者认为哥白尼更担心的也许是怕自己的发现不被人理解，担心大众误解他的观点。

当时哥白尼到底是怎样想的呢？他在该书序言这样写道：

> 最神圣的父，我知道，某些人听到我在《天体运行论》一书中提出了地球运动的观念之后，就

会大叫大嚷，谴责我和这种思想。我对自己的著作还没有偏爱到这种程度，以至于可以不顾别人的看法……我深深地意识到，由于人们因袭许多世纪以来的传统观念，对于地球居于宇宙中心静止不动的见解深信不疑，所以我把运动归之于地球的想法肯定会被他们看成是荒唐的举动。因此，我踌躇了很长时间，不能决定到底是公开出版我这本证明地球运动的书呢，还是遵循毕达哥拉斯等人的惯例，把自己学说的奥秘只口授给自己的亲友，而不见诸于文字？我想，他们倒不是像有些人认为的那样，怕自己的学说被人分享，而是担心费尽千辛万苦才获得的宝贵研究成果会遭到轻视。因为有这样一班庸人，除非是有利可图，从不关心任何科学研究；或者虽然被人鼓励和依照先例而去作哲学的探求，但头脑又很笨拙，就像蜜蜂中的雄蜂一样，懒惰而又愚蠢。而我的理论又很新奇且难以理解，于是，担心遭到轻视的思想几乎使我放弃了自己的打算。

他还在扉页上加上从柏拉图学园抄来的格言："不懂几何学的人请勿进入。"

人类探求真理道路上的里程碑

《天体运行论》共分六卷。第一卷鸟瞰式地介绍了宇宙的结构。在论证的开始，哥白尼列举了许多观测资料来证明地球是圆形的。关于原子他还写了这样一段："所谓原子，是最细微的、不能再分割的微粒，它们重叠地或是成倍地相聚在一起，但由于它们看不见，并不立即形成看得见的物体；可是它们的数量可以增加到这种程度，足够累积到可以看见的大小。"这一段话在《天体运行论》出版时被删去了，在以后300年间的三种版本里都不见一个字。

哥白尼的肖像画

第二卷介绍了有关的数学原理，其中平面三角和球面三角的演算方法都是哥白尼首创的。

第三卷用数学描述地球的运动，是恒星表。

第四卷介绍地球的绕轴运行和周年运行。

第五卷论述了地球的卫星——月球。哥白尼非常重视研究月球，特别是月食。他认为在月食的时候，人们可以从月球、地球和太阳的相对位置，得到关于宇宙的真实结构的暗示。"因为，当宇宙别的部分都是澄明的和充满日光的时候，所谓黑夜就不是什么别的东西，而只是地球本身的阴影。这个阴影形成一个圆锥形，尾端尖削。月亮一接触到这个阴影，就会失去光泽，而当它出现在阴影正中央时，它的位置正好和太阳相对。"

第六卷计算了五颗行星的运行规律。

《天体运行论》的不朽贡献，在于它根据相对运动的原理，解释了行星运行的视运动。在哥白尼以前，这一原理从来没有被人这样详尽地阐述过，也没有人从这一原理得出过这样重要的结论。

哥白尼对这个问题是这样说："所有被我们观测的物体的位置变动，不是由于被观测的物体的运动所引起，就是由于观测者的运动，或由于物体和人的不一致的变动所引起的。"既然地球是我们在它的移动中进行观测的基地，那么我们观测到的天空中的运动，例如太阳的运动，就可能是一种表面的运动，是一种由于地球本身的运动所引起的幻觉，而其他天体的运动，就可能是那个天体以及地球的不一致的运动所引起的结果。因此，如果承认'地球从西向东地自转'，那么显然会觉得好像是太阳、月亮、和星辰在升起和降落。"

哥白尼论证道："地球虽是一个巨大的球体，但比起宇宙来却微不足道。"他注意到地平线把天球剖分为均匀的两半，曾利用这一现象来证实宇宙是无限的这个论断。"根据这一论断，可见宇宙跟地球相比是无法测度的，它是一个无边无际的庞然大物。"

他在《天体运行论》中观测计算所得数值的精确度是惊人的。例如，他得到恒星年的时间为 365 天 6 小时 9 分 40 秒，比现在的精确值约多 30 秒，误差只有百万分之一；他得到的月亮到地球的平均距离是地球半径的 60.30 倍，和现在的 60.27 倍相比，误差只有万分之五。

哥白尼正确地论述了地球绕其轴心运转、月亮绕地球运转、地球和其他所有行星都绕太阳运转的事实。但是他也和前人一样严重低估了太阳系的规模。他认为星体运行的轨道是一系列的同心圆，太阳是行星中相对不动的中心，这当然是错误的。

确认地球不是宇宙的中心，而是行星之一，从而掀起了一场天文学上根本性的革命，是人类探求客观真理道路上的里程碑。

“这个傻瓜想要推翻整个天文学！”

正当哥白尼感到非常苦闷的时候，出现了一个人，这个人在哥白尼生活的最后年代里成了哥白尼最忠实的学生和朋友。这个人丝毫也不在意有关老师的传言和老师周围的气氛，再说他作为一名新教教徒对这类事根本不予理睬。这个人就是德国纽伦堡大学教授耶日·约阿希姆·冯·劳亨，拉丁名字雷蒂库斯更为人们所熟悉。

1539 年，年仅 25 岁的雷蒂库斯带着许多珍贵的书籍，千里迢迢地来到弗伦堡，拜哥白尼为师，在那里逗留了将近两年，成为哥白尼唯一的门生，在传播哥白尼天才学说方面起了相当大的作用。他来得正是时候，在雷蒂库斯的鼓励和支持下，哥白尼很快就振作起来了。他们一起修订《天体运行论》的原稿，积极准备出版。

这时，丹蒂谢克主教听说哥白尼收留了一个“邪教徒”，就下令搜查神父们的住所，看看“是否藏有充满路德教派毒素的书籍”。

积极支持哥白尼出版《天体运行论》的还有他的朋友铁德曼·吉哲，铁德曼当初是弗伦堡的修士，早就了解哥白尼并一直支持他的科学研究工作。后来，铁德曼升为柳瓦巴教区的主教。他看到哥白尼的困境，就邀请哥白尼和雷蒂库斯到柳瓦巴教廷做客，以便他们集中精力完成定稿工作。丹蒂谢克立即对铁德曼进行恫吓，宗教裁判官霍兹乌施还说在铁德曼的著作里发现了什么“荷兰邪教”，企图加罪于他。

这时，哥白尼的学说在社会上也引起了不少的非难。新教徒（路德派）比旧教徒更为敌视哥白尼的学说。马丁·路德曾挖苦说：“这个傻瓜想要推翻整个天文学！”《宗教宣言》的执笔人菲利普·梅兰赫东也指责哥白尼“不顾眼前的事实而想入非非”。

1540年，雷蒂库斯出版了一本献给自己老师的书。这本书的书名很长：《致光荣的大师扬·绍内尔先生，一位年轻的数学爱好者谈托伦人、瓦尔米亚神甫、学识非常渊博的大师、杰出的数学家尼古拉·哥白尼博士先生有关旋转运动的几卷书，初讲》。在题目下雷蒂库斯刊印了一句希腊格言：“谁想研究哲学，谁就应是精神自由者。”在这篇《初讲》中，雷蒂库斯介绍了《天体运行论》的主要论点，强调了这些论点的新颖性。《初讲》介绍了《天体运行论》第一部分前10章的内容，其中写了雷蒂库斯直接了解到的有关哥白尼生活的一些趣闻，以及有关出版哥白尼著作的客观条件。在这里学生对自己的老师表示了最大的尊敬和崇拜，他把哥白尼称为自己的主人。在大家都了解的情况下，他出于尊敬从不直呼哥白尼的姓名。雷蒂库斯的

《初讲》成了当时科学生活中的一个重要事件，引起天文学家、数学家、哲学家和其他人文主义者的巨大兴趣。这本书很快就再版，这使哥白尼迅速闻名遐迩。

雷蒂库斯设法说服哥白尼把他的手稿付印，让它们在更为广泛的公众中流传。雷蒂库斯也写了一部伟大的著作《三角形论著》，在他去世后由他的学生完成，最终于1596年出版。

1541年，哥白尼将他几十年来心血的结晶——《天体运行论》的手稿，交给他的朋友柳瓦巴教区的主教铁德曼，铁德曼又转交雷蒂库斯。此时，雷蒂库斯因被莱比锡大学请去教书，便将这本书的出版工作交给他的朋友、纽伦堡的一个出版商奥塞安德尔。奥塞安德尔曾学过天文学，他在梅兰赫东(《宗教宣言》的执笔人)的授意下，篡改了原稿，删减了哥白尼学说的一些内容，力求使科学迁就当时社会的旧有认识。

匈牙利纪念哥白尼及其日心说邮票

1543年5月24日，当这部巨著印好并送到弗伦堡时，

久病的哥白尼已危在旦夕。御医梭尔法把书放到被子上,并把哥白尼的手放到书上,哥白尼用他的无力的手痉挛地抓住书本。哥白尼已到弥留的时刻,一小时后他就与世长辞了。

2005年,哥白尼的骨骸在一间教堂内被发现,经过重新复原之后,在2010年5月22日重新安葬。

哥白尼死前为自己预作墓志铭,其铭文是:"你不必赏我像赏给圣保罗的恩宠,但求你赏赐我像你给圣伯多禄的宽赦和仁慈。"

73年后被列为禁书

在《天体运行论》将要出版的时候,罗马教廷正在考虑对策。1541年,红衣主教施福治向教皇休罗献策:"我建议不要理睬这种渎神的言论,因为既然恶魔已点了火,你再去给它扇风,火就会烧得更大。最好是不闻不问。"罗马教廷很赏识这个建议。同时,由于哥白尼的著作是用拉丁文写的,而且只有懂数学的人才能看懂,在市民阶层中影响不大,因此,罗马教廷在73年间没有对哥白尼的著作明令取缔。

1616年,该书被划入禁书之列。神学家们对哥白尼的学说作了裁决——说他"所列举的这些看法是愚蠢的,从哲学角度看是荒谬的,形式上是异端的,有许多地方明显违背圣经的说法"。1616年3月5日,负责禁书事务的圣主教会议对哥白尼的著作作了结论,说:"主教会议获悉,尼古拉·

哥白尼在《天体运行论》中提出的关于地球运动和太阳休息的、违背《圣经》的、毕达哥拉斯信徒式的伪学说已经传播开来，并且已被许多人所接受……为此，主教会议认为，为了不使这种学说进一步蔓延，危害天主教真理，有必要对其加以禁止……直到它得到修正为止。”

1835年，罗马教廷才将《天体运行论》从“禁书目录”中撤销。

《运行》带着遍体鳞伤，在人世间流传了300多年。直到19世纪中叶，《运行》的原稿才在布拉格一家私人图书馆里被发现。1873年，出版了增补哥白尼原序的《天球运行》，但有关原子说的章节仍未补入。1953年，《天球运行》出第四版时，才全部补足原有的章节。这时哥白尼已逝世410年了。

挑战上帝的人——伽利略

伽利略·伽利雷(Galileo Galilei，1564～1642)是意大利文艺复兴后期伟大的天文学家、力学家、哲学家、物理学家、数学家。也是近代实验物理学的开拓者，被誉为“近代科学之父”。他以系统的实验和观察推翻了亚里士多德诸多观点，是一个哥白尼学说的支持者。晚年受到教会迫害，被终身监禁。

以反驳教师出名

伽利略于1564年2月15日出生于意大利西部海岸的比萨城的一个没落的贵族之家，是家里7个孩子中的老大。据说他的祖先是佛罗伦萨很有名望的医生，但是到了他的父亲这一代，家境日渐败落。他的父亲是有名的音乐家，生前出版过几本牧歌和器乐作品，数学很好，精通希腊文、拉丁文和英语，但是美妙的音乐不能填饱一家人的肚皮，他的数学才能也不能给他谋到一个好职位。大约在小伽利略出生不久，父亲在离比萨城不远的佛罗伦萨开了一间卖毛织品的小铺子，这完全是不得已的办法。但是为了维持一家人的生活，他只好违背自己的意愿去经商。

伽利略10岁以前都是在比萨城度过的，在一所普通的小学校上学，1574年全家一起移居佛罗伦萨。12岁时，伽利略进入佛罗伦萨附近的瓦洛姆布洛萨修道院学习哲学和宗教，那里宁静的学生生活深深吸引着他，以至于有段时间小伽利略很想将来当一个献身教会的传教士。但是他父亲听到这个情况后，立即把儿子带回家，劝说伽利略去学医，这是他为儿子的未来早已设计好的一条路。回到修道院后，他在那里继续学习，直到1581年进入比萨大学。

伽利略签名

17岁，伽利略进了著名的比萨大学学习医学，这是一个可以在毕业以后谋到高收入的专业。比萨大学是所古老的大学,学校图书馆藏书丰富,这很合伽利略的心意,但是伽利略对医学并没有多大兴趣,他很少上课。他孜孜不倦地学习数学、物理学等自然科学,并且以怀疑的眼光看待那些自古以来被人们奉为经典的学说。

伽利略早年在比萨大学以反驳教师而出名。很多年以后,他在笔记中谈到,他一开始研究亚里士多德自然哲学时就产生了怀疑:他不相信物体的下降速度真的与其大小成正比。伽利略早就知道大小不一的冰雹是同时落地的,因为由常识推测,冰雹大约是从同一高度一起下落的。按照亚里士多德的观点,大石块先到达地面,小石块后到达地面,这与我们所见的事实并不相符。

1583 年,伽利略听了一些关于欧几里得几何学的讲演。这些讲演是由在托斯康大公宫廷任职的一位实用数学家举办的。这激励他致力于研究欧几里得《几何原本》。宫廷数学家里奇从伽利略向他请教的问题中很快发现了伽利略的天赋,因而他请求伽利略的父亲让伽利略研究数学,但是这位父亲坚持要伽利略先完成医学课程。然而伽利略并未听从,开始钻研起数学和哲学,并于 1585 年未取得学位就离开了大学。

才华出众,受到赏识

1585 年,伽利略回到佛罗伦萨,在离开大学后的几年里作为私人教师讲授数学,并在业余时间自学数学和物理，潜心攻读欧几里得和阿基米德的著作，1586 年他发明了浮力天平，并写出论文《水秤》，1588 年写出《固体的重心》，第一次揭示了重力和重心的实质，并给出准确的数学表达式，从而引起了学术界的注意。

1587 年他带着关于固体重心计算法的论文到罗马大学求见著名数学家和历法家 C. 克拉维乌斯教授，大受称赞和鼓励。克拉维乌斯回赠他罗马大学教授 P. 瓦拉的逻辑学讲义与自然哲学讲义，这对于他以后的工作大有帮助。

伽利略的数学才能甚至得到佛罗伦萨大多数文化界的上层人物赏识。1588 年，他应邀去佛罗伦萨学院就但丁《地狱篇》中的地狱位置、大小和布局发表讲演。但丁的《神曲》是诗歌，不是科学，但但丁却巧妙地将他那个时代公认的科学融会在里面。他关于地狱部位的构造在整个 16 世纪引起了激烈争论。但丁原著的注释者持两种对立的观点。伽利略根据地理学和数学知识支持早期的那些观点。随后，文学院享有威望的头面人物帮助伽利略先是在比萨，后是在帕多瓦接连获得教授职位。

约在 1588 年底，伽利略发现了一种巧妙而实用的测量某些固体重心的方法，比阿基米德的方法先进，这使他首次在国外赢得声誉。凭借这一发现，伽利略于 1588 年申请帕多瓦大学空缺的数学教授职位，并未成功，这一职位后来授予了帕多瓦的一位天文学家马基尼，他因出版过一些著作而享有盛名。但是伽利略的发现引起了吉多波德侯爵的兴趣。这位侯爵写过一部重要的力学著作，从此直至 1607 年去世，他一直是伽利略的朋友和赞助人。1587 年底伽利略首次访问罗马时，这一发现还使他结识了

罗马耶稣会学院的数学家兼天文学家克拉威斯。

伽利略于1589年获得比萨大学的数学教授职位，这年他只有25岁。这是一个薪水微薄的职位，因为在比萨人们对数学的研究并不重视，伽利略因此而成为教授，这样他就有理由去谋求帕多瓦大学更有名气的教职。

当时比萨大学教材均为亚里士多德学派的学者所撰，书中充斥着神学与形而上学的教条。伽利略经常发表辛辣的反对意见，由此受到校内该学派的歧视和排挤。他得罪了一个大公爵的亲戚乔范尼。这个乔范尼是个不学无术的人，他声称发明了一台挖泥船，假惺惺地跑来征求伽利略的意见。当伽利略仔细观察了挖泥船的模型后，直言不讳地告诉他，设计不合科学原理，根本不能使用。乔范尼碰了一鼻子灰，不但不接受伽利略的意见，反而固执地坚持下水实验，结果船沉了。事实证明伽利略的判断是完全正确的，但恼怒的乔范尼反而迁怒于伽利略，散布流言蜚语，攻击他是"阴险的人"。那些早就心怀不满的亚里士多德的信徒，趁机对他大肆攻击，一时间闹得满城风雨。在这种气氛中，伽利略无法在比萨大学待下去了。1591年他的父亲病逝，家庭负担加重，他便决定离开比萨。

流传几个世纪的故事

在比萨大学，最著名并流传了几个世纪的故事是——1590年伽利略在比萨斜塔上做了"两个铁球同时落地"的著名试验，从此推翻了亚里士多德"物体下落速度和重量成比例”的学说，纠正了持续了1900年之久的错误结论。在伽利略在比萨写的手稿《论运动》中确实提到，相同材料的物体通过同一介质下落时间相同，与物体的重量无关。

比萨斜塔

另一个故事是，在比萨大学学医的时候，一次，年轻的伽利略参加比萨大教堂的宗教仪式，一盏在风中摇摆的吊灯吸引了他的注意，他看到，灯在空中的摇摆非常有规律，他开始用自己的脉搏来为它计时。他观察灯的时候，有时它摇摆的弧度较小，有时，譬如突然刮起了一阵大风，它摇摆的弧度就会很大。但是，伽利略注意到，不论灯摇摆的弧度有多大，它每次摇摆的时间都是一样的。今天，当人们参观比萨大教堂的时候，“伽利略吊灯”还被介绍给来访者。

这个耳熟能详的故事是否真实已经不重要了，事实是，1602年伽利略开始进行实验。他让两个同样长的摆锤（从固定点上下挂的重物）做弧度不等的摆动，虽然有一个摆动的弧度较大，但是它们完成一次摆动的时间完全一样。伽利略意识到，摆锤可以用来作为计时的工具。据猜

测，伽利略的儿子制造了第一个应用这种原理来设计实用摆钟，不过这个设计到1659年才由荷兰科学家惠更斯(1629～1693)加以完善。

人生的黄金时期

伽利略的一生都是在经济窘迫的状况下度过的。父亲去世后，伽利略只得承担起为两个妹妹筹备嫁妆的责任，她们分别在1591年和1601年出嫁。那时的嫁妆可以付现金，也可以由女方家庭为她的丈夫购置财产，这些都可以在许多年内分期付清，但是不能不付，否则会被逮捕和坐牢。为了避免这种结局，伽利略只好借债，并急切想获得另一份工作。

伽利略求助于盖特保图侯爵，这位珍惜人才的贵族再一次伸出援手，他运用自己的影响，把伽利略推荐给帕多瓦大学，帕多瓦是意大利北部一个学术空气浓厚的小城，距离美丽的海滨城市威尼斯不远，属于威尼斯共和国管辖。威尼斯政府远比意大利其他各邦开明，这对帕多瓦大学很有利。1592年，28岁的伽利略被任命为帕多瓦大学的数学、科学和天文学教授。

帕多瓦大学是一所更大的学府，有更好的设备，更加宽容的学术气氛和更高的薪金，是比萨时的三倍。一直到1610年，这一时期是伽利略从事科学研究的黄金时期。在这里，他在力学、天文学等各方面都取得了累累硕果。

帕多瓦大学吸引了许多注定要过戎马生涯的外国青

年贵族。伽利略为了帮助他们和增加自己的收入，私下里为这些学生辅导军事建筑学、筑城学、测量学、力学，以及一些大学课程中没有的其他有关科目。1593 年伽利略写了力学和筑城学课程大纲，以后又补充了其他一些内容。

伽利略曾为他的军人学生写了一篇论述观测和三角测量的文章，此后于 1597 年他又发明了所谓“军用测位罗盘”的机械计算器，最初是为解决炮击技术问题，后来经过改进，几乎能快速解决任何可能遇到的应用数学问题。伽利略在 1599 年雇了一名工匠，专门制造这些仪器用来出售，并开始每年开办讲座介绍用法。

最早的温度计也是由伽利略在 1593 年发明的。他的第一支温度计是一根一端敞口的玻璃管，另一端带有核桃大小的玻璃泡。使用时先给玻璃泡加热，然后把玻璃管插入水中。随着温度的变化，玻璃管中的水面就会上下移动，根据移动的多少就可以判定温度的变化和温度的高低。温度计有热胀冷缩的作用所以这种温度计，受外界大气压强等环境因素的影响较大，所以测量误差较大。后来伽利略的学生和其他科学家，在这个基础上反复改进，减少了测量误差。

1603 年，伽利略解决了斜面运动的几个问题，并且开始研究加速度。从 14 世纪以来人们一直假设：速度增大是逐级跳跃式的，每一速度都在持续匀速运动一段时间后突然增加到另一速度。伽利略开始也接受了这种思想，但不久就不得不放弃了它。1604 年，他设计了一种测量加速度物体实际速度的方法。他使一个球从静止开始沿坡度小于 2°的斜面滚下，按大约半秒的音乐节拍在相同时间间

隔内记下球的相应位置，然后近似以毫米为单位测出各段距离，伽利略由此得到下落运动中连续的速度呈奇数规律变化，其结果是，从静止开始的各段累计距离依次为 1，4，9，16，…由此伽利略得出落体定律：从静止开始，距离随所用时间的平方增长。

1607 至 1608 年间，伽利略对他以前得到的运动定理作了整理和补充，最终发现落体的速度与距离的平方根，而不是与距离成正比，这为他提供了一种方法，可以证实他曾经作出的假设——即无摩擦的水平运动是匀速运动。由于他的实验记录非常精确，使他由此推出许多未经逐个检验的新定理。其中最重要的是关于抛体运动的定理，他由实验发现，抛体运动是沿抛物线路径的运动。这个实验为牛顿运动定律第一、第二定律提供了启示。

十数年美好感情生活

在伽利略就职帕多瓦大学的最初几年，他与一位威尼斯女人邂逅相识，两人有了亲密的关系，她在 1600 年和 1602 年为伽利略生了两个女儿，1606 年又为他生了一个儿子。当伽利略 1610 年回到佛罗伦萨时，她仍留在帕多瓦，最终和别人结婚。由于他们不是合法夫妻，两个女儿不能结婚，后来都当了修女。

这些年，由于伽利略为 1601 年结婚的妹妹利维娅承办了丰厚的嫁妆而经济状况窘迫。他的弟弟米开朗基罗曾向伽利略借款移居波兰，此后并未偿还，也未负担他分内的利维娅嫁妆的一半费用，伽利略仅付清这一项就需两年的薪水。后来米开朗基罗又迁居德国，在那里结了婚，仍由伽利略支付一切费用。

伟大的发明——望远镜

没有任何事实能说明伽利略在 1595 年以前对天文学有过特殊的兴趣，只是在这一年，他偶然发现借助哥白尼假设的地球的两种圆运动可以从力学上解释潮汐现象。他似乎这时才开始对新天文学发生兴趣。

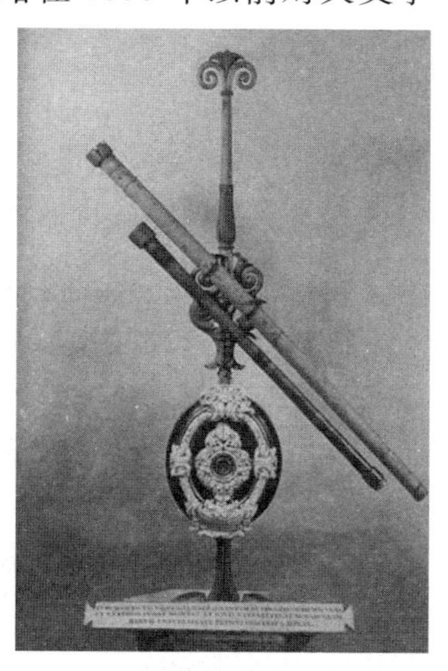

伽利略望远镜

1609 年 6 月，伽利略听到一个消息，说是荷兰有个眼镜商人利帕希在一次偶然的发现中，用一种镜片看见了远处肉眼看不见的东西。不久，伽利略的一个学生从巴黎来信，进一步证实这个消息的准确性，信中说尽管不知道利帕希是怎样做的，但是这个眼镜商人肯定是制造了一个镜管，用它可以使物体放大许多倍。这引起了伽利略浓厚的兴趣，他开始试图自己做一个同样的设备，他磨制出一对凸透镜和凹透镜，然后又制作了一个精巧的可以滑动的双层金属管，然后把管子对着窗

外，奇迹出现了，远处的教堂仿佛近在眼前，可以清晰地看见钟楼上的十字架，甚至连一只在十字架上落脚的鸽子也看得非常逼真。

伽利略制成望远镜的消息马上传开了。“我制成望远镜的消息传到威尼斯”，在一封写给妹夫的信里，伽利略写道：“一星期之后，就命我把望远镜呈献给议长和议员们观看，他们感到非常惊奇。绅士和议员们，虽然年纪很大了，但都按次序登上威尼斯的最高钟楼，眺望远在港外的船只，看得都很清楚；如果没有我的望远镜，就是眺望两个小时，也看不见。这仪器的效用可使 50 英里的以外的物体，看起来就像在 5 英里以内那样。”

伽利略发明的望远镜，经过不断改进，放大率提高到 30 倍以上，能把实物放大 1000 倍。这是天文学研究中具有划时代意义的一次革命，几千年来天文学家单靠肉眼观察日月星辰的时代结束了，代之而起的是光学望远镜，有了这种有力的武器，近代天文学的大门被打开了。

1609 年年底，伽利略开始用他的新望远镜观察天空。伽利略的望远镜揭开了一个又一个宇宙的秘密，他发现了木星周围环绕着它运动的卫星，还计算了它们的运行周期。现在我们知道，木星共有 16 颗卫星，伽利略发现的是其中最大的四颗。除此之外，伽利略还用望远镜观察到太阳的黑子，他通过黑子的移动现象推断，太阳也是在转动的。银河是由于千千万万颗暗淡的星星所组成。这些发现为哥白尼、布鲁诺的观点提供了有力的证据。

在望远镜发明之前，天文学家们一直认为天体——太阳、月亮、星星等都是完美光滑的球体。伽利略用他的望远镜观察月球，得到了令人吃惊的发现，他是第一个发现月球上有山的人，而月球表明是“不平坦的，崎岖的，到处都有凹陷和凸起。它就像地球的表面，到处都有山脉和峡谷”。一个又一个振奋人心的发现，促使伽利略动笔写一本最新的天文学发现的书，他要向全世界公布他的观测结果。1610 年 3 月，伽利略的著作《星际使者》在威尼斯出版，立即在欧洲引起轰动，也为伽利略赢得了崇高的荣誉。

在书中，他将木星的卫星命名为“美第奇星”，以表示对当时托斯卡纳的统治者美第奇家族的敬意，并把自己的发现献给了当时的统治者科西莫二世大公（1590～1620）。这种奉承得到了回报，1610 年，伽利略被指定为公爵的首席数学家，并安排他返回公爵的领地首都佛罗伦萨。

不断地卷入论争中

大概是有了科西莫二世大公这座大靠山，伽利略的言论著述越来越明显地对几个世纪依赖权威亚里士多德和古希腊哲学家发起挑战，他公开发布的观点触犯了很多人。1612 年，伽利略卷入了一场激烈的争论。争论的焦点是关于冰的特性，伽利略认为，冰之所以浮在水面上，是因为他的密度小于水。他的对手支持亚里士多德，说这是因为冰大而扁平。一场公开的辩论看来不可避免，这是，科西莫二世下令，他的官员不应该在公开场合抛头露面，参加辩论，他坚持辩论应该继续以书面形式进行。

1613 年，伽利略又卷入了另一场辩论。这次是德国天文学家沙伊纳。伽利略认为，自己在 1611 年第一个观察到太阳表面的黑点。两年以后，伽利略注意到沙伊纳想沽名钓誉，宣称这些黑点是他发现的。使伽利略感到不安的是，沙伊纳认为这些黑点不可能在太阳上，因为这就意味着太阳的不完美和有变化，而亚里士多德说过，太阳是完美的千古不变的。沙伊纳由此得出结论，这些黑点肯定是在轨道上运动的卫星，出于地球和太阳之间的某个空间。

为了证明沙伊纳的错误，伽利略指出，当太阳黑点出现在太阳边缘的时候，它们移动的速度看起来就要比出现在中央的时候慢得多，由此他解释说，这些黑点是太阳的一部分，它们的运动速度的变化才有意义，如果它们单独存在，就不会有运动速度的变化。

沙伊纳和伽利略两人争端的问题不只限于太阳黑子，还涉及天文学和其他一些问题。伽利略认为解释天上的现象应该采用与解释地上的现象相类似的方法，他反对亚里士多德天地之间有本质区别的基本假想，他还断言事物的本质是无法弄清楚的，科学所关心的仅仅是事物的特性和可见事件，这等于是科学应摆脱哲学的独立宣言。

1613 年，伽利略在罗马发表了《论太阳黑子》。该书以书信形式明确指出了哥白尼学说是正确的，托勒密学说是错误的。这是伽利略第一次，也是唯一一次在出版的作品中明确表示支持哥白尼天文学。他在《星际使者》一书中回避了这个问题，甚至在他发现了金星的盈亏以后，他也没有从天文学上反对托勒密学说。

在 1612 年到 1616 年的全部争论中，伽利略的目的并不是要证明科学问题上的谁是谁非，而且要把纯科学问题与信仰问题分开，以便使理性讨论可以自由地进行。伽利略并不想要教会接受科学争论中的一方作为信仰问题去压制另一方；他写道，如果教会要压制什么的话，就应该禁止用《圣经》的权威来解决那些本可以只诉诸经验和理性，而不用《圣经》就能解决的争议。这就是伽利略所希望的宗教与科学的分离，他从未怀疑教会干预的权力，但他极力主张教会不要这样做。这只是很久以前圣奥古斯丁所主张的分离，他指出，一个异教徒可能比一个基督教徒了解更多的天文事物；基督教徒不应该在研究天文学上花费时间，而最好应该把时间花在虔诚的祷告上；让基督教在这样一些事物上下赌注是不合适的。

伽利略被教会严厉警告

伽利略的天文学发现以及他的天文学著作明显地体现了哥白尼日心说的观点。因此，伽利略开始受到教会的注意，一场可怕的厄运即将降临在这位杰出的科学家的头上。

伽利略在1615年底重要的罗马之行中，在许多集会上强调哥白尼天文学的价值，但那似乎不是他去罗马的主要目的。即使公众认为或被告知哥白尼天文学是真理，这对神学家审议伽利略的问题也不会有多大影响。

在罗马，伽利略在各种场合对各种团体宣讲他的天文学观点，反对亚里士多德的宇宙学说。1616年初，他依据地球的运动写了一本详细论述潮汐理论的书，把它献给了

亚历山大里亚红衣主教奥西尼。教皇却托人劝告伽利略不要再发表言论，免得完全受教皇控制的罗马天主教宗教法庭对他开庭问罪。

1616 年根据枢机主教会议（专司发布禁令的教会机构）的请求，十一名神学家对哥白尼学说进行审查，最后作出结论：认定哥白尼的学说是荒谬绝伦的，日心说被宣布为异端邪说，而哥白尼的论著《天体运行论》被列入禁书名单。与此同时，所有支持日心说理论的书籍和尚未出版的手稿统统被查禁。

罗马教廷先是对伽利略发出措辞严厉的警告，继而把他召到罗马进行审讯。1616 年 2 月，宗教裁判所宣布，不许伽利略再宣传哥白尼的学说，无论是讲课或写作，都不得再把哥白尼学说说成是真理，伽利略被迫屈从。

1616 年 3 月 5 日，教会发布了一条教令，凡认为地球运动而太阳静止是真实的，或认为这种观点与《圣经》不相矛盾的著作皆列入《禁书目录》。

伽利略被判终身监禁

1623 年，罗马教皇乌尔班八世颁旨封伽利略的朋友马费奥·巴尔贝里尼为红衣主教。伽利略急忙赶赴罗马，希望通过朋友的关系达到撤销对哥白尼假说的禁令，但这一切努力都是徒劳的。罗马教皇对伽利略解释说，当前天主教世界被异端邪说搞得四分五裂，绝对不能容忍人们对于神圣的信仰产生任何怀疑。

返回佛罗伦萨后，伽利略继续撰写新的著作，仍对他的著作出版抱着希望。1628 年，伽利略再度来到罗马了解形势发展情况，并向教会各个大主教们解释他对哥白尼学说所持的态度。在罗马他四处碰壁，但谁也无法阻止他为哥白尼学说大声疾呼。伽利略完成《关于哥白尼和托勒密两大世界体系的对话》的撰写后，于 1630 年提交枢机主教会议审查。

教会对伽利略著作进行审查历时达两年之久，审查结果是“严加查禁”。于是，伽利略决定将他的著作在自己的故乡佛罗伦萨出版。他费了很大的周折避开海关检查，使这部科学论著在 1632 年 2 月得以问世。

《对话》表面上是以三个人对话的形式，客观地讨论托勒密的地心说与哥白尼的日心说，对谁是谁非进行没有偏见的探讨。这本书以充分的论据和大量无可争辩的事实，有力地批判了亚里士多德和托勒密的错误理论，科学地论证哥白尼的日心说，宣告了宗教神学的彻底破产。

《对话》出版后 6 个月，罗马教廷便勒令停止出售，认为作者公然违背“1616 年禁令”，问题严重，亟待审查。有人在教皇乌尔班八世面前挑拨说伽利略在《对话》中，借头脑简单、思想守旧的辛普利邱之口以教皇惯用辞句，发表了一些可笑的错误言论，使他大为震怒。曾支持他当上教皇的集团激烈地主张要严惩伽利略，而罗马帝国和西班牙王国认为如纵容伽利略会对各国国内的异端思想产生重大影响，提出联合警告。在这些内外压力和挑拨下，教皇便不顾旧交，于 1632 年 10 月发出要伽利略到罗马宗教裁判所受审的指令。

年近七旬而又体弱多病的伽利略以得了慢性病、身体不好为理由拖延时间，但是罗马方面威胁说，如果他自己不来，将给他“上镣铐押过来”，逼他马上出发。

伽利略被迫在寒冬季节抱病前往罗马，一到罗马便失去自由，关进了宗教裁判所的监牢，并且不准任何人和他接触。审判从1633年4月延续到6月，1633年6月22日在圣玛丽亚修女院的大厅由10名枢机主教联席宣判，主要罪名是违背“1616年禁令”和《圣经》教义。伽利略被迫跪在冰冷的石板地上，在教廷已写好的“悔过书”上签字，他被迫放弃——正式收回——他的观点，公开确认“非常正确和无可争议的、托勒密关于地球静止不动、太阳在运

1633年，伽利略受到罗马宗教法庭的审判

动的观点”。据说，之后他还轻声说道：“然而它还在运动。”主审官宣布：判处伽利略终身监禁；《对话》必须焚绝，并且禁止出版或重印他的其他著作。此判决书立即通报整个天主教世界，凡是设有大学的城市均须聚众宣读，借此以一儆百。

大女儿的124封信

1633年底,伽利略终于获准回到佛罗伦萨郊外阿尔特里的家中,在宗教法庭官员的监视之下,他在那里度过了余生之年。他在给一位巴黎的朋友的信中这样写道:我在"阿尔特里受到极其严格的监控,严厉禁止进城,不准同时接待很多朋友来访,对来访者讲话必须注意分寸,不得言辞过激……我仿佛觉得,如今我的牢房将被一座无限长久、拥挤不堪的监狱所取代,我们大家都逃脱不掉被囚禁的厄运。"

伽利略晚年忍受着高血压、关节炎和视力下降的折磨。1634年4月2日大女儿的去世,给伽利略带来很大的打击,使他很久才恢复过来。

伽利略1610年回到佛罗伦萨时,将儿子留给他的情妇照管,把两个女儿带在身边,由伽利略的母亲抚养长大,因为是私生女,她们在长到足够年纪后,1616年被送到了佛罗伦萨北面阿尔特里山的圣方济会女修道院。这是一所清贫的修道院,伽利略的两个女儿营养不良,小女儿常常生病,身体一直很弱。大女儿弗吉尼亚(进入修道院后取名为修女玛丽亚·塞莱斯特)则非常聪慧,伽利略非常爱他的女儿,1631年,伽利略在修道院隔壁买了一所房子,以便能与她靠得近些。这所房子就是伽利略被软禁并度过余生的地方。

从现在存世的大女儿给伽利略写的124封信中可以看到,即使在审判期间她也从未动摇过对父亲的忠诚。她在

信中写道："鸽房里的两只鸽子等您回来享用，园子里的蚕豆等您回来采摘，您的塔楼因您积久不归而悲伤。"

伽利略曾有一度情绪非常低落，他写信给他的大女儿，信中谈到，在受到教会的谴责之后，他深感他的名字已从世人的辞典中消失了。他写给女儿的信没有保存下来，但他女儿给他的回信保存下来了。信中却清楚地写道：

> 不要说你的名字已从世人的辞典中勾销了，因为事实并非如此。你的名字无论是在你的祖国，还是在世界其他各国都是不可磨灭的。而且在我看来，不久你就会享有更高的声誉，这似乎是很奇怪的，因为据我所知，还没有一个人在他的祖国被视为先知。

他的女儿的溢美之词本来只是在修道院里对伽利略在罗马免受牢狱之苦表示喜悦和安慰，然而，这却成了预言。因为在1634年，伽利略的《力学》一书由米尼会修士默森译成法文，而该书的意大利原文版很久以后才得以出版。翌年，给他带来厄运的《对话》由伯耐格在法国的斯特拉斯堡译成拉丁文出版，从而成为世界性的著作，远比被查禁的意大利文原著赢得的读者多。1636年，以手抄本形式传播的伽利略《致克里斯蒂娜的信》与其拉丁文译本一道出版，使伽利略的见解——即《圣经》的词句是否应掺进纯物理学——公诸全欧。

作为对伽利略惩罚的一部分，教会规定他每周朗诵七篇忏悔诗。大女儿自告奋勇地承担了这项任务。她说：

“不久前，我开始朗诵忏悔诗，此事给了我很大快乐，首先，因为相信，为服从神圣教会而祷告必定是灵验的；其次，为了省得花气力去记它。”

在伽利略回到家里四个月之后，大女儿去世。这令伽利略非常痛苦，他在给友人的信中写道：

> 我没有及时写信告诉你关于我的健康状况，身体的确很差了。疝气日渐严重；时常心率过速；极度忧伤使食欲不振；我怨恨自己，爱女的声音不断在召唤我……再加上严重的失眠折磨着我……现在，我已无心写作，整天精神恍惚，甚至忘记了给朋友们回信。

伽利略又在世上活了八年。

双目失明，晚年生活困顿

虽然他不能自由地走动，但被允许接待访客。在伽利略最后的岁月中，比较引人注目的来访者是英国诗人和哲学家约翰·弥尔顿。他在 1638 年～1639 年到意大利旅行时专程来拜访伽利略。伽利略还被允许继续进行他的研究和写作，他动手写一本关于运动和材料强度方面的新书《关于两门新科学的对话与数学证明》，差不多用了两年的时间完成。当书写成之后，整个欧洲天主教世界（意大利、法国、德国、奥地利）统统拒绝将其印刷出版。

1936 年 5 月伽利略到荷兰为他的这部著作进行谈判，然后秘密将书稿寄往那里。1638 年 7 月《关于两门新科学的对话与数学证明》(两门新科学是指材料力学和动力学)在荷兰正式出版。差不多一年以后，于 1639 年 6 月才拿到成书，这时伽利略已经双目失明。1637 年，他用自己的望远镜的记录了最后的发现，记下了月球每天和每月的摆动。此后，他的双目基本上失明，陷入无尽的黑暗之中。多年拼命的工作，加上年事已高，尤其因为观测太阳没有使用良好的滤光镜，都是造成他失明的原因。

1639 年，一位青年学生维维安尼来与伽利略一起生活和学习，同时做伽利略的文书。几年后维维安尼写出了他的老师的第一部长篇传记，尽管其中有一些明显的错误，但由于伽利略在最后几年中向他诉说了自己的一些生活轶事，因而使这部书具有特殊的价值。

1642 年 1 月 8 日，78 岁的伽利略停止了呼吸。但是他毕生捍卫的真理却与世长存。在他离开人世的前夕，他还重复着这样一句话："追求科学需要特殊的勇气。"

伽利略对现代科学思想的发展作出了重大贡献。他是最早用望远镜观察天体的天文学家，曾用大量事实证明地球环绕太阳旋转，否定地心学说。由于他最先把科学实验和数学分析方法相结合并用来研究惯性运动和落体运动规律，为牛顿对第一和第二运动定律的研究铺平道路，所以常被认为是现代力学和实验物理的创始人。他在科学实验的基础上融会贯通了数学、物理学和天文学三门知识，扩大、加深并改变了人类对物质运动和宇宙的认识，开辟了天文学的新时代。

伽利略的许多预言都为后来者所证实，例如，他曾经预言，除了从地球上用肉眼可以清楚地看到的最远的土星之外，最终将会观察到更多的行星。他的这种观念是正确的，1781 年发现了天王星，1846 年发现了海王星，冥王星是 1930 年被发现的。伽利略还正确地指出，光以非常快的速度传播，并预言科学家最终会找到方法来测量和记录光的速度。为了纪念伽利略的功绩，后人把木卫一、木卫二、木卫三和木卫四称为伽利略卫星。

1559 年，罗马教廷开始发布禁书录。1616 年哥白尼的著作被列入其中，1664 年，伽利略的《关于哥白尼和托勒密两大世界体系的对话》被加进去。直到 1835 年才被解禁。

位于佛罗伦萨圣十字大殿内的伽利略墓

1983 年，罗马教廷正式承认 350 年前宗教裁判所对伽利略的审判是错误的。1992 年，也就是伽利略死后 350 年，罗马教皇保罗二世才正式宣布，宗教裁判所关于伽利略的判决是错误的，伽利略说《圣经》不能总是照字面的意思去理解是对的。

天空的立法者——开普勒

约翰·开普勒(Johannes Kepler, 1571～1630),德国著名的天文学家、数学家。他首先把力学的概念引进天文学,是现代光学的奠基人,制作了著名的开普勒望远镜。第一个观察到地球围绕太阳在椭圆形的轨道上运行,发现了至今仍在应用的行星运动三大定律。

疾病和贫穷伴随一生

开普勒诞生的1571年，恰好是哥白尼发表《天体运行论》的第28个年头，其时，日心说并没有引起多少人的重视，绝大多数人还都坚信“地球是宇宙的中心”；29年后，布鲁诺（1548～1600）将以死来捍卫哥白尼学说；38年后，伽利略（1564～1642）将发明望远镜，用观测结果来证实哥白尼学说；48年后，开普勒将发现行星运动的三大定律，使日心说在17世纪初期声威大震。

1571年12月27日，开普勒生于德国符腾堡一个名叫威尔的小镇上。父亲是个职业军人，性格古怪，经常弃家不顾，在各种军队里当职业军人度过了一生。在开普勒出生三年后，他的父亲就离家去帮助西班牙统治者去镇压暴动去了，不久他的母亲将开普勒丢给祖父，自己去找丈夫了。开普勒的父亲从西班牙战场回来后带着家人迁居到邻近的莱昂内克。不幸的是，老开普勒在那里丢失了他的全部财产。因此，他又被迫到外国军队里去当兵。此后，开普勒很少见到父亲，父亲在一次征战中死去。

开普勒的童年生活是不幸的，他体弱多病，长大后健康状况仍旧不好。5岁那年得了天花，差点夭亡。他的视力很差，不仅近视，而且散光，这使他看到的图像只能是重重叠叠，模糊不清的。他的身体状况给他的学习和生活带来很多不便。他在书信和手稿中常常会提到他的各种疾病，“皮肤病、剧烈的疼痛、脚上长期溃烂的创口……右手

的中指长寄生虫，左手也奇痛难忍”。后来，他“又开始承受头痛、疥癣”和心理障碍。疾病和贫穷将伴随开普勒的一生。

以奖学金维持学习生涯

12 岁时，开普勒被送到了修道院附校学习，取得了优异成绩。1589 年 9 月 17 日，开普勒未满 18 周岁时，获得符腾堡公爵弗里德皇帝奖学金，并作为奖学金生进入了德国著名的图宾根神学院。神学院非常清苦，加之开普勒家的生活比较清贫，因此，他只能靠微薄的奖学金维持在图宾根神学院的读书生活。

开普勒首先在“文艺院”里学习了两年。在这两年里，他学习了奠定其一生学术基础的各种文化知识。他学了数学和天文学的基础知识，学会了古希腊语和拉丁语，也学习了修辞和诗词艺术。但对开普勒最具吸引力的则是哲学，他把哲学作为一门总的学问如饥似渴地学着。他在此期间所学到的哲学知识和对世界的认识，影响了他一生的学术活动。

在图宾根神学院，对开普勒影响最大的老师是米夏埃尔·马斯特林。当时在神学界占主导地位的是托勒密的地心说，哥白尼的日心说由于与圣经的解释相冲突而遭禁，信仰和传播哥白尼日心说的人都被视为异端，遭到监禁或迫害。当时，在讲台上，几乎没有人敢公开讲授哥白尼的日心说。开普勒从来没有读过哥白尼的书，他对哥白尼了解的唯一途径是他的老师米夏埃尔·马斯特林的讲课。马斯特林在讲到哥白尼时也是非常谨慎小心并留有余地的。他只是把哥白尼体系作为一种假说来介绍。

开普勒在图宾根时期也研究了柏拉图、亚里士多德等人的著作，他不仅研究他们在数学物理学方面的理论，也研究他们对哲学的论述。

1591 年 8 月，20 岁的开普勒通过了图宾根神学院的硕士考试，获得了第二名。他延长奖学金的申请也由于他学习成绩优异而得到批准，开普勒得以在图宾根神学院继续学习。

1594 年，开普勒还没有结束图宾根神学院的学习，就接到了到奥地利格拉茨教会学校担任数学教授的任命，最初教授数学，后来又教诗和修辞学，以后又教伦理学和历史。由于他的知识渊博，能够胜任多门学科的教学工作，而得到学校的好评："他在演说、讲授和论辩方面都使我们十分满意，他是一个年轻博学、虚怀若谷的人，一个偏僻的地方能拥有像他那样的出色的教师真是难得。"

用占星术来赚取面包

当时的讲师薪水很低，开普勒不得不靠编制占星历书来养家糊口，他自我解嘲地说："作为女儿的占星术若不为天文学母亲挣面包，母亲便要挨饿了。"

今天，我们认为占星术，即相信行星、太阳和月亮的运动会影响地球上事件发生的说法是荒唐的。但在开普勒时代，贵族们对这种据说能够预测人生吉凶祸福的占星术很感兴趣。

中世纪的欧洲占星术盛行，整个科学特别是天文学、医学都大量地掺杂着占星的成分，占星的力量起着我们今天难以理解的巨大作用。人们把政治变化、灾害和疾病的流行与星相的运行联系在一起。准确的星行表对占星家们十分重要，而占星术的实际用途使得君王们看中了天文学。像第谷、开普勒这样有声誉的天文学家必然也引起君王的注意，他们也因此和朝廷有了联系，他们大多被朝廷委以占星家的重任，以随时奉召为君王的政治目的服务。

开普勒进行占星侧重于两方面：在历书编撰中加入占星内容；为求卜者进行占星问答（这里的求卜者多为王公贵族）。

在当时众多的历书编撰者中，开普勒以他预言的准确性而名闻遐迩。开普勒主要想从经验物理学的角度证明自然情况的预报。他在格拉茨编的第一本年历上就预言：1595 年，天气为大寒，且有土耳其人入侵。预言的准确使开普勒出了名。现实是：1595 年冬季的严寒，阿尔卑斯山的牧人死了不少。有些人回家后一擦鼻子，鼻子就掉了；冻僵的关节发生了骨痛。土耳其人在这年的冬季把从维也纳到诺施塔特的整个地区都夷为荒野，掠夺人口物资，给欧洲带来了灾难。

开普勒在他编的年历中对 1618 年做了这样的预测：

“明春不但气候而且行星的运行都使人偏好争斗。”他还对战争爆发的时间做了精确预言：“肯定在 5 月里爆发。”1618 年 5 月，布拉格发生了“掷窗事件”，并由这个事件引发了捷克反对哈布斯堡王朝的起义，也是三十年宗教战争的开端。但他本人在他的历书里十分强烈地警告读者在作出政治决定时，不要依赖占星术的预测。

1608 年，有一位上层人物托他为一位名字被保密的贵族算一下他的星位。也许开普勒已猜到这位贵族的名字是瓦伦斯坦，他把这名字译成他使用的密码文字放在星位图中，他测出了这位年方 25 岁、野心勃勃的瓦伦斯坦的性格特征和他个人的历史发展。他认为这位贵族“忧郁警觉，酷爱占星术、魔术和通神术，藐视人类以及一切陈规习俗，怀疑一切。代表他名字的占星图上的月亮显得很卑劣。他凶狠好斗、变化多端……成年后，这些不寻常的品性会发展成为坚强的办事能力……由于水星和木星对立，他将赢得声望……”16 年以后，瓦伦斯坦被晋升为“最高统帅”，掌握了哈布斯堡王室的命运。此时，开普勒正受到宗教的迫

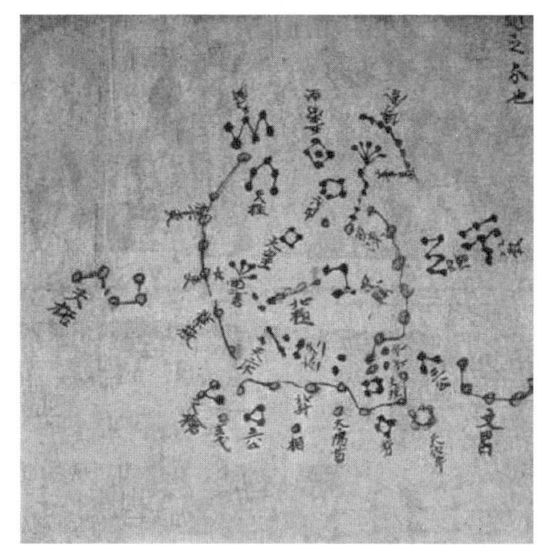

开普勒为捷克贵族瓦伦斯坦制作的算命天宫图

害，瓦伦斯坦成为了他的保护人和最后一位经济资助人。瓦伦斯坦希望开普勒对他的命运再做详细的补充。他为瓦伦斯坦绘制了一幅星座图，预言 1634 年 3 月之前有“可怕的骚乱”。结果瓦伦斯坦在这一年 2 月被暗杀。

开普勒的占星术在当时很吃香，一度给他带来了丰厚的收入。

受爱因斯坦褒奖的错误学说

开普勒在编制年历的过程中，越来越迷恋天文学，特别是对哥白尼的《天体运行论》中提出的行星轨道问题尤感兴趣。这时，《天体运行论》还没有被禁，这就使他有可能接触和研究哥白尼的天文学。

开普勒很快有了“伟大的发现”，认为自己准确地知道上帝在创造太阳系时的意图。不幸的是，他的这个“伟大的发现”建筑在错误的设想之上，他认为只有 6 颗行星围绕着太阳：水星、金星、地球、火星、木星和土星。在开普勒时代，太阳系的另外三颗行星还没有被发现，天王星在将近 200 年后的 1781 年发现，海王星在 1846 年发现，冥王星在 1930 年发现。

开普勒认为，宇宙可能由 6 个球体（行星的轨道）构成，他们之中可能是 5 个内切的规则固体，这就解释了上帝为什么正好造了 6 个行星——只是因为第 7 个行星没有空间可放。1596 年，他出版了第一部天文学著作《宇宙的神秘》，揭示了他的伟大发现，他坚信，上帝是依照完美的数学原则创造世界的。

探寻六大行星的轨道比例，尽管这种努力现在看似荒唐，但 20 世纪天才的物理学家爱因斯坦却指出：在没有确信自然界是受规律的支配的情形下，开普勒的这种勇气实在可嘉；何况，用具体数字关系来研究天体运动规律，本身就是一大创举！

尽管开普勒在第一本著作中提出的学说完全错误，但却从中非常清楚地显露出他的数学才能和富有创见性的思想，引起了丹麦天文学家兼占星术士和炼金术士第谷·布拉赫的注意。第谷并不赞同日心说，他自己也提出了一个宇宙体系。在第谷的体系中，尽管他同意其他行星都可能围绕着太阳运转，但地球仍然是宇宙的中心。1599 年，第谷被封为奥地利国王鲁道夫二世的王室数学家，他邀请开普勒去布拉格附近的波西米亚（现捷克共和国）天文台给自己当助手。他在给开普勒的信中说："我不是因为您遭受厄运而请您来此，而是出于共同的研究愿望和要求请您来此，请您不要把我看做是一位命运的朋友，而是看作是您的朋友，即使在您不幸的时候，他也不会拒绝给您出主意想办法，他极想竭诚地帮助您。"

此时，开普勒正在遭受事业和家庭的双重打击，第谷的邀请像一束希望之光划破了黑暗，开普勒欣然接受了第谷的邀请。

基督教大分裂时代

1590 年 4 月 27 日，开普勒和一位磨坊主的女儿巴尔巴拉在格拉茨大教堂举行了婚礼。这次婚姻是开普勒自己选择的，他的妻子家比较富有，在格拉茨拥有许多财产和有影响的朋友。因此，不管学校里发生了什么事，开普勒都不必害怕，生活是有保证的。妻子虽然出身名门，却不理解他，几乎没有给过他多少家庭的温暖。他形容她是“简单的心灵，肥胖的身体”，巴尔巴拉于 1611 年去世。开普勒婚后两年内接连失去了一个儿子和一个女儿，他们都是出生后没有几个星期就夭亡的。

开普勒一生坎坷，他和两任妻子共育有 12 个孩子，一半因为疾病和贫困夭折。他本人则不断遭到新旧教派两方面的迫害。

开普勒生活的年代，是一个社会大变革、基督教会大分裂的年代，13 世纪以后，哈布斯堡王朝统治下的神圣罗马帝国皇权日益衰微，各邦诸侯割据称雄。1517 年由马丁·路德发起的宗教改革运动在欧洲许多国家展开，向以罗马教皇为首的天主教会发动了猛烈冲击，实际上是一场社会和经济革命。信奉新教（路德教、加尔文教等）的诸侯和信奉旧教（天主教）的诸侯在宗教战争掩饰下争夺地盘和反对皇帝专权，并分别组成“新教联盟”（1608 年）和“天主教联盟”（1609 年）。

开普勒是一个新教教徒，但基督教本身的分裂却使他深受折磨。早在图宾根神学院学习时期，开普勒就拒绝同意路德派把加尔文派判处有罪，他表示了他对新教信条的严酷和不宽容精神的反对意见。但图宾根的神学家们却在排斥加尔文教，开普勒在教派纷战的时候形成了他一生都遵循的基本态度：和平、妥协、统一，而且这一态度始终贯穿于他一生的思想和著作中。在这一态度的基础上，他不认为加尔文有罪，并且认为天主教会和路德派对加尔文的待遇是不公正的，这给他今后的生活带来多次厄运。

这一时期，反宗教改革运动在奥地利愈演愈烈，以费迪南德大公为首的天主教派与新教教徒发生了冲突。费迪南德大公带来了意大利援兵，撤掉了新教的参事会，城门和兵工厂的守卫也交给了教皇派。冲突中的气氛因为一位新教徒会员的无理被捕而激化到了极点。1598 年 9 月 27 日，费迪南德大公下了一道诏令，命令新教教堂和学校的所有工作人员必须在日落之前离开城市；必须在七天之内离开领地，否则将被处以极刑。开普勒是格拉茨新教教会学校的教师，当然也在被驱逐之列。这样，他不得不把妻子留下，到了皇帝统治的匈牙利和克罗西亚地区。开普勒是唯一可以马上回来的人，在一份正式谕令里费迪南德大公因为他是地方数学家的缘故而允许他继续居留在格拉茨，但他必须谨慎行事。

第谷的邀请对开普勒来说无疑是雪中送炭。

开普勒和第谷的见面

第谷

开普勒和第谷的见面乃是欧洲科学史上最重大的事件。第谷的精密天文学观察和计算是和开普勒名字连在一起的天文学巨大进步的基础。没有第谷的观察，开普勒就不可能改革天文学。由于第谷如此之重要，这里简单介绍一下第谷的生平。

第谷（1546～1601），丹麦天文学家。1546 年生于丹麦斯科纳的一个贵族家庭。13 岁那年，被送往哥本哈根学习政治，在那里，他观察到一次日偏食，决定要成为一名天文学家。年轻的时候，第谷在一次决斗中被砍掉一块鼻子，后来用金属补上。他的最大贡献是 1572 年 12 月 11 日发现了仙后星座中的一颗新星（现已测知是银河系的一颗超新星），并于 1573 年发表了题为《新星》的重要科学论文。1576 年在丹麦王腓特烈二世的资助下，他在汶岛上建立一所宏大的天文台，他称之为天文堡。该观象台规模宏大，仪器齐全。这些仪器都是第谷自己设计制造的，有木制的、铁制的和铜制的。其中最大的是一台精度较高的象限仪，称为第谷象限仪。在那儿他坚持了二十多年的天文观测，除了天体方位的测量外，还发现了许多新的现象，如黄赤交角的变化、月球的运行的二均差，以及岁差的测定等。

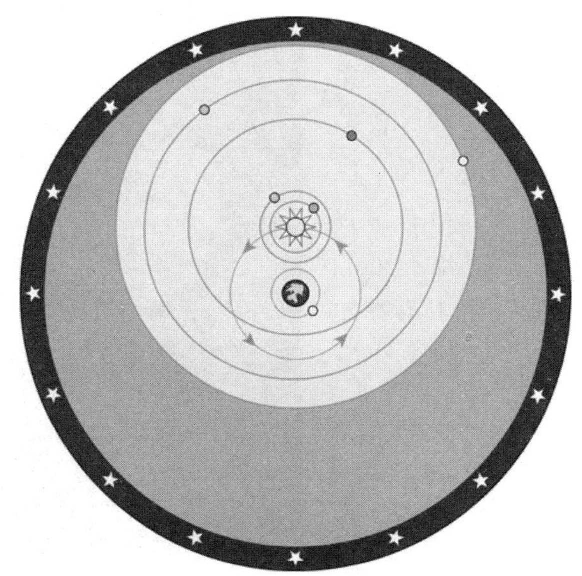

第谷宇宙体系

1597 年，第谷离开丹麦到汉堡。1599 年定居布拉格，并将弗恩岛上的仪器运到布拉格。

1600 年 2 月，开普勒应第谷之邀，来到了布拉格。此时，第谷筹划了一项大规模的计划，他想和开普勒一起开始着手大规模的天文计算工作。这项工作应该确定行星的运行，为了尊崇皇帝，它被命名为《鲁道尔夫星行表》。开普勒成为第谷的一名得力助手。然而不幸的是，1601 年 10 月 24 日，第谷在短期病重以后突然意外地逝世。第谷

临终前对开普勒说："我一生都在观察星表，我要得到一种准确的星表，我的目标是1000颗星……我希望你能把我的工作继续下去。我把我的一切资料全部交给你，愿你把我观察的结果发表出来。"

开普勒没有使第谷失望，1627年，《鲁道尔夫星行表》出版，第谷的名字永远地载入科学史册。《鲁道尔夫星行表》列出了1005颗恒星的位置，这个星表比其他星表要精确得多，因此直到18世纪中叶，仍然被天文学家和航海家们视为珍宝，它的形式几乎没有改变地保留到今天。

牛顿曾说过："如果说我比别人看得远些的话，是因为我站在巨人的肩膀上。"开普勒无疑是他所指的巨人之一。

位于捷克布拉格的第谷和开普勒纪念像

第谷临终前，他将开普勒选定为他的科学遗产——20多年观测材料的继承人，开普勒答应把第谷的工作继续下去。第谷死后不到两天，皇帝顾问巴尔维茨前来看望开普勒，并根据皇帝的命令委派开普勒管理已故丹麦天文学家第谷的仪器和未完的事业，开普勒被委任为接替第谷的王室数学家。

开普勒三大定律

第谷是望远镜发明以前的最后一位伟大的天文学家，也是世界上前所未有的最仔细、最准确的观察家，因此他的记录具有十分重大的价值。开普勒认为通过对第谷的记录做仔细的数学分析可以确定哪个行星运动学说是正确的：哥白尼日心说，古老的托勒密地心说，或许是第谷本人提出的第三种学说。但是经过多年煞费苦心的数学计算，开普勒发现第谷的观察数据与这种三学说都不符合，这就使他决心查明理论与观测不一致的原因，全力揭开行星运动之谜。在接下来的八年中，开普勒提出了他最重要的发现。

开普勒打破旧的天文学说的标志是他借助力的概念，提出了能够解释行星运动的定律。开普勒之前的天文学家包括哥白尼，都假定行星轨道是由正圆形，同时，行星运行是匀速运动。开普勒计算的数据显示：所有星体离太阳越近时速度越快，在离太阳越远时速度越慢。通过反复实验，开普勒发现了运动规律：在同样的时间里，行星向径在其轨道平面上所扫过的面积相等。这就是开普勒第二定律（也称行星运动的第二定律）。

开普勒第二条定律粉碎了古希腊以来天文学家所持的观点：行星总是在以不变的速度运动。它意味着，太阳肯定是以某种方式控制着行星的速度。虽然开普勒无法解释这一点，但他的思想为 17 世纪后期的英国科学家牛

顿铺平了道路。牛顿后来意识到,引起物体下落的某种力(万有引力)也使行星在它们的轨道上运动。

在哥白尼学说的框架下,开普勒发现了天体运动第二定律,但行星运动轨道的真实情况仍待澄清。开普勒在做了大量的计算后发现,无论他如何努力,都不能解释火星在圆形轨道上运行。最后他得出结论,如果它的轨道不是圆形的,那么它就是椭圆形的,对于这个结论进行准确计算后,开普勒得出行星运动第一条定律:所有行星分别在大小不同的椭圆轨道上运动。太阳的位置不在轨道中心,而在轨道的两个焦点之一。这就是开普勒第一条定律,这条定律通常被认为标志着古代天文学和现代天文学的真正分界线。

1609 年,开普勒发表了《新天文学》一书和《论火星运动》一文,公布了这两个定律。

大约过了十年,开普勒在他出版的《宇宙和谐论》发表了他的行星运动第三定律:行星距离太阳越远,它的运转周期越长;运转周期的平方与到太阳之间距离的立方成正比。

开普勒三大定律对行星绕太阳运动作了一个基本完整、正确的描述,解决了天文学的一个基本问题,它标志着欧洲天文学的发展已达到了新的科学高峰。而这一切都是在没有望远镜的条件下得到的。

为纪念开普勒在天文学上的卓著功绩,科学界将开普勒发现的行星运动三大定律命名为“开普勒定律”。它一经确立,行星的复杂运动立刻失去全部神秘性。它成了天空世界的“法律”,后世学者尊称开普勒为“天空立法者”。

同时代两位巨人擦肩而过

《新天文学》出版以后，却没有得到当时天文学家的承认。那个自命为第谷在丹麦的真正继承人的隆戈蒙塔斯尼嘲笑开普勒的想法。就连开普勒在图宾根神学院的老师、多年的朋友马斯特林也保持沉默，对开普勒的著作不发表意见。开普勒的著作遭到许多人的轻视和误解，开普勒希望取得当时非常有名、年长 7 岁的伽利略的支持，却没能如愿以偿。伽利略直到临终也没有接受开普勒的这些定律。

开普勒和伽利略同是哥白尼学说的信奉者，早在格拉茨，开普勒就将他的第一本著作《宇宙的奥秘》寄给了伽利略，两人之间有书信往来，而且开普勒的成果会有助于伽利略驳斥托勒密学说，1610 年，伽利略的著名著作《星际使者》在威尼斯出版，描述了用自制的望远镜发现四颗新的行星的情况。开普勒以无保留的赞赏向伽利略的行动表示祝贺，他是第一个，而且几乎是唯一的一个完全相信这些新发现的人，而当时整个学术界都是反对伽利略的，并怀疑他的研究成果。伽利略对开普勒定律的忽视令人感到惊讶。

不久，科隆选帝侯恩斯特把一架望远镜供开普勒短期使用。开普勒因此得以用自己的眼睛来检测伽利略的发现。他的观察完全证明了伽利略的说法，他把观察结果写进了一本小册子《论木星卫星》中，于 1610 年出版，为伽利

略的发现提供了最好的旁证。

尽管开普勒一再请求，别人也从旁多次代为要求，伽利略却从未给布拉格的德国天文学家送去他期待的望远镜。开普勒自幼就损坏了视力，没能成为一位天文观测家，他是借别人的眼睛作出自己的科学发现。可是他在光学理论和光学仪器的研究方面却作过重大贡献。伽利略的望远镜虽然是第一个天文望远镜，但他的望远镜原则上同荷兰眼镜匠制造的没有什么两样，由一块凸镜片（物镜）和一块凹镜片（目镜）合成的。开普勒在1611年出版的《光学》一书中发展了一种新的望远镜结构：将伽利略望远镜中的凹透镜目镜改为小凸透镜，把长焦距的透镜和短焦距的透镜配合在一起，这好比给放大镜戴上一副眼镜，其倍率按物镜和目镜的焦距之比来决定。所成的像则是倒立的。后人称它为开普勒望远镜。但开普勒并没有把它建造出来，三年后，因戈尔斯塔德的耶稣会教士克里斯托夫·沙伊纳成功制造了这种望远镜。

该书中还清晰地引入了光线概念，研究了大气折射，提出了在小角度情况下折射角与入射角成正比，提出了光的照度定律、视觉理论等等，这些不仅有利于积累与核实观测资料，也是光学发展的重要收获，笛卡儿曾说：“开普勒是我主要的光学老师，胜过所有他人。”

如同伽利略奠定实验力学的基础一样，开普勒奠定了近代实验光学的基础。

开普勒的酒桶

正当开普勒在布拉格以全副身心投入天文学研究并获得成果的时候，欧洲政局发生了重大变化。1611 年的布拉格成了大规模宗教战争血腥序曲的舞台，这场被称作“三十年战争”的宗教战争几乎把整个欧洲推入了灾难。

1612 年，开普勒的庇护人鲁道夫二世被迫退位，他的继承人马蒂亚斯虽然仍旧承认开普勒是皇家数学家，但马上让他迁居林茨，他只打算偶尔把这位天文学家召来布拉格，薪水往往拖欠（鲁道夫二世付钱也不是很干脆）。在战争中，开普勒夫妇特别宠爱的 6 岁小女儿 1611 年 2 月夭折，接着，他的第一任妻子 1611 年 7 月去世。

1611 年，开普勒在奥地利的林茨重新定居下来，在林茨一所地方学校教书，开普勒开始寻找第二任妻子，据说，他在挑选过 11 位女性之后，选择了一个“谦虚、节俭、勤勉而且爱他的继子女”的后妻。1613 年 10 月，开普勒与这位品行端正的木匠女儿举行了婚礼，这是开普勒的第二段婚姻。

结婚后，开普勒的负担加重了，他是一家之长，需要养家糊口。这年由于水果丰收，所以酒很便宜，开普勒要为家人准备必需的饮料，所以买了许多桶酒放在地窖里。卖主来测量桶的容积使用的方法是将有金属尖头的量杆穿过桶塞斜伸到桶底的两边，当两边长度相等时，桶塞口量杆的标度就得出了酒桶的容积。当时，人们都是用这种方

法测量酒桶的容积。开普勒认为很不科学。因此，他就有目的地研究了新的计算方法。开普勒在计算酒桶容积时使用的方法可以追溯到阿基米德。阿基米德曾研究由曲面包围的立体形，即圆锥曲线绕轴旋转而形成的几何图形，由此发明了“阿基米德螺旋”。开普勒就是研究绕圆锥曲线平面内的任意一条直线旋转而产生的立体形的中空空间而计算出酒桶的容积的。开普勒的这一方法使从数学上精确地掌握物理现实性的可能性大大增强了，他把这些研究写入《测量酒桶体积的新科学》，于 1615 年出版。

开普勒的方法孕育着微积分的原理，这个数学上的分支学科后来由牛顿和德国数学家莱布尼茨分别独立研究出来。

信仰的不妥协态度

开普勒的宗教立场，不仅被天主教会所敌视，而且也为他所在的路德派新教会所不容。他到了林茨后不久，就把他反对新教信条的立场告诉了丹尼尔·希茨勒牧师，希茨勒因此要求开普勒必须毫无保留地承认新教信条，但开普勒拒绝了这一要求。于是，希茨勒牧师就禁止他参加圣餐仪式。被逐出圣餐仪式对开普勒来说，就等于被完全逐出一个宗教团体。然而他一辈子都不肯在信仰问题上采取虚伪态度。

1619 年 7 月 31 日，当时任林茨地方学校校长的哈芬莱弗尔以同事的名义通知他这位昔日的朋友最终认可那项决定:“无论是我,还是我的同事们都不能同意您的荒谬无稽、亵渎神明的妄想,他们想给您以兄弟般的忠告,您或者谴责这种荒谬的,完全错误的思辨,毕恭毕敬地接受上帝的真理,或者不要和我们的教堂和我们的教派来往。”从此以后,开普勒就永远地背上了异教徒的恶名。

1620 年,开普勒的母亲因被怀疑是巫婆而遭逮捕,被装在一个亚麻制成的箱子里被抬了出去,当时她已 74 岁。开普勒被迫为母亲辩护,要知道,被怀疑为巫婆在当时可是个严重的问题,1615～1629 年间,单是在开普勒的家乡,就有 38 个巫婆被烧死。他的母亲在监狱里关了一年,后来进行审判以后被释放。在释放之前,她在一个拷问台上受到了严刑拷打,于 1622 年去世。

开普勒母亲这番境遇,和开普勒不无关系。他曾描写他母亲同月球上的魔鬼有联系,而这份手稿大约在 1610 年被传开。这件事被认为是开普勒《梦》一书的基础,1600 年出版,是一部纯幻想作品,开普勒设想了一次月球之旅,但那却是一个恐怖的世界,有的地方灼热难忍,有的地方冰冻三尺,其居住者是一些形状扭曲身体庞大的种族,有些长翅膀,有些在地上爬行。书中写到了许多不可思议的东西,像喷气推进、零重力状态、轨道惯性、宇宙服等等,人们至今不明白,近 400 年前的开普勒,他是根据什么想象出这些高科技成果的。

不隐瞒自己所持的学说

1619 年，开普勒在林茨完成了他最重要也是最具争议的著作《宇宙谐和论》。

1618～1621 年，开普勒出版了《哥白尼天文学概要》，很快被天主教会列为禁书。书中叙述他对宇宙结构的观点——太阳所处的位置如哥白尼所指出的那样，而各个行星、月球及伽利略不久前发现的木星卫星，则是按照开普勒定律运行的。该书的篇幅达 1000 页以上，实际上是第一部新天文学教科书。

在 1619～1620 年期间出版的《彗星论》一书中，开普勒指出彗尾总是背着太阳，是因为太阳光排斥彗头的物质所造成。当时的人们对太阳辐射的性质和彗星的结构还一无所知。直至 19 世纪下半叶和 20 世纪终于弄清，彗尾的形成的确与太阳辐射有着密不可分的关系。

1624 年，《鲁道尔夫星行表》经过整整 22 年的辛勤努力和计算终于完成了。开普勒把它分为两部分，一部分是天文表，提出了在太阳系里所有计算的真正基础。行星星座的计算、太阳和月亮所在位置的计算，并据此可确定日食和月食。此外还附有各个城市及其地理位置的目录。这是天文史上值得称赞的一部星表，它的完备和准确度远胜过前人。在以后的百余年间，《鲁道尔夫星行表》一直被天文学家和航海家们奉为至宝。它的形式几乎没有改变地保留到现在。我们现在可能从《天丈年历》或同类书刊中查知天体过去或未来的运动和准确位置。

正是这么一部前所未有的直到现在仍然被天文学界广泛应用的星表，由于正值“三十年宗教战争”的乱世时期，其印刷和出版如此之难，令开普勒伤透了脑筋。首先是印刷费用毫无着落，国库正由于连年战争，财政状况非常拮据，开普勒打算靠皇宫长年拖欠的薪金完成《鲁道尔夫星行表》的印制，却未能如愿以偿。开普勒只能自筹资金，在经济状况十分艰难的情况下于 1927 年，即历时 3 年之后才得以出版。

在贫困交加中去世

《鲁道尔夫星行表》完成以后，开普勒的地位由于反宗教改革运动而日益不稳。1628 年 7 月，开普勒向他工作了多年的奥地利议会提出辞去地方数学家的职务，并得到了批准，开普勒离开了林茨，这是开普勒居住时间最长、科学成就最丰硕的地方。

开普勒的辞职是向费迪南德二世的宫廷表达明显拒绝的态度，这使得所有的大门都关闭了。正在这个时候，掌握哈布斯堡王室命运的哈布斯堡王室军队的最高统帅、藐视一切宗教只迷信星辰、酷爱占星术的瓦伦斯坦成了开普勒的最后一位资助人。

1628 年 4 月，开普勒被委任为瓦伦斯坦的数学家。开普勒和全家离开林茨，在西里西亚住下(现波兰西南部)。

1629 年，皇帝费迪南德二世和他的最高统帅瓦伦斯坦

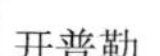

之间出现了严重分歧。1630年6月，皇帝在里根斯堡召集了选帝侯会议。在这次会议上，天主教同盟的诸侯们成功地促使皇帝撤掉了瓦伦斯坦。

瓦伦斯坦和费迪南德二世的紧张关系使开普勒寝食不安。因为他们两人的关系会直接影响到开普勒的未来。开普勒决定前去里根斯堡，当面向皇帝陈述他的不安，并去看望瓦伦斯坦。他还想去一趟林茨，因为他手中还握有林茨议会欠他的债券。

开普勒带着他的星历表的样本和所有能证明他财产的文件于1630年11月到达了里根斯堡。到达后第三天，他就连续高烧，一病不起。于1630年11月15日溘然长逝，年仅58岁。据说，他死时，除一些书籍和手稿之外，身上仅剩下了7分尼(1马克等于100分尼)。而帝国皇帝拖欠他的薪俸为12694居尔盾。

12694居尔盾是什么概念？1576年，弗里德里克二世把松德海峡的汶岛恩赐给了第谷，并拨款10万居尔盾建造了乌兰尼堡天文台。开普勒在图宾根神学院学生时代，作为奖学金获得者，他可以免费住宿，外加微薄的津贴——每年6居尔盾。1594年他任格拉茨新教教会学校的数学教师，年俸150居尔盾。

开普勒的一生几乎都是在贫困、疾病、战乱中度过。科学史上有人这么说："第谷的后面有国王，伽利略的后面有公爵，牛顿的后面有政府，但是开普勒的后面只有疾病和贫困。"即使在这样的逆境中，开普勒仍然为天文学、物理学的发展作出了杰出的贡献。开普勒行星运动的定律丰富和发展了哥白尼体系，用定量的数学方程把它表示出来，使人们对行星运动有了明晰的概念。开普勒打破了天体只能按正圆做匀速运动的传统观念，在天体力学中无疑是一次意义巨大的革命。他无愧于“天空立法者”的称号。

对一颗彗星的准确预言——哈雷

爱德蒙·哈雷(Edmond Halley，1656～1742)，英国天文学家和数学家。哈雷最广为人知的贡献就是他对一颗彗星的准确预言，由于他猜测1531年、1607年、1682年的三个彗星可能是同一个彗星的三次回归而于1758年被证实，后便将此彗星命名为哈雷彗星。1687年，哈雷推动牛顿写出了经典力学的奠基之作《自然哲学的数学原理》，并慷慨解囊，使得这部巨著得以出版面世。

有史以来最年轻的院士

哈雷不是首先发现用他的名字命名的那颗彗星，他的贡献在于断定彗星不是按直线或沿抛物线轨道，而是在椭圆形轨道上，即在一种扁圆形轨道上运行的，因此彗星周期性地到太阳系里遨游。他精心绘制的彗星轨道特征图得出结论：预测彗星的多次回归，并得到了证实。

1656 年 11 月 8 日，埃德蒙·哈雷出生于英国伦敦一个富有的家庭，哈雷与他的父亲同名，哈雷的儿子也叫埃德蒙。哈雷的父亲是个贩卖肥皂的商人，当时正值肥皂在欧洲流行起来的时候，是个相当赚钱的行业。虽然母亲早逝，父亲栽培哈雷可说是不遗余力，聘请家庭教师、购置昂贵的仪器、资助研究计划，不惜血本。哈雷 10 岁的时候，父亲因为伦敦的一场大火生意受到重创，即便如此，哈雷始终受到当时最好的教育。

在父亲努力的栽培下，哈雷很早就展露才华，对数学和天文都感兴趣，父亲把他送到了私立的圣保罗学校学习。1673 年，17 岁的哈雷进入牛津大学皇后学院学习；1675 年，19 岁的哈雷协助皇家天文学家弗拉姆斯蒂德做观测，弗拉姆斯蒂德盛赞他是个有天才的年轻人。该年正值英国皇家天文台于格林威治成立，哈雷在弗拉姆斯蒂德指导下，参与了建设工作，同时协助弗拉姆斯蒂德绘制北半球星图。在这一过程中，一向以性格严肃甚至死板著称的弗拉姆斯蒂德对哈雷赞不绝口。哈雷生性开朗，善于与

别人打交道，迅速得到了更多前辈的肯定与提拔。

协助绘制北半球星图显然没有使哈雷满足，1676 年，哈雷的父亲去世，留给哈雷一笔不多不少的遗产。20 岁的哈雷决定中断学业，于 1676 年 11 月前往英国在南半球的殖民地最南端的圣赫伦那岛进行天文观测，他带上一具半径为 1.5 米的六分仪和一架镜身长 7 米多的望远镜，乘上东印度公司的一条商船，与助手一起经过 100 多个日日夜夜的颠簸，到了距离英国 11000 多千米的南大西洋的圣赫伦那岛。哈雷在那里建立了一座简易的临时天文台，这也是南半球第一个天文台。在随后的 18 个月中，尽管气候不佳，哈雷仍绘制了 341 个南半球恒星精确位置的星图，记录到一次水星凌日，还做过大量的钟摆观测（南半球钟摆旋转的方向与北半球相反）。

南天星表于 1678 年刊布，弥补了天文学界原来只有北天星表的不足。这份星表加上附属的星图使哈雷获得了与第谷同样高的声誉。

回到英国后，年纪轻轻的哈雷，尽管尚未从学校毕业，却已经是颇负盛名的天文学家了。在国王查理二世的干预下，当年擅自退学的哈雷，未经考试，便被牛津大学授予硕士学位。并于 1678 年 9 月 30 日，成为英国皇家学院有史以来最年轻的院士，年仅 22 岁。

皇家学会立即给这个有史以来最年轻的会员派了一个足够棘手的活儿：前往波兰的但泽市，调停 44 岁的物理学家胡克和 68 岁的天文学家、但泽市市长赫夫留斯之间的纷争。哈雷的斡旋能力，一度让双方叹服不已。

与弗拉姆斯蒂德的恩怨

1678年，哈雷出色地绘制了南天星图，于是当时的英国皇家天文学家弗拉姆斯蒂德便叫他“南天第谷”。第谷是丹麦天文学家，他用肉眼精确测量了北天777颗恒星的位置，并发掘出了后来成为“星空立法者”的开普勒。弗拉姆斯蒂德也以观测精确著称，第谷自然成为他心中至高的偶像。22岁的哈雷竟被性格严肃刻板的弗拉姆斯蒂德毫不吝啬地誉为“南天第谷”，其天文才华可见一斑。可是，几十年后，哈雷从弗拉姆斯蒂德那里得来了另一个性质完全不一样的绰号“雷霉儿(Raymer)”。

弗拉姆斯蒂德

说起来，弗拉姆斯蒂德和第谷确实有很多共同点。第谷发掘了开普勒，而在某种意义上，弗拉姆斯蒂德发掘了哈雷。格林威治天文台刚准备建设那会儿，弗拉姆斯蒂德被英国国王任命为皇家天文台台长，到牛津大学选助手，当时正在上大二的哈雷在同龄人中脱颖而出，从此逐渐成为公众的焦点。天文台建设得很顺利，一切看起来相当不错。可是随着时间推移，弗拉姆斯蒂德发现他和哈雷的性格根本合不到一块儿。哈雷活泼好动，说起话来轻快幽默，有很多不着边际的想法，甚至有时会搞无伤大雅的恶作剧。这种个性在大部分人看来，当然是极具吸引力的，加上哈雷才华横溢，在公众影响力方面几乎是把弗拉姆斯蒂德秒杀了。

弗拉姆斯蒂德一是嫉妒，二是作为一个认真严肃的学者，他绝对不能容忍哈雷这样大大咧咧锋芒毕露地做学问，于是有段时间他大肆诽谤，传了很多哈雷的丑闻。从此这两个昔日志同道合的人变成了针尖对麦芒的冤家，互相打着笔墨官司，谁也不让谁。

哈雷是个开朗的人，口才又好，几乎成了皇家学会的"专业调解员"。胡克和赫夫留斯之争、牛顿和胡克之争、牛顿和莱布尼茨之争，都是有了哈雷的劝说才稍显平息(尽管后者最终还是酿成了悲剧)。

但哈雷容忍不了弗拉姆斯蒂德，在他眼里弗拉姆斯蒂德简直是个嫉妒心极强、吃饱了撑的欺负后辈，脾气又怪异的家伙。而弗拉姆斯蒂德则认为哈雷浮夸自负，没真本事，只靠发挥想像力、拉关系，就在皇家学会里混。更重要的是，哈雷貌似对神不敬。其实哈雷不过是试图用科学道理解释《圣经》里的一些奇异事件，比如大洪水。

与此同时，弗拉姆斯蒂德仍以第谷自况，他觉得自己的境遇和第谷简直有异曲同工之处。第谷也有个针尖对麦芒型的冤家，叫 Raymers。但弗拉姆斯蒂德可不敢自夸说自己就是第二代第谷啊，他只好说他的冤家哈雷是第二代 Raymers，简称 Raymer（雷霉儿），似乎这样一来也就间接证明了自己和第谷有缘。

第谷发掘开普勒的故事被传为佳话，而弗拉姆斯蒂德被他发掘的哈雷最后却闹成这副样子。不过不管怎样，“南天第谷”和“雷霉儿”这两个绰号都挺来之不易的，浓缩了两个人之间的戏剧性的传奇。

对哈雷彗星的预言

哈雷最广为人知的贡献就是他对一颗彗星的准确预言。每当彗星出现在天空的时候，总是拖着一条长长的尾巴。它来去匆匆，变幻不定。中国古人称它为彗星，民间称它为扫帚星，在外国称它为“柯麦特”（这是希腊文，意思也是“扫帚”）。过去人们对彗星不了解，认为那条大尾巴是地球吐出的气，还有人认为它是燃烧的气体的火焰。1577 年，第谷第一次想象彗星可能绕太阳运行。

1680 年，哈雷与巴黎天文台第一任台长卡西尼合作观测了一颗当年出现的大彗星，从此他对彗星发生兴趣。这位年轻的天文学家首次企图为一颗彗星绘制轨道图，但他

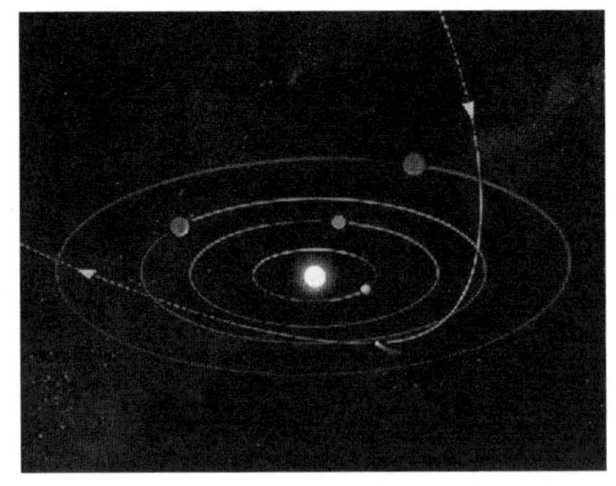

哈雷彗星的轨道

失败了。错不在哈雷的数学计算，而在于人类历来对彗星的科学认识不正确。

从 1680 年对那颗彗星的观测失败中受到鞭策，哈雷于 1682 年 11 月在家中用望远镜对他看到过的那颗彗星进行了更加仔细的观察。这颗彗星就是后来被人们称为哈雷彗星的天体。

哈雷在整理彗星观测记录的过程中，发现 1682 年出现的一颗彗星的轨道根数，与 1607 年开普勒观测的和 1531 年阿皮延观测的彗星轨道根数相近，出现的时间间隔都是 75 或 76 年。哈雷运用牛顿万有引力定律反复推算，得出结论认为，这三次出现的彗星，并不是三颗不同的彗星，而是同一颗彗星三次出现。哈雷以此为据，预言这颗彗星将于 1759 年再次出现。1705 年，哈雷出版了《彗星天文学论说》公布了这一结果和预言。

1759 年，全世界的天文台都在等待哈雷预言的这颗彗星的出现，当这颗明亮的彗星拖着长长的尾巴出现在星空中的时候，遗憾的是哈雷已于 1742 年逝世，未能亲眼看到。

按照哈雷的计算，预测这颗彗星将于 1835 年和 1910 年回来，结果，这颗彗星都如期而至。

哈雷彗星

13 年后谋到的差事

1691 年，牛津大学的校园里有些不太平静。英国皇家学会会员哈雷，正一心谋求牛津大学萨维尔天文学讲席教授职位，这遭到坎特伯雷大主教的反对。在这位同年上任的大主教眼里，哈雷这个著名的无神论者，断然不能获此职位。

此时，35 岁的哈雷已是颇负盛名的天文学家，然而大主教的来头更大，他早已获得国王玛丽二世的信任。面对来自“离国王最近的人”的压力，牛津大学的职位最终给了牛顿支持的一位数学家。

哈雷的愿望落空了。当他在 15 年前中断学业毅然离开时，没有料到重返母校竟变得如此之难。

1704 年，在当年反对他的大主教去世 10 年之后，哈雷终于获得了牛津大学萨维尔讲席教授的职位。然而不是他早先所谋求的天文学教职，而是几何学教职。在上任的第二年，哈雷发表了著名的《彗星天文学论说》和对哈雷彗星的预言，并继续天文学的研究。

地球距离太阳到底有多远？几千年来天文学家一直在寻找答案。天文学上把日地距离作为距离的单位来量度各行星到太阳的距离。在哈雷的时代，这个距离是多少，没有一个令人满意的结果。1716 年，哈雷提出了一个巧妙的方法：可以用金星凌日来推算这一距离。在哈雷去世后，科学家终于用这个方法推算出日地平均距离为

14950万千米，至今天文学上还采用这个数据。

1718年，哈雷经过审慎的考虑后，发表了恒星有“自行”的论文，由此开创了恒星空间运动的研究。在这篇论文中，哈雷认为，恒星是运动着的星体，只因为离得远，我们才看不清它们位置的变化。

不仅如此，天狼星、南河三和大角这三颗星的自行以及月球长期加速现象也都是由哈雷首先发现并整理公布，哈雷对早期天文学发展的贡献可见一斑。

1720年，哈雷继任为第二任格林威治天文台台长。

与牛顿的交往成为佳话

很难想象开朗活跃的哈雷和性格孤僻的牛顿(1643～1727)成为好朋友，但两人的确是相差13岁的忘年之交，哈雷是牛顿认为最值的信任、可以推心置腹的朋友。

对于两人的友谊，麻省理工学院物理学家菲利普·莫里森认为：“哈雷是个永远在接近无可匹敌的牛顿轨道上运行的人物，但他不失为一位天赋出众、独具匠心、多才多艺和颇有建树的科学家，在气质上带有冒险精神，豁达大度、满腔热忱、和蔼可亲，而牛顿却性情孤僻、冷淡离群和严肃。”

在研究彗星回归周期时，哈雷用到的是牛顿的万有引力定律，同时对开普勒观测的彗星也进行了推算验证。让哈雷迷惑不解的是，他由开普勒第三行星运动定律推导，太阳对行星的引力应该与距离的平方成反比。但这个引力，是否能符合开普勒第一行星运动定律所述：行星的轨道是椭圆形的？哈雷无法证明，他向曾经研究过相同问题的胡克请教，也征询其他皇家学会成员，但没有人能解，最后，哈雷决定去找牛顿。

1684 年 8 月，哈雷到剑桥找牛顿，发现他烦恼好久的问题，牛顿早在几年前就写下了答案。当时，开普勒行星运动定律只是根据观测记录归纳所得，并不了解其原理，牛顿却能解释为什么而且有观测资料支持，甚至发现推导天上的天体与地上的物体的运动，均可由同一定律解释：万有引力定律。这真是惊人的发现，牛顿却没有发表的打算。

牛顿向来不爱与人争辩，终其一生，他的伟大成就都是在不得已的情况下发表。随着两人的友谊逐渐增长，哈雷铆足全力说服牛顿，将他非凡的发现公诸于世，并分成几卷出版成书，牛顿同意了。

有人说，没有哈雷，就没有《自然哲学的数学原理》这本改变历史的书，这话一点儿也不假。哈雷想尽办法，让皇家学会同意出版这本书了，皇家学会却因濒临破产无法印行，哈雷于是自掏腰包，尽管此时他自己也有财务上的困难；最后，所有出版工作都由哈雷一手包办：和印刷商周旋、校订、验算数据和审图。这之间还曾因为胡克宣称是他先发现万有引力，使得牛顿灰心想作罢，全靠哈雷鼓励，《自然哲学的数学原理》一书才有机会呈现在世人面前。

两位科学巨擘的关系密切，当牛顿任职伦敦皇家铸币厂厂长时，也不忘任命当时经济状况也不怎么好的哈雷，任职于切司特(Chester)的铸币厂管理人，哈雷在此职位上待了两年，直到铸币厂关门大吉。

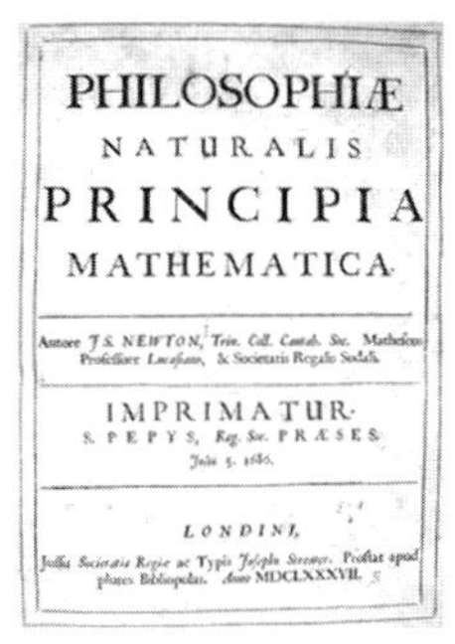
PHILOSOPHIÆ
NATURALIS
PRINCIPIA
MATHEMATICA.

Autore J. S. NEWTON, Trin. Coll. Cantab. Soc. Matheseos Professore Lucasiano, & Societatis Regalis Sodali.

IMPRIMATUR.
S. PEPYS, Reg. Soc. PRÆSES.
Julii 5. 1686.

LONDINI,
Jussu Societatis Regiæ ac Typis Josephi Streater. Prostat apud plures Bibliopolas. Anno MDCLXXXVII.

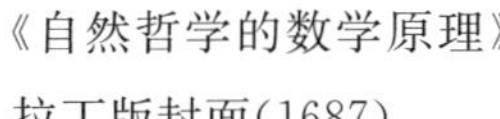
《自然哲学的数学原理》拉丁版封面(1687)

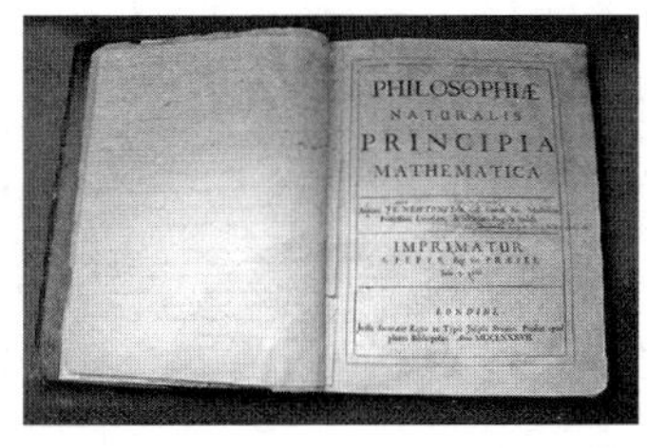

《自然哲学的数学原理》内页

两人的互相照顾和提携成为早期科学史上的一段佳话。

弗拉姆斯蒂德与牛顿的是非

1694 年开始，牛顿访问了弗拉姆斯蒂德并且向他索要关于月球运动的观测资料，此后牛顿为了验证万有引力理论，还多次写信给弗拉姆斯蒂德索取资料，弗拉姆斯蒂德都满足了牛顿。1703 年牛顿担任英国皇家学会会长，而天文台是皇家学会的下属单位，牛顿在索取资料的时候经常对弗拉姆斯蒂德的工作指指点点，有时还利用自己的权位来羞辱他，这些行为激怒了这位天文学家。到 1700 年之后，他们之间就再没有通信了。牛顿获得了弗拉姆斯蒂德的资料，并且在他的《自然哲学的数学原理》中引用了这些资料，由于他们之间的矛盾，在《原理》的第二版出版时

(1713 年)他将弗拉姆斯蒂德的名字删去了。

牛顿以势压人,可是皇家学会根本上没有供给弗拉姆斯蒂德足够的经费,一切设备都是他自筹来的。弗拉姆斯蒂德的愤怒可以从他给一位朋友的信中看出:"我和主席(牛顿)的另一个争执是,他形成了一个阴谋,想攫取我的仪器,而送我一个委员会,其中仅有他自己和两位物理学家。主席热度很高并且过分下作。我预先告诉他,别动我的东西,并说明在观象台的所有的仪器都是我自己的,壁上的拱弧和珍贵的四分仪都是我自己出资做的,其余的是我花自己的钱买的,而摩尔先生送我的六分仪和两只时钟,还有图奈里先生送我的测微尺,是我来皇家天文台之前若干年的事情。"

然而牛顿和他的支持者哈雷还是急切地需要弗拉姆斯蒂德的进一步的观测资料。他们希望弗拉姆斯蒂德出版他的观测资料,不过弗拉姆斯蒂德却总是认为要反复校核以后才能出版。

牛顿和哈雷所做的一件为人诟病的事是,他们未经允许私自在 1712 年出版了弗拉姆斯蒂德花费 40 多年时间观测的观测星图,共印刷了 400 册,哈雷还在序文中批评、攻击弗拉姆斯蒂德怠惰、藏私,缺乏公开的精神。弗拉姆斯蒂德为此大为震怒,他立即收购已上市 400 册中的 300 册,一把火全烧了。弗拉姆斯蒂德认为这些资料未经仔细检验,擅自发行有损科学家的名誉。后来他的星图经过仔细校核后,在他去世后由他的学生于 1729 年出版(*Atlas Coelestis*)。

这件事使哈雷与弗拉姆斯蒂德的关系雪上加霜,后来弗拉姆斯蒂德去世后，皇家天文学家一职由哈雷接任，弗拉姆斯蒂德的遗孀生气极了，她把格林威治天文台的仪器卖光，让哈雷刚上任就面临没有仪器可用的窘境。

悬赏两万英镑求高精度海钟

哈雷在科学发展史上的另一个重要贡献是航海学方面。上述所说哈雷和牛顿未经允许公布弗拉姆斯蒂德的观测星图是事出有因。当时的航海，因为很难定出经度，船难常因此发生。哈雷在大学时退学去南太平洋观测天文，也经历过近半年的海上航行。如何才能更顺畅更准确地在海上活动，哈雷的感触应该比当时绝大多数科学家要更深。海路的通畅关系到国计民生，英国当时甚至成立了经度局，悬赏两万英镑寻找解决方案，可见这一问题的迫切。

在海上要按照预定路线行进，当时的共识是制造高精度海钟，以此来确定经纬度，尤其是经度，因为纬度是自然规律决定的，通过测量太阳于海平面的夹角，计算起纬度来比较容易。当时有海钟派和天钟派两个派别，受制于钟表制造的技术局限，当时绝大多数的天文学家、数学家和航海专家都将希望寄托在了通过观察星空的变化绘制经度图的天钟方案上，这当中也包括牛顿。

在经度问题上，一开始哈雷和牛顿都相信经度刻在天穹上，当他们得知弗拉姆斯蒂德花了四十年绘制出一幅星空图，于是也不知道用什么办法把那幅图偷了出来并出版。牛顿到死都认为只有天体才能指引人们找到经度，但哈雷却因为一个人而改变了想法。

哈雷就任格林威治天文台台长后，接见了一个来自乡下的木匠约翰·哈里森，他带来的无摩擦海钟打动了这位科学家，哈雷立即出资支持哈里森的海钟行动，经度局也第一次正儿八经地开了一次讨论会。1728 年哈里森设计了一个航海时钟。6 年后，他向经度局呈上一号航海钟，重 72 磅，以发条为动力，制造材料中包括各种金属，为的是适应温度变化。在海上试验结果，这只航海钟在三星期内的误差只有 4 分钟，被当局奖励 500 英镑。接下来的二十年间，哈里森一共拿出了三台不断改进的海钟。1761 年 11 月 18 日，英国皇家海军军舰“德普福”号携带着哈里森的四号钟进行航海试验，全部误差才只有 1 分 45.5 秒，比英国经度局授权悬赏的“平均误差每日 3 秒以下”还要精确。从此，远洋轮上便使用上了航海钟。

如果没有哈雷能够放下架子接见一个乡下佬，如果没有哈雷的鼎力支持，哈里森也不会有足够的资金在 20 年间改良出四代海钟，甚至他的创造不会有人问津，哈雷最后还帮哈里森拿到了经度局的悬赏。

除了航海钟，哈雷还自己出马，解决了航海学方面的不少问题，1686 年，他公布了世界上第一部载有海洋盛行风分布的气象图；1698 年，哈雷担任了皇家海军军舰“派拉摩尔”号船长，开始了两年的航海，哈雷的军舰在大西洋从北纬 52 度一直航行到南纬 52 度，归来之后，哈雷绘制了一张显示大西洋各地磁偏角的地图，这是当时最详细、完善和准确的示意图，它还是第一张绘有等值线的图。现在我们熟悉的等高线地形图、等气压线天气图都来自哈雷当

年的创新。磁偏角就是指南针指示的北方与实际的正北方之间的夹角，我国宋代科学家沈括首先发现磁偏角现象。1701 年，哈雷发表了《通用指南针变化图》，这些都对当时的远航船只起到了直接的帮助，也推动了此后航海学的发展。

功利主义时代的产物

哈雷生活的年代，正是以新思想为基础的科学革命时代，当时一些较为发达的国家，通过海路交通，一方面寻找世界的“新大陆”，另一方面在全世界掠夺资源。因此，当时的科学研究几乎都是为此服务，统治阶级在支持科学研究方面往往也非常大方。拿哈雷的研究来说，天文学、航海学事实上都是为了让军舰或商船更好地通行，而牛顿、伽利略、笛卡儿、莱布尼茨这些不同时代的著名科学家，他们的工作其实也同样与军事挂钩。

“英国必须成为海洋的主人，英国的海军力量必须超过任何邻国”，这句话就来自哈雷，哈雷也始终坚持科学研究为国家利益服务的原则。

可以说，包括牛顿在内的同时期的科学家们或许并没有想到这方面，比如牛顿和莱布尼茨，这两位就完全在纯粹的数学上钻牛角尖，胡克这些物理学家也不过就是研究一些物体的运动轨迹什么的。因为有哈雷的存在，这些研究被迅速地军事化，很多科学上的纯理论获得了实际的应用。力学与外部弹道学、火药与内部弹道学等都由哈雷推动，哈雷还大力鼓励这些科学家继续研究，并用简单的语言把深奥的科学理论介绍给当权者，这让很多理论得到国家层面的重视。

除了引入新的理论，推动内部和外部弹道学的发展，哈雷还致力于改善现有的弹道技术，他试图用科学来减少军事方面的成本，他的多篇相关论文在皇家学会上宣读，这在后来被总结成了经济弹道学。在当时，哈雷主要解决的是具体的问题，比如哈雷强调“炮弹与炮膛越吻合，就越能够为国王节省火药的消耗”等诸如此类的细节，被哈雷通过科学一点一点地印证和完善，加上诸如哈雷催促沃利斯进行空气对射弹阻力的研究等工作，让后人对哈雷有了“功利主义时代的产物”的评价。

当然，这样的评价并不是贬义，当时的世界局势急需如此，而且坚持用科学和数学理论提高经济效益，这在现在也是被反复强调。

多次角逐诺贝尔奖

中国人提到哈雷就会想到哈雷彗星，其实发现哈雷彗星只占哈雷一生的功绩当中的一部分，在其他很多领域，哈雷作出的贡献要重要得多，英国剑桥大学自然哲学教授艾伦·库克认为，哈雷对牛顿的鼓励也许是他对科学的最大贡献。

哈雷是相当活跃、精力充沛的科学家，当时重要的科学发现与论坛几乎都少不了他，除了科学的工作，也担任过许多不同类型的职务：皇家学会的编辑、牛津大学萨维尔几何学讲席教授、铸币厂管理人、外交官、军舰舰长、皇家天文学家。

哈雷的研究范围相当广，以现在的说法，他是天文学家、地球物理学家，同时在数学、天文史、仪器制造、考古学也有着墨。他的贡献有：改善六分仪、首次完整观测水星凌日、发现在低纬度地区钟摆摆动周期变慢、绘出世界第一张气象图、统计人口死亡率、发明潜水钟、磁极的漂移、潮汐现象的解释、预言哈雷彗星的回归、发现恒星的自行、完整观测月亮运行周期（18 年的沙罗周期）等，涉及多个学科，他的很多研究和结论甚至影响至今。

早在 1693 年哈雷编制了生命表（死亡率表），奠定了计算保险费与年金的基础，哈雷本人被后人公认为“人寿保险的先驱”，还被认为是第一次真正意义上的社会统计学工作。当时的哈雷是以德国西里西亚勃斯洛市从 1687 到 1691 年按年龄分类的死亡统计资料为依据，尽可能精确地绘制了死亡率曲线，并首次将这样的曲线（生命表）用于计算人寿保险费率。

哈雷一生与很多学科都沾上了边，哈雷本人开朗的性格和他所处的位置有关：他的工作并不是专职于某一学科，而是要推动当时所有科学的发展，是鼓励专业的科学家和民间的爱好者努力钻研的角色，有这样一位情商和智商一样高的人才，这是那个时代的英国之幸。

哈雷相当长寿，在他最亲爱的亲人相继去世后（1682 年结婚，妻子玛丽死于 1736 年，儿子爱德蒙死于 1741 年），1742 年 1 月 14 日，哈雷在英国格林威治逝世，享年 86 岁。

音乐界和天文学界的双星——赫歇尔

威廉·赫歇尔(William Herschel,1738～1822),英国天文学家、古典作曲家、音乐家。1781年3月13日,赫歇尔在其妹卡罗琳·赫歇尔的协助下,用自制的望远镜在做巡天观测时,发现了天王星。恒星天文学的创始人,观测绘制了第一幅银河系结构图,被誉为恒星天文学之父。

出生于德国的音乐世家

弗里德里希·威廉姆·赫歇尔(Friedrich Wilhelm Herschel)是德国人,后来在天文学史上以其英国化的名字威廉·赫歇尔(William Herschel)和"著名英国天文学家"的头衔闻名于世。

赫歇尔的祖先在德国大都从事园艺、酿酒等手工业,他的父亲于 1731 年举家迁往一个名叫汉诺威的小镇,老赫歇尔在这里加入了禁卫军乐团服役,当了一名乐师,他还会吹奏双簧管。1738 年 11 月 15 日,赫歇尔在德国汉诺威出生了,赫歇尔家有 6 个子女,4 男 2 女,赫歇尔排行第三,最小的妹妹名为卡罗琳·卢克雷蒂娅·赫歇尔(1750～1848)——长大后成为一名出色的天文学家。

赫歇尔家的 4 个男孩比较幸运,他们的父亲负责教导他们,在家里让他们学习音乐,音乐之外,老赫歇尔还喜欢钻研一下天文学,这个爱好影响了赫歇尔,使他最终走上了天文学的道路。等男孩子们长大一些,他们被送到公立学校去系统学习知识。赫歇尔家的 2 个女孩就没那么幸运,她们由母亲负责教导,母亲对学校教育特别反感,认为这是一切麻烦的根源。由于母亲的坚持,她们从未接受任何教育,对外界一无所知,只能在家料理家务,每天都有做不完的编织、清洗和打扫的家事。

赫歇尔从小就喜欢音乐,并很早就显露出这方面的天赋,他 4 岁时就跟从父亲学习拉小提琴,后来学习吹奏双簧管，并很快成为一名出色的双簧管演奏者。由于家境遇到困难，他 14 岁时离开了学校，与父亲一样加入了禁卫军乐团，在那里担任小提琴和双簧管演奏员。

战争中偷渡到英国

1756 年，英国和法国之间爆发了历史上的“七年战争”，德国也卷入其中；第二年，法国占领了汉诺威，18 岁的赫歇尔不堪忍受战争之苦，于是他作为一个逃亡者渡海偷偷跑到英国的伦敦。赫歇尔把自己的名字“威廉”的德文拼写方法 Wilhelm（威廉姆）改成英文 William（威廉）。

刚到英国时赫歇尔生活比较艰难，开始靠帮人抄写乐谱填饱肚子，后来先后担任过音乐教师、演奏员、作曲家和琴师，并成为有一定知名度的作曲家。赫歇尔的生活好转大约是在 1760 年，主要是他的音乐才华受到了伦敦达林顿勋爵的赏识，经他推荐，赫歇尔受聘于达勒姆郡军乐团。1766 年，他被任命为巴斯市一座上流教堂——八角教堂的风琴手。由于有了稳定的收入，赫歇尔熬过了生活中最困难的时期，从此不再为生计而奔波。

赫歇尔很喜欢比他小 12 岁的妹妹卡罗琳，卡罗琳自幼表现出聪明才智，父亲和她的哥哥们会不时满足一下她对知识的渴望，但这仅仅是她生活中的一个小插曲，母亲控制着她的人生。1772 年，当赫歇尔所在的乐队的女高音一辞职，他立刻推荐卡罗琳来接替这个位置，这个决定最终让卡罗琳走上了天文学家的道路。

当时，关于卡罗琳是否应该离开家，卡罗琳与母亲发生了激烈的争吵。赫歇尔作为访问者回到了德国汉诺威，父亲已经去世，他说服了母亲，让妹妹到英国帮他操持生活。获得允许后卡罗琳来到英国，在那里，她不仅接受了歌唱的课程，还开始学习代数、几何、三角函数，并且接触到了哥哥的兴趣爱好——天文学。

制造天文望远镜

年轻的赫歇尔爱好广泛，由于他对音乐理论的探讨涉猎了数学，进而又接触了光学。赫歇尔在演出和作曲之外，有了一些闲暇的时间，赫歇尔努力学习英文、意大利文拉丁文，同时广泛阅读牛顿、莱布尼茨等科学家的自然哲学、数学、物理学著作。

在父亲的影响下，赫歇尔对夜空中的许多星座都非常熟悉。赫歇尔具有强烈的求知欲，这促使他从乐器演奏转入对音乐理论的研究。为了研究乐理，他开始钻研罗伯特·史密斯（1689～1768）撰写的《谐音》，从该书中得到线索，设法找到罗伯特·史密斯的两卷本经典著作《光学》，这是一部能够在

威廉·赫歇尔制作的15厘米反射望远镜

理论和实践上制作望远镜和显微镜的引导性光学著作，其中一章名为“望远镜对恒星的发现”，文章的内容引起了赫歇尔从事观测和研究天体的强烈愿望。

从1773年起，赫歇尔在妹妹卡罗琳的帮助下，开始研制他的高精度天文望远镜。卡罗琳对哥哥非常好，她既聪明又勤快，悉心料理家务。那时，要制作口径较大的望远镜，其主镜只能用金属材料来磨制。为此，他们在家中架起了熔炼白青铜合金的熔炉，炼制出了一种反射率高达60％白青铜合金。兄妹俩不分昼夜，废寝忘食，把空余时间几乎全部用在了制造反射镜上面。经过两百多次的失败，他们终于制成了可用的反射镜面，而且望远镜口径愈做愈大，也愈来愈精密。

1774年赫歇尔成功地安装了一架口径15厘米、焦距2.1米、放大40倍左右的牛顿式反射望远镜，这是当时英国甚至是全世界最好的望远镜。通过这架望远镜，他第一次成功地看到猎户座大星云，并清楚地辨认了土星的光环。更重要的是，通过不断地实践和总结，他终于掌握了一套磨制抛物面反射镜的技术。

从那以后，他除了晚上不知疲倦地做巡天观测之外，还时常利用白天的时间磨制望远镜镜面。1776年，他陆续磨制成功口径分别为15厘米、51厘米、122厘米的巨大反射式望远镜镜面。当时反射式望远镜的焦点多采用牛顿式，即在主焦点之前的光轴上，斜置一平面副镜，将焦点折射在镜筒上端的一侧。赫歇尔为了减少折射光的损失，将主镜略微偏置，使星光经主镜反射后，焦点不会汇聚在光轴上，而是斜到镜筒上端的一侧。这样，可以省去牛顿式

的平面副镜，从而提高聚光的效率。因为这一光学系统是赫歇尔发明的，所以后世称之为赫歇尔焦点，而按照这种光学系统制成的望远镜称为“赫歇尔望远镜”。

一举成名，发现天王星

1781 年 3 月 13 日晚，赫歇尔像往常一样，用自制的那架口径 15 厘米的反射望远镜观测星空。当把望远镜转向双子座的时候，他注意到双子座有一颗很陌生的星，比较亮，可是在星图上却查不到它。他改用 400 多倍和 900 多倍的目镜仔细观测之后，肯定了这不是一颗恒星。因为，望远镜的倍率再大，恒星看起来始终是个星点儿，而目前的这个天体，呈现为一个蓝绿色的小球面形。随着目镜更换，看上去直径变得愈来愈大，形象却变得模糊了。为慎重起见，赫歇尔没有声张，而是连续 10 个夜晚密切地关注着这颗小星。他逐渐发现该星每天在缓慢地移动，虽然不易觉察出来。

卡罗琳在观测记录簿上连续记录着：

3 月 19 日，彗星东移。

3 月 25 日，彗星速度加快，星体逐渐增大……

3 月 28 日，彗星星体再增大，逐渐接近地球。

4 月 6 日，使用放大 278 倍的目镜镜面观测，彗星边缘清楚可见，但是，未见周围的雾状云以及彗星尾……

一般彗星都有彗尾，即使没有彗尾的，周围也要有雾状云，对此，赫歇耳认为：“既不见彗尾，又没有雾状云，恐怕不是一颗普通的彗星。”

为了弄清这颗新星的真实身份，赫歇耳迫切需要求助于整个天文学界的帮助，希望各国天文学家都来进行对这颗新星的观测。因此，他在 1781 年 4 月 26 日向英国皇家学会提交了一篇名叫《一颗彗星的报告》的论文，阐明了他发现的这颗新星的位置和特点，并希望各国天文学家对它进行观测。

不久，赫歇尔根据所得到的观测数据，计算出它的轨道近似圆形，其距离太阳比土星远出约一倍。这时他意识到自己发现了一颗新行星——后来被命名为天王星。法国天文学家拉普拉斯算出了它的轨道，距离太阳 19.18 天文单位。经过一段时间的观测之后，天文界终于确定这是太阳系里的一颗新行星，它与太阳之间的距离，比当时所知最远的行星土星的距离远了一倍。这就一下子打破了之前建立在六大行星基础上的关于太阳系范围大小的经典结论。

赫歇尔发现新行星的消息引起了极大的轰动，起初他将新行星命名为“乔治之星”，以歌颂当时的英国国王乔治三世，这个名称没有被其他天文学家接受，当时人称天王星为“赫歇尔”。由于太阳系的其他行星的名字都取自希腊神话，为保持一致，由波德首先提出把它称为“Uranus”（中文译为：天王星），但直到 1850 年才开始广泛使用。

天王星的发现，突破了千百年来的传统观念，第一次扩大了太阳系疆界的范围，这无疑是人们在探索宇宙的道路上，迈出的十分了不起的一步，它对于进一步认识太阳系起着意义重大的解放思想的作用。天王星的发现，犹如在平静的池塘中投下了一块石子，后来人们相继又发现了第八颗行星海王星（1846 年）、第九颗行星冥王星（1930 年发现，2006 年被降格为矮行星，距太阳最远）。

贡献涉及天文学所有领域

天王星的发现使赫歇尔一举成名。1781 年，赫歇尔的好朋友华特生博士推荐他进入皇家学会。皇家学会颁给他柯普莱奖章以表彰他发现天王星，并且接纳他为皇家学会会员。

在观测天体的威廉·赫歇尔

赫歇尔兄妹的天文成就引起了英王乔治三世的注意，乔治三世也曾是汉诺威人，非常爱好天文学。他于 1782 年亲自接见了赫歇尔，宽恕了赫歇尔年轻时擅离汉诺威军队的过错，任命赫歇尔为他的皇家天文学家，并为赫歇尔提供年薪 200 英镑；聘请他的妹妹卡罗琳为皇家天文学家的助理，年薪 50 英镑。并让赫歇尔移居至温莎王室，让皇室家族有机会使用他的望远镜。自此，赫歇尔放弃音乐，一心致力于他所钟爱的天文学。

赫歇尔发现天王星后，突然之间，望远镜又一次在英国变得非常流行，这样的盛况只在1610年伽利略发现木星的卫星时才发生过。

赫歇尔一面出任天文官的工作，一面继续制作望远镜，不少还卖给其他的天文学家，其中有一台被送往中国。赫歇尔成为专业天文学家时已经43岁，从未受过正规的高等教育，他的渊博学识、数理基础、冶炼技艺等全凭勤奋自学得到。在他的职业生涯中，共制作过400多台望远镜。其中最大最著名的是一台焦距12米长、口径1.26米的反射望远镜，是当时世界上聚光力最大的天文仪器，英国皇家天文学会会徽即为此望远镜。可惜，这台望远镜操作起来相当不便，他大部分的观测其实是利用另一台较小的望远镜。

1782年，赫歇尔编制成了第一个双星表，他还发现了多数双星不是表面上的“光学双星”，而是真正的“物理双星”。赫歇尔是双星研究的奠基人，他在一生中发现了848对双星，并证实了维系着双星的是牛顿的万有引力理论，其运动则遵循着开普勒定律。

赫歇尔的贡献几乎涉及天文学的所有领域。在太阳系中，除了发现天王星外，1787年，他用一架焦距6.09米、口径51厘米的望远镜，发现了天王星的两颗卫星——天卫三和天卫四；1789年，他用一架焦距12米长、口径1.26米的反射望远镜发现了土卫一和土卫二。

赫歇耳一生的最大愿望是搞清楚“宇宙的构造”，为此，他花了大量的时间观测、计数天上的恒星，他把天空分

为683个区域，用望远镜巡查，一颗一颗数出各个方位上能看到的恒星，共计数了117600颗恒星，绘制出一个整体图像，这是第一幅银河系结构图。1783年，赫歇尔发现了太阳的自行，他得到的太阳运动方向和现代测量数据相差不到10度。1782年，他编制了第一份双星星表。先后发表了694对双星，其中有511个是他本人发现的。1786年、1789年、1802年，赫歇尔先后三次出版星团、星云表，记录了2514个星云和星团。1800年，他仿照牛顿分解太阳光的方法，然后用温度计去测量太阳光谱的各个部分，结果，他发现，温度计置于光谱红外端以外时，温度计仍在上升，于是他发现了红外线和太阳红外辐射。他还指出恒星间的年龄是不同的。这个观点直到1950年才被确证。

赫歇尔最重大的贡献，莫过于对银河系结构的研究，用统计法首次确认了银河系为扁平状圆盘的假说。他是第一个确定了银河系形状大小和星数的人，并发现了一种新的天体——行星状星云。发现了太阳的空间运动，并测定出太阳的向点位于武仙座λ附近，与现代的公认值十分接近。他还是最早发现太阳有红外线发射的科学家，红外天文学也是由此发端起来……因赫歇尔在天文学特别是恒星观察领域业绩卓著，后人将他誉为“恒星天文学之父”。

开创银河系研究的先行者

赫歇尔在英国曾多次搬家，1786年移居斯劳之后便长住在此，这房子又被称为观测楼。这所观测楼于 1963 年被拆除，以配合商业大厦的兴建。

1788 年 5 月 7 日，赫歇尔 50 岁时娶了一位非常富有又全力支持他工作的寡妇玛丽为妻，自此，卡罗琳从哥哥家迁出，但仍然继续助理的工作。1792 年，他的独子、未来的天文学家约翰·赫歇尔出世时，他已是 54 岁了。

赫歇尔一生中发表论文 70 篇，1816 年被册封为爵士。1821 年英国皇家天文学会成立时，赫歇尔众望所归地成为首任会长。1822 年与世长辞，享年 84 岁。有趣的是，他 84 岁的寿命恰恰正好就是他所发现的天王星绕太阳公转一周的时间。

在赫歇尔的有生之年，他一直是天文领域的领军人物，他超前的观测成果和观测方法大大促进了天文学的发展，是当时最伟大的观测天文学家，为恒星天文学的建立奠定了第一块基石，在天文学史上他被誉为“恒星天文学之父”，是开创银河系研究的先行者。

为纪念赫歇尔，欧洲航天局以他名字命名了一颗探测卫星，并于 2009 年 5 月 14 日用火箭发射上太空，这颗卫星实质上是一台大型远红外线太空望远镜，宽 4 米，高 7.5 米，是迄今为止人类发射的最大远红外线望远镜。值得一提的是，“赫歇尔”望远镜的镜面以轻质金刚砂为材料，直径达到 3.5 米，约是哈勃望远镜镜面直径的 1.5 倍，是它的“前任”——欧洲航天局 1995 年发射的远红外线望远镜的 6 倍。它也是人类有史以来发射的最大的远红外线望远镜，将用于研究星体与星系的形成过程。

妹妹卡罗琳：助手还是合作者？

在记述赫歇尔的辉煌成就时，不应忽略他妹妹卡罗琳的功劳。卡罗琳年轻时是一位颇为成功的歌唱家，在赫歇尔成为宫廷天文学家后，她在1782年与其兄做了最后一次公开音乐表演后，离开歌坛，专门协助赫歇尔。

卡罗琳是位了不起的女性，她终身未婚，与哥哥朝夕相处五十年，赫歇尔的许多发现中也有她的一份功劳。她是赫歇尔的全职助理，她不仅悉心照料家务，而且用极详细的日记，留下了威廉整整五十年的工作史。

卡罗琳·赫歇尔

1783年，赫歇尔送给卡罗琳一台望远镜，让她开始自己的天文发现，尤其在彗星方面，卡罗琳也取得了不少成就：1786～1797年，她连续发现8颗彗星，一生中发现了14个星云。1797年，她向英国皇家学会提交一份弗兰斯蒂德观测资料的索引，以及列出561颗英国星表中遗漏的恒星和勘误表。

赫歇尔的儿子约翰·赫歇尔出生后，她又担任了教育的重任，这个孩子后来也成为一名杰出的天文学家。

卡罗琳参与赫歇尔天文学工作的程度如何现在已经不得而知，但有研究者认为她是赫歇尔的合作者而不仅仅是助手。她自己发现了很多星云，1822 年 8 月 25 日在赫歇尔逝世后，她回到汉诺威编制一部含 2500 个星云和星团的表，为此她在 1828 年 78 岁时获得皇家天文学会的金质奖章。1835 年，她与苏格兰数学家、博物学家、矿物学家玛丽·萨摩维尔（1780～1872）一起，成为最早当选伦敦皇家学会会员的女性科学家。

至 1848 年 1 月 9 日去世，卡罗琳活了 98 岁，离她 100 岁生日只差两年多。

为纪念她在天文学上的贡献，小行星 281“卢克雷蒂娅”以她中间的名字命名，此外在月球的虹湾上亦有一个名为叫 C. 赫歇尔的环形山。

独生子小赫歇尔的成就

赫歇尔的独子约翰·赫歇尔（1792～1871），也是一位对天文学有卓越贡献的科学家。小赫歇尔于 1813 年以数学第一名的优异成绩毕业于剑桥大学，1816 年开始继承父亲的事业，他重新测定了其父编制的双星表中所列的双星，发现的双星多达 3347 对，编制出双星总表，由此获得皇家天文学会的金质奖章和巴黎科学院 1825 年的拉朗德奖，1831 年还受封为爵士。

1820 年，小赫歇尔协助成立伦敦天文学会，是英国皇

家天文学会的创始人之一，翌年成为主席。该学会于 1831 年获皇家封号，成为英国皇家天文学会。1825 年至 1833 年，他修订扩充发表其父编制的星表，然后在 1833 年 11 月和家人前往南非好望角，在那里工作了 4 年，记录了 68948 个天体的位置，其中包括恒星、星团、星云、双星等，发现了 525 个星团星云，对只能在南半球看到的麦哲伦星云和猎户座的大星云作了详尽的记录，并观测了哈雷彗星和土星的各个卫星。还对太阳黑子的活动作了论述，用自己发明的仪器测量了太阳辐射。小赫歇尔花费了数年时间撰写好望角工作的详细总结，直到 1847 年才发表。

在儿子约翰·赫歇尔去世的前几年，朱丽亚·烈卡梅隆为赫歇尔绘制的肖像

小赫歇尔其他方面的兴趣包括化学和照相术，他发明了很多有关照相的技术，提出了“正片”和“负片”等词汇，至今仍为摄影家所使用，是他那个时代著名的科学家之一。1837 年在维多利亚女王加冕典礼上小赫歇尔被封为准男爵。

1849 年小赫歇尔撰写的科普读物《天文学纲要》出版，是对当时天文学的最好总结，堪称当时的《时间简史》，出版后极为热销，1873 年在他去世两年后该书已再版 12 次，

1902 年又在纽约出版，并被译成阿拉伯文、中文等多国文字，对全世界产生深远的影响。

小赫歇尔一生中从未在任何科研机构任职，他总是设法靠自己的私人财产生活，从事自己喜爱的研究。

小赫歇尔于 1871 年 5 月 11 日去世。

赫歇尔父子均获得英国皇家学会的柯普莱奖章。为纪念他对天文学的贡献，国际天文学联合会把第 2000 号小行星命名为赫歇尔小行星。

赫歇尔一家的努力，开辟了观测天文学时代，为 20 世纪的天文学发展构筑了舞台。

赫歇尔一家

星云世界的水手——哈勃

爱德温·哈勃(Edwin P. Hubble 1889～1953),美国天文学家,是研究现代宇宙理论最著名的人物之一,是河外天文学的奠基人。他发现了银河系外星系存在及宇宙不断膨胀,是银河外天文学的奠基人和提供宇宙膨胀实例证据的第一人。

曾经的体育明星

哈勃是继伽利略之后，唯一拓展了我们宇宙观的人，他揭示了在我们的银河系之外，还有无数的星系，那些遥远的星系正在远离我们而去，离我们越远的星系，离开的速度就越快。

哈勃 1889 年 11 月 20 日生于美国密苏里州马什菲尔德，是八个孩子中的老三，父亲是律师兼保险代理人，清教徒式的培育和严格教育的产物，是说一不二的当家人。父亲身材高大，从不沾酒，但酷爱烟草，在孩子们的要求下表演吐烟圈的本领。母亲温柔善良，富于幽默感，是孩子们的聆听者。哈勃从父亲那里承继下来的是高大的身材，滴酒不沾的习惯，秉承父亲的唯一恶习是喜欢烟草，成年后既抽烟斗，也抽雪茄。

哈勃 8 岁生日，第一次通过望远镜遥望星空，那是他的祖父马丁亲手做的望远镜。马丁善于讲故事，喜欢天文学，马丁有句格言：宇宙中最美的东西是行星和恒星。祖孙两人共同迷恋火星，谈论有关天文学的话题。

那时天文学家 P. 洛厄尔推测火星上的运河的确存在，这是为了把火星正在融化的极冠那儿的水输送给干焦的赤道城市中的居民。哈勃认真地搜集了报纸上的报道，并把这个消息详细地写信告知祖父，马丁对于孙子能如此把握这一信息印象深刻，设法把这封书信刊登在当地的一家报纸上。

在哈勃差不多10岁的时候，他得知1899年6月23日将出现月全食，这对一个天文学爱好者来说是件大事，他不睡觉，整夜守在外面严阵以待。

父亲是个体育爱好者，棒球棍、网球拍、溜冰鞋等放在大厅壁橱中经常使用，孩子们也跟着父亲喜欢体育。哈勃15岁的时候，他的个头几乎达到了1.9米，是运动场上的明星，他所在的校篮球队，地方学校很少能与之匹敌。在一次运动会上，他跳过了1.73米的高度，报纸呼吁他去创造运动项目的州级新纪录。

中学时代，哈勃的梦想是去英国，梦想获得刚刚设立不久的罗兹奖学金。为此他发奋地学习拉丁语和德语。除此之外，哈勃不太合群，一个同学回忆说，他在学校里没有任何密友，“这大部分是由于他的过失，因为他从不表示出想要与我们中的哪一个特别友好的愿望”，“他似乎天生傲慢”。对老师来说，他是一个不盲从，爱提古怪的问题，自作聪明的学生，他成绩相当好，但操行上比同学低。

1906年6月14日晚，哈勃年级的毕业典礼在教堂举行，所有学生的父母都参加了。督学站起来宣布：哈勃，我已经观察你整整4年，你从来没有安静沉思过10分钟。那是一个让哈勃父亲垂头丧气的可怕瞬间。可是接下来，督学那恶作剧的脸上慢慢透出笑容，他宣布，哈勃获得了芝加哥大学的奖学金。

1906年10月，17岁的哈勃正式成为芝加哥大学的学生，尽管在父亲的要求下他攻读了法律预科，但他对天文学有更大的兴趣，并选修了杰出物理学家罗伯特·密立根的课程，获得数学和天文学的校内学位。在大学的四年中，哈勃还是芝加哥大学的最佳全能运动员之一，但是他父母不允许他玩危险的橄榄球，哈勃说，除了他自己外，无人能够真正了解他放弃所喜爱的运动付出的代价。

在大学的最后一年，他全力学习希望获得罗兹奖学金，这个奖学金的目标是要培养像总统、大法官和大使之类的人物，要求入选者不但学业突出，还要“忠诚、刚毅、忠于职守、对弱者同情与保护、仁慈、无私及其合群”，而且还必须在男子室外运动上有所成就。经过笔试、面试，哈勃最终成为1910年度伊利诺伊州的罗兹奖学金获得者，他得到了每年1500美元的资助在牛津学习3年。

宁做二流的天文学家

1910年，21岁的哈勃从芝加哥大学毕业，前往英国牛津大学学习法律，23岁获文学士学位。据他自己说，在大学里他是一名天才运动员：划船队的桨手、赛跑的运动员、拳击手。当时法国人乔治·卡尔庞捷（1894～1975）是他的主要拳击对手之一。卡尔庞捷后来成为知名的拳击手，在1921年世界最重量级锦标赛中被美国人杰克·登普西（1895～1983）击败。

大学期间，哈勃博览群书，到1911年3月，他已经读了300本书，平均一周5本，其中大约十分之一是小说，哥白尼、伽利略、牛顿是他的偶像，他在阅读了原著后才转向相关的评论。哈勃在一封家书中提到一件让他得意的事情，在一次聚会中，几位科学家以轻蔑的口吻提到美国天

文学家莫尔顿(1872～1952),哈勃立刻知道他们的看法来自第二手材料,并不可靠。

1912年,哈勃得知父亲病危,但父亲并不同意哈勃回家,他担心儿子不再回英国去。次年2月,父亲去世,这对哈勃来说,既是打击也是解脱。很快,哈勃无比遗憾地离开牛津踏上归途。

1916年7月,威尔逊山天文台的100英寸(2.54米)反射望远镜即将投入使用,台长海尔开始物色新的人手,哈勃幸运地入选。此时正值第一次世界大战,为了展示他的爱国心,他决定参军。他参加了美国的军队,在法国服役,几乎没有参加什么实际战斗,被炮弹震昏过一次,醒来时发现你自己躺在野战医院里,右肘受了点伤,他起来找到自己的衣服就离开了。1918年战争结束后,他又在部队里待了4个月。1919年8月20日他收到自己的退伍证书,并领取因在欧洲战场服役应得的出征奖金60美元。他的战争纪念品包括:钢盔、陆军少校标志、来复枪,以及一把锋利的匕首,他发觉裁纸时很有用。

回到美国后,威尔逊山天文台给他保留了一个职位,从此,哈勃终生在那里从事自己的事业。

宇宙到底有多大

正当哈勃跨入天文学领域时,天文学家们正在展开一场大辩论,辩论的焦点是关于宇宙的大小和结构。在威尔逊山天文台工作的美国天文学家哈洛·沙普利认为,地球所在的银河系或多或少构成了整个宇宙。他观察到，银河系的形状像一个盘子，它的直径大约有 30 万光年。沙普利运用造父变星来计算。然而他的计算也太粗糙了，他没有想到星际间的物质(星际之间散布着气体和尘埃)会吸收星体发出的光，从而影响到星体亮度和大小的测定。银河系的直径后来被修正到 10 万光年。

1920 年，沙普利和另一名天文学家希伯·柯蒂斯(1872～1942)在国家科学院展开了一场辩论，辩论的焦点是星云的性质。今天的科学家用星云来描述星际间气体和尘埃构成的“云”，但是在强大的天文望远镜发明之前，任何观察到的模糊不清的天体都被说成是星云。柯蒂斯认为，其他一些被看做是漩涡状的星云，存在于我们的银河系之外，其中之一就是仙女座星云，从 17 世纪开始，西方天文学家就观察到了它的漩涡形成丛状。柯蒂斯估计，它的距离地球大约 50 万光年。他相信，仙女座是独立的星系，并把它描述为“岛宇宙”，认为构成它的天体数量以及它的大小，可以和我们的银河系相比。沙普利对这个观点表示反对，他认为这个漩涡状星云存在于银河系之中。

哈勃相信，星云是关键

1919 年 9 月 3 日，哈勃加入了威尔逊山天文台员工行列。天文台有着严格的等级制度，餐桌上的位置和天文观测时间都按级别分配。在月圆时进行观测的天文学家叫作“白天人”，月亏时观测的人叫作“夜人”，而哈勃被安排

在月亮最黑暗的时候进行观测。他的头脑里装着整个天图，能够迅速识别正打算拍摄的天域，他对底片的特殊鉴别力也让同事们为之惊讶。在叶凯士天文台时，哈勃就相信星云是关键。

宇宙星云

1922 年，哈勃根据观测结果，提出一张星云分类图，他指出了其他人的分类系统的不足，并大胆地把星云分成两类，银河星云和非银河星云，不久后者改称为河外星云，包括椭圆星云、漩涡星云和不规则星云。

1925 年，哈勃提出了新的星云分类方案。他发现，多数河外星云都有一个占主导地位的核心，整个星云则对它表现出某种旋转对称性，不具备中心核和对称性这两项特征的仅占极少数。哈勃分别将它们称为“规则星云”和“不规则星云”。规则星云又分为两大类，即“椭圆状的”和“漩涡状的”，每一类各有一个有规律的形态序列。“椭圆”序列之末与“漩涡”序列之首形态相近，几可衔接。而漩涡星云本身又分成两个平行的子序列，哈勃分别称它们为“正常漩涡星云”和“棒旋星云”。

1926年，他在《星云世界》一书中发表了对河外星系的形态分类法，后称哈勃分类，他的分类经过细化后一直沿用至今。

银河系并非宇宙的全部

1923年10月4日，哈勃用威尔逊山天文台的2.54米口径的望远镜拍摄了仙女座星云，尽管当晚视宁度很差，底片上还是可以看出一个可疑的新星。第二晚他重复观测了一次，证实不止一颗新星而是三颗。对照其他底片，哈勃发现有一颗新星的亮度周期性地变化，这是一颗造父变星，按照沙普利测量距离的方法可以确定这颗星星离地球100万光年之遥，大约是沙普利大银河系直径的3倍。这个发现的巨大意义在于，银河系并非宇宙的全部，河外星系也同样存在恒星集团。这也是证明柯蒂斯提出的“岛宇宙”确实存在的第一个有力证据。

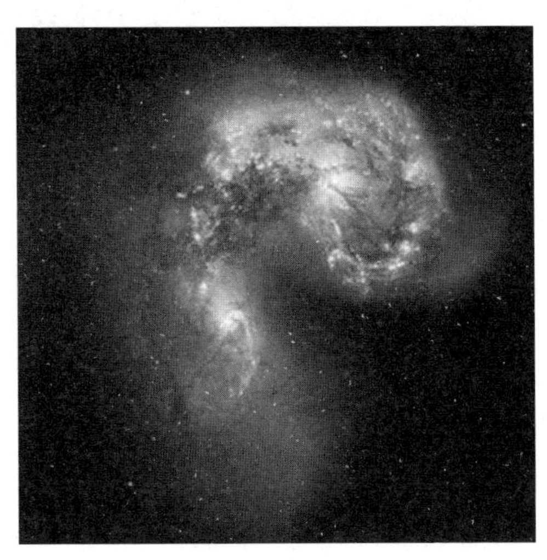

宇宙中的星云

1924年在美国天文学会一次学术会议上，哈勃正式公

布了这一发现。这项发现使天文学家们关于“宇宙岛”的争论胜负立即分出，所有天文学家都意识到，多年来关于漩涡星云是近距天体还是银河系之外的“岛宇宙”的争论就此结束，从而揭开了探索大宇宙的新的一页。

1925 年到 1929 年，哈勃发表了三篇重要的论文，阐述漩涡形星云距离我们的银河系非常遥远——它是独立的星系。哈勃发表的数据提出，我们的银河系是宇宙中最大的星系。现在我们知道，银河系只是许多星系中的普通一个，一个中等大小的漩涡星系。在宇宙中，大约有 1000 亿个像银河系这样的星系，每个星系中有 3000 亿个星体。

美好的婚姻生活

事业成功的同时，哈勃的婚姻也有了眉目。他与银行家的女儿格雷斯相识于 1920 年 6 月，那时格雷斯到威尔逊山天文台访问，她一眼就被这个像奥林匹克运动选手一样强壮英俊的天文学家吸引住了。但格雷斯是有夫之妇，在她丈夫死后的 1922 年，他们才密切地交往起来。为了赢得格雷斯的爱，哈勃表示要放弃天文学去当律师，以便让格雷斯继续过优越的生活。这种高姿态激起了格雷斯的好感，她提出反对，她说，她不会嫁给他，如果这意味着他将抛弃对星星的热爱。这正是哈勃所期待的。

婚礼在 1924 年 2 月 26 日进行，之后三个月在旅行中度过：纽约—加拿大—英国—法国—意大利—英国—加州。两年后，37 岁的格雷斯生下一个死胎，这是他们第一个也是唯一的孩子。1926 年，哈勃夫妇的新居落成，此时，哈勃从助理天文学家提升为天文学家，在威尔逊山天文台工作了 7 年后，年薪几乎增加了两倍，为 4300 美元。格雷斯也有她相当可观的财产。所以哈勃丝毫不会担心缺钱用。在幸福美好的婚姻生活中，哈勃的研究正在迅速深入。

红移现象意味着什么

1928 年，哈勃被称为“泰坦式天文学家”，成为美国国家科学院院士和英国皇家天文学会外籍会员。他有了新的研究计划。

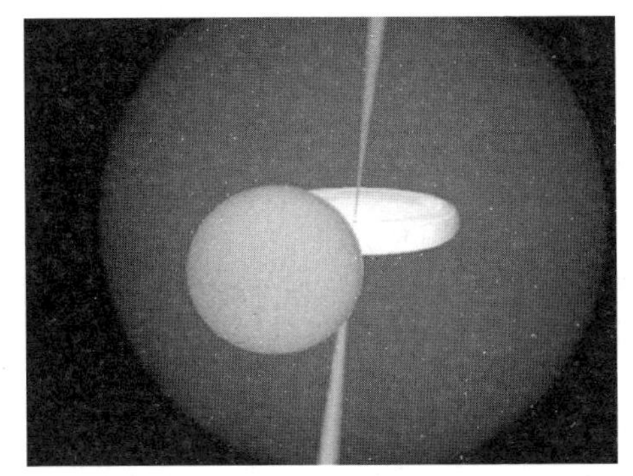
红移现象

20 世纪初，美国科学家斯里弗（1875～1969）对漩涡星云光谱作过多年研究，发现谱线红移现象，在奋斗了 15 年之后，不得不因为仪器的局限和数据的丢失放弃了研究。接力棒交到了哈勃手中。斯里弗观测的基础上，哈勃与助手赫马森合作，对遥远星系的距离与红移进行了大量测量工作。第一张红移量标志的退行速度为 3000 千米/秒，比斯里弗观测大一倍多，不久这一数字为 20000 千米/秒所取代。更多的观测证实：所有星云都在远离地球，距离越远，退行的速

度越快。

1929 年哈勃注意到，星系离我们越远，红移现象就越明显。然后，他绘制了一张星系运动速度与地球距离之间的关系图表，显示了它们的速度随着和地球距离的增加成比例增长。和地球距离增加 2 倍的星系，其红移量也增加 2 倍；如果距离增加 10 倍，红移量也增加 10 倍。这一关系后被称为哈勃定律。这个被称为哈勃常数的速率就是星系的速度同距离的比值。

红移现象意味着什么？星系离开我们远去的原因是什么？一直以来，天文学家都认为宇宙是静止的。若认为红移是星系视向运动的多普勒效应造成的，则红移—距离关系表明，距离越远的星系正以越来越快的速度远离我们。运用广义相对论，人们通常把哈勃定律解释为宇宙膨胀的必然结果。哈勃定律的发现有力地推动了现代宇宙学的发展。

这个历史性的文件晚了两年才发表，《河外星云的速度—距离关系》一文刊登在 1931 年第一期《天体物理学杂志》上，文章结尾时，哈勃声称：本文的作者仅局限于对视向运动—位移的秒速，不愿冒失地解释和评述它的宇宙学意义。

膨胀着的宇宙

首先提出宇宙可能膨胀这一理论的是理论物理学家。科学家根据已知的信息进行科学和合理的推断，得出关于物质和能量的种种理论。20世纪上半叶最伟大的物理学家阿尔伯特·爱因斯坦(1879～1955)曾经把宇宙说成是静止的。1917年,荷兰天文学家和数学家威廉·德·西特(1872～1934)找到了爱因斯坦描述膨胀宇宙的广义相对论一个公式的答案。1922年,俄国天文学家弗里德曼(1888～1925)宣布也找到了同样的答案。

1927年,比利时天文学家乔治·勒梅特(1894～1966)也得出结论,宇宙一定在膨胀。他相信宇宙起源于一个"原初原子"。他认为,那是一定存在着某种不稳定,从而导致巨大的爆炸,创造了今天所看到的宇宙。这就是后来被称为"大爆炸"的理论。不过"大爆炸"这个专用词语一直到1950年才由英国天文学家弗雷德·霍伊尔(1915～2001)确定。

如今,大爆炸理论已被广泛接受,它被认为是描述宇宙如何起源的科学模型。这种学说认为,大约在150亿年前,宇宙所有的物质都高度密集在一点,有着极高的温度,因而发生了巨大的爆炸。大爆炸以后,物质开始向外膨胀,逐渐冷却,就形成了今天我们看到的宇宙。科学家推测,宇宙膨胀到一个极限以后,就会像泄了气的气球那样,开始坍缩,知道重新回到非常紧密的状态。然后再开始另一次大爆炸。最新的观察结果表明,宇宙的膨胀会越来越快。

通过几十年的努力,宇宙学家们为我们勾画出这样一部宇宙历史:

大爆炸开始时 150～200亿年前,极小体积,极高密度,极高温度。

大爆炸后10～43秒宇宙从量子背景出现。

大爆炸后10～35秒同一场分解为强力、电弱力和引力。

大爆炸后10～5秒10万亿摄氏度，质子和中子形成。

大爆炸后0.01秒1000亿摄氏度，光子、电子、中微子为主，质子中子仅占10亿分之一，热平衡态，体系急剧膨胀，温度和密度不断下降。

大爆炸后0.1秒后300亿摄氏度，中子质子比从1.0下降到0.61。

大爆炸后1秒后100亿摄氏度，中微子向外逃逸，正负电子湮没反应出现，核力尚不足束缚中子和质子。

大爆炸后13.8秒后30亿摄氏度，氘、氦类稳定原子核(化学元素)形成。

大爆炸后35分钟后3亿摄氏度，核过程停止，尚不能形成中性原子。

大爆炸后30万年后3000摄氏度，化学结合作用使中性原子形成，宇宙主要成分为气态物质，并逐步在自引力作用下凝聚成密度较高的气体云块，直至恒星和恒星系统。

虽然很多人认为哈勃是宇宙膨胀理论的创立者，他自己却没有完全赞成这个观点。他同意宇宙膨胀可能是解释红移现象的一种理由，但他也赞同另一种解释，认为红移也可能是由于“衰竭光”引起的。哈勃认为，光在从遥远的星系传到地球的漫长旅程中，会消耗能量，从而频率会降低，波长会增加。因此，当它到达地球的时候，会明显地出现红移。如果哈勃这个观点正确，那么，红移和宇宙膨胀之间就没有关系了。

1935 年 6 月，哈勃被授予巴纳德奖章，以表彰他对“星云，特别是河外星云的重要研究，它们对近几年里我们对宇宙大尺度性态的观测方面的认识作出了最大的贡献”。

1936 年，哈勃很重要的一部著述《星云世界》出版，他在书中阐述了他的几个主要贡献：星云的分类，河外星云的证实，哈勃定律，宇宙的均匀性。

好莱坞明星的偶像

1931 年 2 月，爱因斯坦来访，参观威尔逊山天文台后愉快地承认“宇宙几乎是动态的”。既然爱因斯坦都相信了，别人还有什么可怀疑的呢？是哈勃使爱因斯坦改变了看法，所以哈勃成了新的英雄。宁静的天文台也一下子成为喧闹的旅游胜地。哈勃接到越来越多的邀请，他的讲演技巧已达到了戏剧性效果的程度。

1937 年 3 月 4 日晚，美国电影艺术学会在洛杉矶举行年度颁奖仪式。该学会主席、导演弗兰克·卡普拉曾因影片《发生在某夜》荣获奥斯卡奖，并即将因影片《迪兹先生进城》而再获奥斯卡奖。哈勃夫妇作为卡普拉的宾客，参加颁奖仪式。当卡普拉向与会者介绍这位世界上活着的最伟大的天文学家时，哈勃起立致意，三只巨型聚光灯集中照在他身上，全场掌声雷动。

媒体的宣传使人们知道哈勃在威尔逊山天文台工作。于是，驱车上山观看当时世界上最大的那台口径 2.54 米的天文望远镜，以及一睹哈勃本人的风采，便成了一种高雅的时尚。通常都必须预约，以便哈勃夫人格雷斯在场充当女主人。

奥斯卡奖得主、女明星海伦·海斯参观以后写道："我们都感到好奇，因为一块很小的、刚合人眼窝的玻璃，却能向外扩大而包含整个宇宙。它好像把我们置于接近永恒的地方。"

1938 年 11 月，哈勃夫妇与好莱坞明星查理·卓别林（1889～1977）首次见面，1940 年 11 月他们又出席了卓别林的名片《大独裁者》的公映式。

极少有科学家能像哈勃那样，成为好莱坞明星们的偶像。

诺贝尔奖的遗憾

研究工作仍在继续，第二次世界大战悄悄袭来。1941 年 12 月，"珍珠港"事件使美国最终卷入了战争。威尔逊山成了敌机的监视站，天文学家必须佩戴通行证，而哈勃又被称为"少校"。战后，哈勃投入到反对核武器的活动中，发表了广为人知的演说《绝不要发生的战争》。

战争结束之前，威尔逊山天文台台长卸任，让哈勃恼火的是，一位物理学家而不是天文学家接任了天文台台长。

哈勃晚年很多时间用于有关帕洛玛山 200 英寸(5.08 米)望远镜的建造,1949 年正式启用,第一位使用者就是哈勃本人。该镜取得的第一项重大成果是巴德的发现:所有河外天体的距离先前均被低估了大约一半。

哈勃是有史以来最重要的天文学家之一。其一系列开创性工作使他赢得了“星系天文学之父”的尊称,并被授予美国富兰克林金奖、英国皇家学会金奖等许多褒奖和荣誉。获诺贝尔奖的呼声很高。

1949 年,为了诺贝尔奖,哈勃采取了一些行动,他雇用了一名宣传员,在报刊上以“瞧,宇宙!”“上西天去朝圣”,以及“帕洛玛的眼睛盯着 10 亿光年”等为题大肆宣扬哈勃的功绩。很不幸,华丽的词藻并没能打动评奖委员会。

《时代》周刊封面上的哈勃

在哈勃去世前,哈勃夫人格雷斯曾听说,两位诺贝尔奖委员会委员——费米和钱德拉塞卡,已和他们的同事一致投票选举哈勃为诺贝尔物理学奖得主。后来,天文学家杰弗里·伯比奇和玛格丽特·伯比奇夫妇俩与钱德拉塞卡交谈之后证实了这一传闻。可是,诺贝尔奖不授予已故者,死神在关键时刻剥夺了 20 世纪最伟大的天文学家应得的荣耀。

与死神的较量

1949 年 7 月，在一次远足中，哈勃的心脏病发作了，一部分心肌梗死。医生说，没有希望了，但哈勃挨了过来。他的生病没有告知外界，当他康复时报纸上出现了一篇文章驳斥有关哈勃重病的谣言。此时，哈勃的创造高峰已经过去了，他仍然回避宇宙膨胀这个容易引起争议的问题，只有一次私下透露他“不太相信霍伊尔的书及其假设”。

1953 年 9 月 27 日，哈勃在自己的书房里度过了下午和晚上。9 月 28 日上午，他在办公室里同自己多年来的亲密同事赫马森谈论了新的工作设想。赫马森回忆：“当他解释自己脑海里所想的东西时说得很快，甚至不知什么缘故，很着急。”然后，哈勃走回家去吃午饭。“我们注意到他显得快活而有干劲，看上去是多么健康。”

哈勃夫人格雷斯在开车回家途中发现丈夫沿街大踏步地走着，同时挥舞着手杖。她让他上车，然后他和往常一样，问她：“你度过了怎样的一个上午？”此时他们离家大约尚有 1500 米。当她就要拐入车道之际，停车向他看了一眼，只见他笔直向前瞪着眼，带着一种令人迷茫的表情，并用一种奇特的方式张开嘴呼吸。她觉得奇怪，因而问道：“怎么啦？”

“不要停车，直驶。”他平静地回答，而格雷斯突然变得惊恐起来。她将车开进院子，下车绕到他坐着的一侧，同时尖声叫喊女管家。不一会儿，哈勃看上去已经昏厥，不能对格雷斯的呼叫声和触摸做出反应。格雷斯立刻打电话给医生斯塔尔。后者使她确信，脑血栓的形成几乎是瞬间的，又没有疼痛。“它会在任何时候在任何人身上发生”。

多年前，哈勃曾说过，当这个时刻来临之际，“我希望静悄悄地消失”。没有举办葬礼，没有追悼会，也没有坟墓供哀悼者表示最后的敬意，铜骨灰匣埋葬在一个秘密的地方。

哈勃去世后，遵其遗嘱，他的科学史古籍珍本赠送给了威尔逊山天文台。哈勃夫人格雷斯决定用自己的余生为未来的《哈勃传》做准备工作。她彻底清理了他的论文和日记。1954年，他曾致函亨廷顿图书馆，阐明自己的想法：这份素材要等二十年左右才能使用——除非既然碰巧出现一个极好的传记作者。1981年初春，90岁的格雷斯同样死于脑血栓。1995年，传记《埃德温·哈勃：星云世界的水手》出版，作者是美国印第安纳大学的著名学者克里斯琴森，2000年中文版在中国出版。

最具知名度的望远镜

哈勃去世前的5个月，在他最后一次访英期间，有一个青年问：“先生，望远镜如果放在人造卫星上怎么样？”没有哈勃回答的记录。37年后，当这个想法付诸实践时，它被命名为：“哈勃太空望远镜”。

哈勃太空望远镜（HST）以天文学家哈勃的名字命名，

在地球轨道上运行，由美国航空航天局在 1977 年～1985 年期间研制，1986 年 1 月 28 日，“挑战者”号航天飞机升空不久发生爆炸，使人们对航天飞机飞行的安全产生怀疑，航天飞机的发射因而一度中断。哈勃太空望远镜 1990 年 4 月 24 日由“发现者”号航天飞机送上太空，在距离地球 593 千米的低轨道上运行，它的天文望远镜直径为 2.4 米，还有 1 台分光镜，可以用来分析天体发出来的红外线、紫外线以及可见光。它们所需要的电力由太阳能电池板提供。哈勃太空望远镜长 13 米，重 9.98 吨。任务结束时间为 2012 年 12 月 31 日。

哈勃太空望远镜

由于哈勃太空望远镜位于地球大气层之上，因此获得了地基望远镜所没有的好处——影像不受大气湍流的扰动、视相度绝佳，且无大气散射造成的背景光，还能观测会被臭氧层吸收的紫外线，已经成为天文史上最重要的仪器之一，它成功弥补了地面观测的不足，帮助天文学家解决了许多根本性的问题。

哈勃望远镜发回的第一张照片令人失望，原因是镜子出了一点问题，后来 1993 年升空的航天飞机宇航员解决了这个问题。之后还曾于 1997 年、1999 年、2002 年、2008 年进行过维修和仪器替换。哈勃望远镜发回了许多天体的令人吃惊的照片。这些照片非常清晰，不仅使天文学家能够比以往更加仔细地研究太阳系，同时也为天文学家提供有关银河系和外层空间不同类型的星体从未有过的观察资料。

哈勃太空望远镜是世界上最成功的科学计划，也是最具知名度的天文望远镜。

第一次把人类送上了月球——布劳恩

冯·布劳恩(Wernher von Braun, 1912～1977),德国航天工程师。他发明的 V－2 导弹在第二次世界大战期间被广泛使用。战后,他加入美国国籍,1969 年,他将第一艘载人飞船“阿波罗 11 号”送上了月球,成功达成首次人类登陆月球的壮举,被誉为“现代航天之父”。

总是接二连三闯祸

1912 年 3 月 23 日，冯·布劳恩出生在德国东普鲁士维尔西茨(现在波兰的维日斯克)。父亲布劳恩男爵是省议会议员，非常善于解决问题，而且判断准确，后来任魏玛共和国的内阁成员和农业部长，也是德国储蓄银行的创办者之一。母亲是一个出色的业余天文爱好者，出身于贵族世家，很有教养。小布劳恩受母亲影响很深，小时候，酷爱音乐和文学的母亲总是对他循循善诱，引起他的好奇心，使他产生求知的欲望。

布劳恩有三个兄弟，他是家中的次子，兄弟经常在一起玩耍游戏。布劳恩的第一次火箭试验是在柏林的使馆街区进行的，13 岁的小布劳恩将六支特大号的烟花绑在滑板上，创造了自己的“火箭车”，在林阴道上疾驰，结果引起了大火，小布劳恩因此被逮捕。

这件事丝毫没有影响小布劳恩对火箭发射的兴趣，经常和哥哥一起发射了许多自制的烟花。在柏林，小布劳恩是个出名的淘气孩子，总是接二连三地惹祸。

布劳恩上的学校是法国人办的大学预科，传统意识十分浓厚，教育手段也很落后。这对于喜爱探险的小布劳恩来说是远远不能适应的。他的成绩单总是不能令父母高兴，特别是物理和数学，差得尤其令人担忧。他的父亲认为自己再也没有办法教育这个孩子了，于是把布劳恩转到了埃特斯堡寄宿学校。

埃特斯堡学校的教学环境非常好，因先进的教学方法和密切的师生关系而出名。学生在上午课上完之后，把下午时间花在木工、石工、农事等创造性劳动上。这与以前枯燥的课本知识比起来相差很远，但与制造汽车相近，布劳恩很喜欢。临睡以前，他还可以用他的小望远镜对着星星看上一两个钟头。

1925 年的一天，布劳恩看到了 1923 年出版的一本书，那是德国航天学奠基人赫尔曼·奥伯特写的《飞往星际空间的火箭》，他马上找来阅读，这本书对他选定自己的终身事业有一定的推动作用。如果去征服宇宙空间，他愿意全力以赴。为了能够读通这本书中那些五花八门的数学公式，布劳恩下定决心，全力攻读数学和物理这两门使他头疼的学科，这使他的成绩逐渐地有所提高。

1928 年，布劳恩转学到施皮克罗格岛上的赫尔曼·利茨学校，此时他已经是班上功课最好的学生了。此时，母亲送给他的那台小望远镜已远远不能满足他日益开阔的视野了，于是在这所学校里，他决心搞一个完备的学校天文台。他首先说服校长买了一台十分高级的 5 英寸折射望远镜，然后为了建筑天文台的外围结构，他又在同学中组织了一个石木工小组。在这次营建天文台的工作中，布劳恩不仅表露出极大的热情，而且表现出卓越的组织才能。

论文被当成绝密文件

中学毕业后，布劳恩在柏林的夏洛滕堡工学院注册入学。当时，德国的业余火箭爱好者掀起了研究火箭的热潮，年轻的布劳恩也投入其中。

这一时期，火箭研究有了相当大的进展。1930 年，报纸上介绍了美国罗伯特发射同温层火箭的计划；苏联传出了有关宇宙飞船的研究报告和资料。实际上，早在 20 世纪初，航天时代的来临就在一些理论家的头脑中形成了构思，齐奥尔科夫斯基提出了使用液体燃料作为推进剂的主张。而此时，大量的火箭研究工作开始集中于德国，火箭技术已经进入了实验阶段，有人造出了以火药火箭为动力的汽车和雪橇，速度得到了惊人的提高；1929 年，一些德国人已经开始研究液体燃料火箭。

1930 年春，布劳恩在朋友的帮助下，幸运地会见了自己童年时代的科学偶像奥伯特，还参加了奥伯特创建的德国空间旅行协会，并很快成为理事会成员。他还参加了当时在研究上处于领先地位的内贝尔火箭小组的研制活动。

1931 年夏天，布劳恩结识了美籍医科学生杰纳勒尔兹。布劳恩认为未来的宇航员必须承受很大的加速度，于是他们两人一起进行了一系列的太空医学实验。他们把小白鼠固定在一个平放的轮子上，然后转动轮子，轮子越转越快直至到极限值，随后杀掉小白鼠进行解剖。最后他们得出结论：老鼠承受重力加速度的限制因素在于它的脑

子，老鼠的死因多是脑溢血。这项试验的成果 20 年后被美国空军航空医学研究机构证实。

1932 年春天，布劳恩从工学院毕业，获得航空工程学士学位，接着他转入柏林大学学习。一天，他与大学火箭俱乐部的成员们做新型火箭试验时，一辆黑色轿车停在他们身边，原来是三名德国军方的代表来看他们的实验。实验给军方代表留下深刻印象，他们许诺给布劳恩提供研究经费，条件是布劳恩必须严守秘密，只能将研究成果交给军队。就这样，布劳恩成了一名不穿军装的军方研究人员（1922 年受聘于德国陆军军械部，作为 W. R. 多恩伯格的主要助手从事火箭研究）。

在当时，液体推进剂火箭还是一种新事物，而固体燃料火箭早在几百年以前就有了。航天理论家齐奥尔科夫斯基和奥伯特都曾指出：就产生更强的推力来说，液体推进剂有着巨大的潜力。布劳恩他们的火箭飞行场的主要目标就是把这些建议应用于实践。这时的液体燃料，是以液态氧为氧化剂，碳氢化合物为燃烧剂。时至今日，许多大型的弹道导弹还是以液体燃料为动力。布劳恩等人的工作，就是要为火箭飞行的点火、混合、冷却、控制剧烈燃烧等问题提供方法和方案，把液体的发动机和燃料箱组合成一个运载工具，然后发射上天。

1932 年的冬天，布劳恩在德国陆军的支持之下，成立了自己的实验室，任务是发展液体推进剂火箭。在军方的一个试验井中，布劳恩小组造出了可以产生 300 千克推力的再生冷却液氧—酒精发动机。1934 年，他们将这种发动机装在 A-2 火箭上，成功地进行了发射试验。

1934年,22岁的布劳恩通过了柏林大学为他专门组织的学位论文秘密答辩,获得了物理学博士学位。从学士毕业到获得博士学位,他的速度之快也只能用火箭来形容。他的论文是《关于液体火箭问题的设计、理论和试验》,论述了液体推进剂火箭发动机理论和试验的各个方面,开创性地分析并解决了和发动机有关的诸多难题,柏林大学将他的论文评为最高等级"特优"。出于保密需要,军方在布劳恩的博士学位文凭中将他的论文改名为《关于燃烧试验的研究》。

由于该论文涉及军事安全,德国军方把它作为绝密资料长期保管,直到1960年才将其解密,随后德国宇宙飞行协会把它作为正式期刊的一本特刊印刷出版。在宝龙拍卖行的手稿,实际上是布劳恩博士论文的复印件,布劳恩当时将它送给了自己在德国佩内明德试验场的一名同事,几经辗转,手稿如今再次进入公众的视线。

2007年1日至3日,这份手稿在纽约拍卖。手稿厚166页,黑色油墨印制,纸张因年代久远而泛黄,封面上标有"绝密"字样和时间(1934年4月),正文是德文手写体的文字、公式以及手工绘制的图表。手稿的标签简洁地标明了手稿的来源:沃纳·冯·布劳恩的博士学位论文。起拍价达到2.75万美元,最后以3.3万美元的价格成交。

为纳粹工作11年

在军方的试验井中,布劳恩等人进行了一系列成功的

火箭发射,并且将液体燃料发动机的推力提高到2200磅。这些成果不仅使陆军方面感到吃惊,也引起了空军的注意,空军建议布劳恩小组把这一动力装置试用于飞机上,研制出新型的全火箭动力战斗机。

1941年布劳恩在德国佩内明德

1936年,在德国军方的大力资助下,冯·布劳恩在波罗的海海滨的佩内明德建起了一个大型的试验厂,继续进行火箭飞行实验。基地位于柏林北部。1937年,布劳恩进入佩内明德大型火箭试验基地,并任技术部主任,领导火箭的研制。

V-2型火箭由德国佩内明德发射,射向伦敦

1938年,布劳恩加入纳粹党。此后,为了巩固火箭研究事业,他进入党卫军,

并获少校军衔。

1939 年 3 月 23 日，布劳恩 27 岁生日这天，他第一次见到了希特勒，希特勒详细询问了火箭构造。当时的政治气氛十分紧张，1938 年的苏台德冲突使许多人嗅觉到大规模战争的味道。每一个德国人都知道，他们的元首正准备摊牌，要挟西方列强满足他的要求。在元首支持和首肯之下，布劳恩等人的火箭研制工作获得了大量的经费。

第一枚 V-2 火箭于 1942 年春天发射，仅 1 秒后就因燃料系统故障而坠落爆炸。第二枚 V-2 飞行了 45 秒由于仪器舱强度不足而在空中解体。

经过改进的第三枚 V-2 在 1942 年 10 月 2 日发射，取得了完全的成功。它上升到 85 千米的高度，射程达 190 千米，基本实现了设计要求。德国首领们一下子成了“火箭迷”，希特勒希望利用 V-2 的优势袭击英伦，以报复盟军轰炸之仇。

V-2 是单级液体火箭，全长 14 米，重 13 吨，直径 1.65 米，最大射程 320 千米，射高 96 千米，弹头重 1 吨。V-2 采用较先进的程序和陀螺双重控制系统，推力方向由耐高温石墨舵片操纵执行。V-2 在工程技术上实现了宇航先驱的技术设想，对现代大型火箭的发展起到了承上启下的作用，成为航天发展史上一个重要的里程碑。

党卫军企图接管布劳恩的工厂。希姆莱拉拢布劳恩未果以后，便设计逮捕了布劳恩和另外几名火箭专家。虽然他们被保释出来，但感到无处不在的党卫军的魔影。

1944 年 9 月 8 日，德国部队从荷兰海牙郊外发射了第一枚用于实战的 V-2 导弹。发射后不到 6 分钟，下午 6 点

43 分，这枚带有 2000 磅炸药的 46 英尺长的火箭，在离英国伦敦很近的泰晤士河畔的奇齐克爆炸，造成严重破坏。10 天之内，纳粹德国向伦敦倾泻了 26 枚 V-2；戈培尔在电台上大肆鼓吹 V-2 导弹的威力。布劳恩也通过电台了解到，他那即将闻名世界的 A—2 火箭被希特勒命名为“报复武器 2 号”(V-2)。

第二次世界大战中，德国总共向同盟国发射了 6000～7000 枚 V-2 火箭，盟军的防空力量无法拦截 V-2 火箭。这种火箭的生产成本低廉，只是当时一架战斗机的 1/15。德国大量发射 V-2 火箭，给英国和荷兰造成了巨大损失。战后的资料表明，V-2 火箭在英国炸死 2742 人，6467 人受伤，它造成的心理恐慌更是难以描述。

布劳恩为纳粹工作的经历多年来备受苛责，他后来也一直为自己辩解，声称他那时的研究“只为实现个人的航天梦想”。

一致决定向美国投降

V-2 火箭没能挽救纳粹德国的命运，1944 年下半年，德国的侵略战争已经走向穷途末路，盟军已成功在诺曼底登陆，空袭严重地破坏着德国本土的城市。苏联军队也从东部攻入德国，距离佩内明德火箭基地只有 100 英里。盟国军队在阿登摧毁了德国的最后一道防线，从西部迅速逼近过来。

1945 年 1 月，布劳恩和僚属们开始考虑德国战败后该怎么办。他召开了一次只有高级人员参加的绝密会议，大家的决定十分一致——向美国投降。

被俘时的布劳恩（手上打着石膏）

1945 年 3 月，布劳恩接到党卫队总部要他们销毁从佩内明德撤到布莱歇罗德的一切有关导弹计划的秘密文件。这一切都是布劳恩所不愿做的。为此他和小组的其他领导人把材料装上几辆大型拖斗卡车，运到一个废矿井，然后炸毁了入口，把材料封存在里面。后来，美军在其帮助下找到这个矿井，使得这批宝贵资料重见天日。

“文件夹计划”吸收德国科学家

战争刚刚结束，美国军事当局准备开始进行火箭发展计划。在这项计划中，托夫托伊少将发挥着重要的作用。也正是由于他的远见和努力，布劳恩的科研工作才得以继续进行。

1945 年 7 月 19 日，美国国防部制订了“文件夹计划”（也有人译为“回形针计划”），旨在将火箭技术专家和导弹

资料运往美国。7月23日，托夫托伊接到向美国引渡德国专家的命令。8月初，托夫托伊与冯·布劳恩等127位德国专家单独谈话，希望他们为美国陆军工作，待遇与美国军人相同，并且为家属安排供养。

1945年9月底，布劳恩作为“文件夹计划”的首批7名成员之一到达美国陆军的阿伯丁火箭试验场。当时布劳恩的肝炎突然发作，手臂也因车祸打着绷带，只好住进了布利斯堡的基地医院。这时，战争刚刚结束，“文件夹计划”也刚刚秘密展开，所有德国科学家到美国的消息都要小心保密，因此布劳恩此时的身份和活动一直处于秘密状态。

随着越来越多的德国科学家来到美国，纷纷住进了布利斯堡医院，这里渐渐成了一座综合公寓。这些科学家们此时是没有任何身份的，因为受到军事拘留，他们在美国没有正式地位，必须等到他们完全成为正式移民，才可以获得美国公民的资格，这一切要等5年之久。这种没有身份的生活，布劳恩戏称为“和平俘虏”的生活。

但是不久，这些“和平俘虏”作为陆军导弹界的真正成员，开始发挥重要作用。根据“文件夹计划”，这些科学家的主要任务是：为陆军、海军、空军的承包商建立一个咨询中心；节省导弹研制时间；帮助运到试验场进行鉴定的V-2；为一项高层大气研究计划把仪器送到高空；研制一种新式武器——赫姆斯2号试验导弹（一种用V-2助推的超音速冲压喷气发动机飞行器）。

赋闲6年

二战结束以前，美国的火箭技术还不很发达，只能生产无控制火箭，比如火箭筒，小型固体燃料火箭和弹丸推进火箭。

从1946年初到1951年7月，美国的火箭试验的实际工作在布劳恩小组的实际参与和指导下全面展开，通过与通用电气公司的密切合作，火箭试验特别是V-2火箭试验取得了巨大的进展。1946～1951年的6年中，美国陆军试验发射了70枚V-2火箭。试验为火箭飞行积累了大量的数据，取得了丰富的经验。这些实验大都是在布劳恩及其同事的严密监督和积极参与下完成的，也正是由于布劳恩等人参与，“美国的V-2计划”才得以大大扩大起来。

在此期间，布劳恩通过书信的方式向他的表妹——18岁的玛丽亚求婚。1947年3月1日，在得到批准后，布劳恩回到德国，与玛丽亚结婚，并在1947年3月26日携妻子一家返回纽约。1948年12月9日，他们的第一个女儿诞生。布劳恩此后又添2个子女——Margrit Cécile于1952年5月8日出生，Pe-

布劳恩之妻

ter Constantine 在 1960 年 6 月 2 日降生。

三个孩子接连降生，其乐融融。布劳恩定居在美国小城亨茨维尔，保持着自己早年的生活习惯，喜欢在午夜捕捉工作灵感，喜欢吃中国菜，闲暇时为家人演奏自己擅长的大提琴和钢琴。如果世界和平，他恐怕就会在写学术论文和修草坪中打发余生了。

1955 年 4 月 15 日，冯・布劳恩正式成为美国公民。

小试牛刀，成功研制红石火箭

1950 年朝鲜战争爆发后，布劳恩和他的手下被转移到阿拉巴马州的亨茨维尔，并在此度过了 20 年。

1950 年，美国陆军制订了第一个大型导弹计划——红石计划。1951 年，美国陆军有关方面正式授权布劳恩的火箭班子研制“红石”火箭。布劳恩赋闲 6 年之后，又紧张地忙碌起来。他深知大型火箭的成功关键是发动机和制导控制系统，尤其后者非常重要。在当时，空气轴承陀螺和静电悬浮陀螺都能提高制导精度，布劳恩就集中力量攻克使用先进陀螺的惯性稳定平台。后来该平台及其发展型号被用在“红石”“丘比特”“潘兴”等一系列火箭导弹上，甚至登月的“土星 5”火箭。

一枚导弹大体由三个部分组成，即动力装置、制导系统和战斗部。而动力和制导又是最主要和最复杂的部分。由于布劳恩的辛勤努力，美国终于研制出了先进的中远程弹道导弹——红石导弹。在这枚导弹中，装有一个完整的弹道导弹惯性制导系统，应用了晶体管放大器。布劳恩小组还改进了导弹头锥的材料，使之更加耐热。因为中远程弹道导弹的自由飞行段是在外层空间飞行，重返大气层时因速度大，摩擦生热会熔化弹体头锥，损坏战斗部。该小组在改用玻璃纤维材料后，成功地发射了中程 3 级红石火箭，成为美军第一代核弹的洲际导弹运载工具。

1956 年 2 月，美国成立陆军弹道导弹局，布劳恩担任了该局的技术指导。布劳恩和他的团队开发出木星—C 探空火箭（也称“丘比特”Jupiter—C）——红石导弹的改进型。该火箭最终在 1958 年 1 月 31 日成功地将西方第一颗人造卫星“探险者一号”成功送上太空。“丘比特”系列中“丘比特”C 型火箭，是美国第一颗人造卫星发射成功的关键保障。

尽管取得了巨大成功，但 1945 年至 1957 年的 12 年间，是布劳恩和他团队备感沮丧的一段岁月。因为他们的对手，由谢尔盖·帕夫洛维奇·科罗廖夫（由于苏联保密，当时并未被世人所知）率领的苏联团队始终走在他们的前面。同时美国政府方面对布劳恩的观点并不太感兴趣，火箭研制也仅仅是亦步亦趋。同时媒体挖出了布劳恩曾经作为纳粹党卫军并且参与挑选奴隶劳工制造 V-2 火箭的不光彩岁月，开始大加挞伐。

伟大的航天时代来临

1957 年之前，布劳恩执着于人类探索外层空间，这是

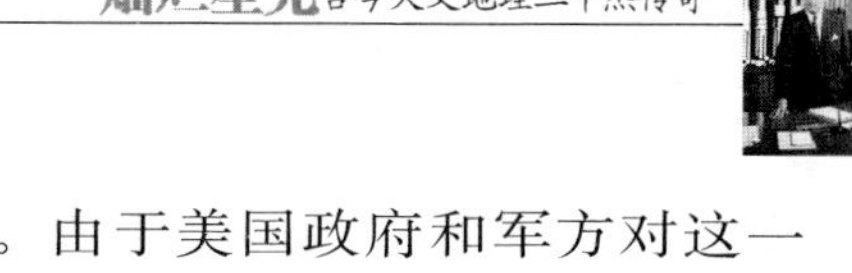

他多年来梦寐以求的理想。由于美国政府和军方对这一和平的开发计划不感兴趣,同时又不愿对此进行大量投资,布劳恩的计划被搁置下来。

1957年10月4日,苏联成功发射第一颗人造地球卫星,全球反响强烈。在此之前,美国一直声称自己是世界上最先进的国家,拥有技术优势,而苏联人造卫星上天,使美国在世界上大为丢脸,并向世界宣告,在探索宇宙空间的技术上,苏联走在了美国的前面。

美国公众对科学家和军方一片抱怨之声。艾森豪威尔威尔总统和国防部受到强大压力,终于批准陆军和布劳恩在90天内用"丘比特"火箭发射美国第一颗人造卫星。就在这时,11月3日,苏联又发射了第二颗人造卫星,并携带一只母狗"莱依卡",并将狗的跳跃声和呼吸声从太空传到地球。美国的航天步伐被逼得加快了。

1958年1月31日,布劳恩设计的"丘比特"C火箭成功发射了美国第一颗人造地球卫星"探险者一号"。当天,艾森豪威尔威尔总统在话筒中向美国和世界宣布:"美国已经成功地将一颗科学地球卫星送入预定轨道,这是我们参加国际地球物理年活动的一个组成部分"。

发射成功使布劳恩小组和火箭基地成了欢乐的海洋。《时代》杂志的记者们拼命在赶写一篇详尽的、以布劳恩为封面图片的报道。白宫举行了盛大的庆祝仪式,在这个仪式上,艾森豪威尔威尔总统向布劳恩颁发了美国公民服务奖。在美国,布劳恩博士成了民族英雄。

世界进入了一个新时代,航天时代来到了。在人们看来,这个新阶段是在几个月内诞生的。苏联首先发射人造地球卫星，四个月后，美国做出反应，发射了第一颗“探险者一号”。两个超级大国的激烈竞争在航天事业上表现得尤其明显。

1959 年 10 月 13 日，陆军导弹局受命发射“探险者七号”卫星，这颗卫星重 41.5 千克，包含七项重大科学实验，是当时世界上最复杂、提供资料最多的航天器，它是由新的、功率更大的“天后二号”火箭发射成功的。

1959 年 1 月 2 日，从苏联传来消息，苏联人成功向月球区域发射了第一个自动星际站“月球一号”。1471 千克的巨大有效载荷脱离了地球引力，成为第一颗太阳系的人造小行星。

两个月后，布劳恩及其班子再次为美国挽回了面子，他用“天后二号”成功地把“先驱者四号”送入了外层空间，并对卫星跟踪长达 82 小时，距离地球达 655000 千米，取得与苏联人相同的成绩。

在研制成功的土星系列火箭中，布劳恩设计了 8 引擎的集束式火箭发动机，并改进了燃料供应系统，经过两年多的试验和改进，1961 年 8 月，第一枚“土星 1 号”发射取得了完全成功，有效载荷达到了 650 吨，这是当时美国推力最大的火箭运载工具。

而基于“土星 1 号”研制成功的“土星 5 号”是历史上、土星火箭成员中最大的火箭，高达 110.6 米，更是目前使用过的最高、最重、推力最强的运载火箭。1967 年至 1973 年期间 NASA 在佛罗里达州的肯尼迪航天中心共发射了 13 枚土星 5 号火箭，从来没有过损失有效载荷的事故发生。土星 5 号的主要载荷是载着宇航员成功登月的阿波

罗航天器。最后一次土星 5 号的发射将名为“天空实验室”的空间站送入太空。

第一次把人类送上月球

1961 年 4 月 12 日，苏联英雄宇航员尤里·加加林成为第一个进入太空的人，在环绕地球一周后，成功地返回地面。

1960 年，布劳恩领导的陆军火箭班子(陆军弹道导弹局)并入美国国家航空航天局。迫于苏联的咄咄逼人，美国开始执行一项更前瞻性的计划——阿波罗工程——载人登月计划是人类航天史上最伟大的工程之一，布劳恩也是主要的设计者之一。

1961 年 5 月，一枚红石火箭将美军谢泼德中校送入太空，进行了短距离的亚轨道飞行使他成了美国第一个在空间飞行的人。两个月后，格里森少校进行了同样的太空飞行。这两次飞行使宇航员就航天器控制、评估他们对火箭动力飞行的反应有重要意义。

1962 年 2 月 20 日，即尤里·加加林实现环绕地球一周的 10 个月后，美国宇航员格伦上校终于进入太空轨道，成功地环绕地球飞行三周。

1968～1969 年，美国发射了“阿波罗”7、8、9 号飞船，进行载人飞行试验。主要做环绕地球、月球飞行和登月舱脱离环月轨道的降落模拟试验、模拟分离和交会对接。1969 年 5 月 18 日，“阿波罗”10 号飞船进行了登月全过程的演练飞行，绕月飞行31圈，航天员登月舱下降到离月面15.2千米的高度。

1969年7月16日由“土星5号”火箭运载“阿波罗”11号飞船升空。飞船沿过渡轨道飞行2.5天后开始接近月球，由服务舱的主发动机减速，使飞船进入环月轨道。航天员N. A. 阿姆斯特朗和E. E. 奥尔德林进入登月舱，驾驶登月舱与母船分离，下降至月面实现软着陆。人类终于登上了向往千年的月球。

1963年布劳恩与总统肯尼迪在红石基地

1969年7月20日美国东部夏令时下午10时56分，阿姆斯特朗走出舱门，走到舷梯的最后一级上，伸出他的脚，在月球上踩了人类第一个脚印，同时他说了一句不朽的话：“这一步对一个人来说，是小小的一步；对于整个人类来说，将是巨大的飞跃！”

7月24日，“阿波罗”11号飞船指挥舱于在太平洋夏威夷西南海面溅落。登月的航天员成功返回。

1969年11月～1972年12月，美国相继发射了“阿波

罗”12、13、14、15、16、17 号飞船，其中除“阿波罗”13 号因服务舱液氧箱爆炸中止登月任务（两名航天员驾驶飞船安全返回地面）外，均登月成功，先后有十二名宇航员登上月球表面。

1969 年，布劳恩已 57 岁。阿波罗计划的成功，使布劳恩获得了巨大的声誉。1969 年，NASA 新局长请布劳恩帮助拟订载人登火星计划。美国总统尼克松曾宣布 1982 年把人类送上火星。此时布劳恩已成为 NASA 的代理助理局长，他参与发展“天空实验室”空间站和航天飞机计划。

1973 年在一次例行体检中，布劳恩被发现体内有肿瘤，并且不能通过手术控制。1975 年 8 月进行了手术，手术后三个月，他再度回到办公室，参与新近成立的全美航天协会的工作。

布劳恩站在美国空间及火箭中心为土星 5 号运载火箭所用的 F-1 引擎前留影

1976 年，他成为 OTRAG 公司 CEO Lutz Kayser 的科学顾问，同时也成为戴姆勒—奔驰公司领导团成员之一。但布劳恩健康状况的恶化使其不得不彻底退休。当美国国家科学奖章在 1977 年初授予他时，他已无法出席在白宫举行的庆祝仪式。

1977 年 6 月 16 日,布劳恩因大肠癌逝世,终年 65 岁。

在布劳恩的带领下,人类拥有了强大的火箭,终于实现了探索太空的梦想。“土星”火箭的建造使得世界上最早的空间站——“太空试验室”得以建立。这个空间站于 1974 年 5 月 14 日由“土星”火箭送上地球轨道,这天也是“土星”火箭最后一次划破天空的日子。

布劳恩去世的那一天,整个美国为他哀悼。卡特总统致辞:“对千百万美国人来说,冯·布劳恩的名字就是跟我们的太空探索和尖端科技的运用联系在一起……不仅我们国家的人民,全世界的人民都从他的努力中受益。”

一个思考宇宙的大脑——霍金

史蒂芬·霍金(1942～2018),英国最伟大的科学家,我们这个时代最著名的科学家之一,被称为“宇宙之王”。他的大部分工作集中研究宇宙“黑洞”,是著名畅销书《时间简史》的作者。

手脚远不如头脑那样灵活

史蒂芬·霍金，出生于 1942 年 1 月 8 日，这个时候他的家乡伦敦正笼罩在希特勒的狂轰滥炸中，这迫使霍金一家搬离伦敦北郊的海格特城的家园，迁到牛津避难，因为在不久前，英国和德国达成协议互不轰炸双方的学术重地。霍金出生两周后全家又回到了海格特城，在这里一直住到 1950 年。霍金出生当天正好是伽利略逝世 300 周年的忌日。

霍金和他的妹妹在海格特城度过了自己的童年。多年以后，他们的邻居回忆说，当霍金躺在摇篮车中时非常引人注目，他的头显得很大，异于常人——这多半是因为霍金现在的名声与成就远远异于常人，邻居不由自主地要在记忆里重新刻画一下天才儿童的形象。

童年时的霍金，学业成绩并不突出，但喜欢设计极为复杂的玩具，热衷于搞清楚一切事情的来龙去脉，因此当他看到一件新奇的东西时总喜欢把它拆开，把每个零件的结构都弄个明白——不过他往往很难再把它装回原样，因为他的手脚远不如头脑那样灵活，甚至写出来的字在班上也是有名的潦草。

像每一个科学人物一样，霍金有一种集中注意力的非凡能力，如果他对某种东西有兴趣，就会百分之百地专注。有一次，他坐在某种农耕机上研究零件构造，其他孩子爬到了他的头上，他也毫无感觉。如果他正沉湎在某本书

中，他的弟妹们大可放心地吃光他放在身边的饼干，因为他根本不会注意到。

天才的悲喜剧

上学以后，霍金开始显示出数学方面的卓越才华，14岁的时候，虽然父亲希望他学习医学，但他知道，自己非常渴望学习数学。霍金决定申请进入大学学习物理和数学。1959年，17岁的霍金入读牛津大学的大学学院攻读自然科学，但他发现功课非常单调乏味。由于这段时间他学习的东西非常少，在最后范围广泛的考试论文论题中，他只选择了理论物理的题目。“我上大学前考了一次，然后在牛津过了三年，只在最后考了一次毕业考。”霍金作过计算，在牛津的三年中，他大约总共学习了1000小时，也就是平均每天1小时。

由于平时疏于学业，热衷饮酒作乐，教师们对霍金的印象并不好。但毕业考试后，负责面试的专门小组却对他格外开恩，使霍金的成绩终于列入头等而得以进入剑桥大学攻读博士学位。慧眼识珠的小组专家罗伯特·伯曼断言：任何人，不管多聪明，都将很快发现霍金远比自己聪明。

1962年，霍金来到剑桥大学准备攻读宇宙学博士学位。他仍旧不是一个用功的学生，而这种态度与当时其他同学是一致的，这是战后出现的青年人迷惘时期——他们对一切厌倦，觉得没有任何值得努力追求的东西。霍金在学校里与同学们一同游荡、喝酒、参加赛船俱乐部，如果事情这样发展下去，那么他很可能成为一个庸庸碌碌的职员或教师。然而，不幸降临了。

从童年开始，运动从来就不是霍金的长项，几乎所有的球类活动他都不行。到牛津的第三年，霍金注意到自己变得更笨拙了，他几乎无法系鞋带，讲话时结结巴巴，含糊不清，有一两回没有任何原因地跌倒。一次，他不知何故从楼梯上突然跌下来，当即昏迷，差一点死去。直到 1963 年霍金在剑桥读研究生后，母亲才注意到儿子的异常状况。刚过完 21 岁生日的霍金在医院里住了两个星期，经过各种各样的检查，他被确诊患上了“卢伽雷氏症”，这是一种难以治愈的疾病，它引起进行性的肌肉萎缩，最后导致死亡。医生认为 21 岁的霍金最多只能再活两年。医生对他说，他的身体会越来越不听使唤，只有心脏、肺和大脑还能运转，到最后，心和肺也会失效。

这个消息如晴天霹雳，使霍金非常沮丧。他几乎放弃了一切学习和研究，因为他认为自己不可能活到完成硕士论文的那一天。但是疾病并没有影响他的智力，他仍然能思考问题。也许只是天妒其能，上天毕竟为霍金留下了生命和天才的大脑。实际上，虽然 1970 年后就一直瘫痪在轮椅之上，这个思考宇宙的大脑至今仍在不停地创造奇迹。当然这也与霍金爱情路上一帆风顺有关，因为这时，一位名叫简·瓦尔德的姑娘出现在他的生命中。

1962 年的夏天，简通过朋友认识了走路笨拙、脚步踉跄的霍金，后来又发生了几次偶遇，使他们产生了爱情。霍金对自己的病感到无望，因此不打算建立长期稳定的关

系。他们之间总是存在着一个第三者——死神。然而，爱情的力量无法抗拒，不久他们订了婚。

霍金与第一任妻子简

与简的订婚使霍金的生活发生了真正的变化。为了结婚，他需要一份工作，为了得到工作，就需要一个博士学位。因此，他开始了一生中的第一次用功。令他十分惊讶的是，他发现自己很喜欢研究。回忆往事，霍金曾经说："真正使我生活改观的是我和一位名叫简·瓦尔德的女士订婚。这使我有了活下去的目标。"霍金的母亲也回忆道："霍金已经病了，简知道这些，这是霍金的又一次好运：适时遇到适当的人。"

1965年，简与霍金结婚，成为他的第一任妻子。简回忆说："在智力方面，霍金是一个巨人，总是认为自己绝对正确，而我也一直顺从他；在身体上，他则是那么无能为力，处处依赖别人，和任何一个新生婴儿一样。对于他，我扮演的完全是母亲而非爱人的角色：我为他喂饭、洗衣、洗澡、穿衣服、梳头和刷牙。我已经承担起他生活中的所有方面。"

随着霍金的声誉日隆，简成为全英国最非凡的女人。

所以，当1990年这对夫妇宣布离婚时，全世界都为之惊愕不已，霍金似乎做了一件看来最不得人心的事儿：抛弃了与他相濡以沫25年的结发妻子，与一个护理他的年轻姑娘艾琳娜结了婚。

黑洞是如何形成的？

1960年代初，就在霍金攻读博士学位前后，伦敦伯碧克大学（Birkbeck College）教授罗杰·彭罗斯（1931～　）提出了奇点理论，引起剑桥大学的研究小组注意，霍金听毕彭罗斯的研究后，回程途中向他的老师说："不知道如果把彭罗斯的奇点理论，运用到整个宇宙会得到什么结果？"

要理解彭罗斯的奇点理论，首先要了解黑洞理论。

黑洞是什么？通俗来讲，就是坍塌的恒星。

恒星的生命周期取决于它的质量和发光度。典型的恒星开始形成是一群星云，主要是氢气。每一个粒子都会受到引力的作用，这就是恒星聚集在一起的原因。恒星进一步演化，气云就会收缩，气体的原子开始更加频繁地碰撞，速度越来越快，从而使气体的温度升高，直到达到某一点，氢原子发生聚变组成氦原子。这种核聚变使恒星的温度进一步升高，释放出来的能量产生足够的压力支持恒星的原子抵消自身的重力。这样，整个恒星终于停止收缩。氢转换为氦的过程使它继续辐射热量（发光）。当星核中的氢全部转换成氦以后，变成纯氦的核开始收缩，因为它

黑洞示意图

再也不能产生足够的向外压力抵消它的重力。收缩的过程使星核温度升高，迫使外星向外伸展，因为整个恒星大约膨胀100～200万年，直到变成“火红的巨星”。

恒星晚年的历史取决于它的初始质量。出生于印度的美国物理学家钱德拉塞卡(1910～1995)指出，质量小于太阳1.5倍的恒星会变成“白矮星”。在白矮星中，气体的原子相互交叠。由于相同的力相互排斥，在白矮星这样大小的恒星里，电子相互之间的排斥力足以阻止星体的进一步坍塌。但是，任何质量大于1.5个太阳的恒星则不会变成白矮星，这被称为钱德拉塞卡界限。太阳最终将会变成白矮星。直到1967年，科学家都认为白矮星是宇宙中密度最大的物体。

爱因斯坦的理论预言，质量大于太阳3倍的物体，都将发生坍塌，以致到这一程度，即它的周围的时空发生弯曲，从而使星体中央的物质无法逃逸出来。光线从它的附近经过将会产生偏转，因为光辐射中的许多光子——即量子，或者电磁场能量束，将围绕恒星的中心运动。这就意味着，即使是光也无法从中逃逸进入宇宙。其结果将是一颗冰冷或者黑暗的星，这就是黑洞。但在实践上，当时的科学家并没有真的相信会有比白矮星密度更高的物体存在，他们相信，任何超过钱德拉塞卡界限的星体能量消耗完了以后，会发生爆炸。

量子论认为，超过白矮星界限的星体会发生坍塌。原子核是由质子（带正电）和中子（不带电）构成的。每个原子核周围都有电子云（带负电）。与周围的电子云相比，原子核很小，密度很高。按照量子论，质量大于太阳 1.2 倍的星体如果进一步压缩，电子云将受到力的作用进入原子核，和质子结合在一起，变成中子，结果就是形成中子星。典型的中子星半径可能是 16 千米，密度是白矮星的几百万倍。如果星体的质量小于钱德拉塞卡界限，它的坍缩过程将到此为止。

如果剩余的质量大于太阳的 3 倍，那么坍缩将继续下去，中子也将会受到挤压，最终将形成黑洞。彭罗斯指出，坍缩的星体将变成体积为零而密度无限大的一个点。在这个点上，广义相对论将不起作用，时间也将终结！黑洞将变成数学上的一个点，成为“奇点”。

宇宙大爆炸的奇点

彭罗斯的奇点理论简单表述就是：一旦引力坍缩到了一定的阶段，黑洞就会变成奇点，在这个点上，物体的密度

无穷大，体积等于零。彭罗斯还提出，奇点隐藏在黑洞的视界或者边界后面，所以外面的观察者看不到它们，这种现象被称为“宇宙抑制力”。

知道了彭罗斯的研究以后，霍金意识到，他找到了一个理想的博士研究课题。他决定利用彭罗斯的奇点理论来研究整个宇宙，看看会得到什么结果。

1965 年，他以这项工作的研究成果获得了博士学位，进入剑桥大学冈维尔和凯厄斯学院任研究员。

不久，彭罗斯和比他小 11 岁的霍金合作，他们都认为宇宙起源于特别热、特别稠密的状态，起源于大爆炸，宇宙仍然在膨胀。1970 年，霍金与彭罗斯合作发表论文，指出“如果广义相对论是正确，并且宇宙包含着我们所能观察到的所有物质”，那么，宇宙大爆炸前必然有奇点存在。这个大爆炸奇点标志着时间的开始。在此之前任何可能存在的东西不能认为是宇宙的一部分。因为，只要黑洞是在其生命周期的终点到达奇点，那么，膨胀的宇宙必然是从奇点开始。这就说明了，宇宙从大爆炸的奇点开始膨胀必然是形成黑洞的相反过程：宇宙就像是黑洞，只是把它翻了出来。

一个惊人的发现：霍金辐射

霍金认为，从大爆炸开始的那一天起，大到能够把物质压缩成黑洞的这种压力已经存在，而且无数微小的黑洞——甚至小到如同一个质子那么大，可能已经这样产生。

1970 年以前，科学家一直相信黑洞只会吸进物质，四周“漆黑”一片，当吸引更多物质时，黑洞的质量亦随之上升，霍金另一创见则指出，黑洞不是真的很黑（Black Holes aren't so black），而且黑洞内存在温度。有温度的物质自然会释放辐射，由于辐射是一种能量，黑洞最终因耗尽能量而消失！即所谓“黑洞蒸发论”。

霍金辐射

霍金进而转向量子论来寻求支持他的观点的论据。每一种带点的粒子都有反粒子。所以对应于带负电的电子，存在着相应的带正电的正电子。正电子除了带和电子相反的电荷以外，其他一切都和电子一样。由于它们携带的电荷相反，所以它们相遇的时候就会发生碰撞，相互湮灭，释放出能量。量子论认为，空间充满了很多像电子和反电子这样的成对粒子，他们相互湮灭，又从释放能力的过程中重新组成。这种成对的粒子称为虚粒子。霍金提出，假如一对虚粒子接近黑洞，其中一个粒子可能被黑洞捕获，剩下的另一个粒子毫无损伤地逃逸。对于观察者来说，他们看到的黑洞在辐射粒子。

1974 年 3 月 1 日，霍金在《自然》上发表了一篇《黑洞并不那么黑》的论文中阐述了他的理论。这种辐射现在被称为霍金辐射。霍金辐射的结果是消耗黑洞的能量。最后，黑洞的能量终将耗尽，因此，它的质量也行将消失，黑洞因此也消失。换句话说，这个微小的黑洞将爆炸，像质子一样大小的黑洞将具有10亿吨的质量，大爆炸所产生的任何物体都有可能发生爆炸。

霍金的新发现，被认为是多年来理论物理学最重要的进展。这篇论文被称为“物理学史上最深刻的论文之一”。

荣誉接踵而来

1974年，霍金被吸收为伦敦皇家学会的会员，时年32岁，是获得这一荣誉的最年轻的人之一。1975至1976年间，先后获得伦敦皇家天文学会的埃丁顿勋章、梵蒂冈教皇科学学会十一世勋章、霍普金斯奖、美国丹尼欧海涅曼奖、马克斯韦奖和英国皇家学会的休斯勋章，1978年再获阿尔伯特·爱因斯坦奖。1977年，剑桥大学为他专门设立了引力物理学教授的职务。那时候，他和妻子简已经有了两个孩子：罗伯特和露西。1979年，他们又有了第三个孩子蒂莫西。

1980年他被聘为剑桥大学应用数学和理论物理学院的卢卡斯教授（Lucasian Professor），牛顿于1663年亦曾出任该荣誉职位。1981年参加梵蒂冈宇宙学大会，宣布“宇宙无边界构想”。宇宙无边界，意味着这个宇宙无始无终，没有创生的时刻。也许教皇没有领会到这一点，因为他亲切地召见了霍金，没有指责霍金干涉了上帝的工作。

1982 年，霍金被封为大英帝国二等勋爵。次年 10 月，英国广播公司拍摄了一个关于霍金的节目，名为“霍金教授的宇宙”，节目大受欢迎，黑洞和霍金成了同义词。

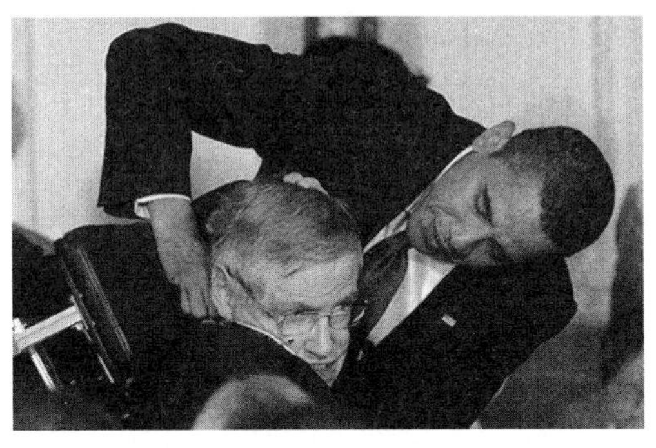

2009 年，美国总统奥巴马在白宫举行仪式，向霍金教授授予“总统自由勋章”，这是美国对于普通人的最高奖励

2006 年 11 月底荣获英国皇家学会颁授科普利奖章（Copley Medal），与爱因斯坦及达尔文齐名。2009 年 8 月 12 日，获得自由勋章——由总统奥巴马亲自颁奖。

宇宙没有开始，也没有终结

1983 年，霍金和吉姆·和特勒（Jim Hurtle）正式提出“无边界理论”（No Boundary Proposal），与之前阐述的大爆炸奇点理论大相径庭。

在大爆炸理论中，宇宙起源于一个奇点，宇宙在大爆炸以后向外膨胀，达到最大值以后就会坍缩，最后又变成一个奇点，成为“大坍聚”。在无边界理论中，他认为时间和空间可以在一起组成一个表面，它的大小是有限的，但是没有边界或称边缘。可以把宇宙想象成地球一样。我们知道，宇宙正在膨胀，所以我们把大爆炸想象成地球上的某个点，譬如说北极。如果围着这个点画一个圆圈（地球上的纬度线），那么它代表着宇宙。随着时间的推移，我们想象这根纬度线逐渐远离北极。最后它达到最大值，这时可以想象为地球的赤道。从这里开始，它继续向南移动，纬度的长度会越来越短，最后宇宙坍缩成一个点，这个点在地球的南极。

霍金变革性的理论否定了时间的"边缘"概念。如果你从北极开始出发，你并没有离开这个世界，而且任何一个方向都是南方。在霍金的理论中，这代表着大爆炸发生的时候，所有的时间都代表着未来。宇宙没有开始，也没有终结，只有"存在"。

《时间简史》使霍金成为大众明星

1983 年，美国 Bantam 图书公司的一名编辑在《纽约时报》上读到一篇关于霍金的文章，他跟踪采访霍金，知道他正开始考虑写一本普及科学知识的图书。Bantam 图书公司出了当时令人咋舌的价格——25 万美金，买下了该书在美国和加拿大出版和发行的版权。这本书后来成为出版界的一个奇迹。

霍金牢记一位编辑的劝告："（书中）每一个公式都会使书的销量减半。"霍金写出了一本在公众中引起强烈共鸣的科普著作，1988 年，《时间简史：从大爆炸到黑洞》在美国出版，第一次印刷的 4 万册在几年内售罄，在英国的情形也是如此，它曾连续 237 个星期登上英国图书销售量排行榜榜首。

《时间简史》出版后，霍金亦试图通过通俗演讲，将自己的思想与整个世界交流，除了常在英国及美国发表演说，轰动一时，受到“摇滚巨星”级的接待。霍金的声望，令他多次获邀到外地演说，常获国家元首接见。

至今，《时间简史》被译成四十余种语言，至 1995 年 10 月发行量已超过 2500 万册，成为全球最畅销的科普著作之一。因书中内容极其艰深，在西方被戏称为“读不懂的畅销书”(Unread Bestseller)，有学者曾指这种书之所以仍可以如此畅销，是因为该书是探索时间本质和宇宙最前沿的科普读物，它改变了人类对宇宙的观念。

1991 年，耗资 350 万英镑的同名电影上映。

除《时间简史》外，霍金所著的科普读物还有：《果壳中的宇宙》(2001)继《时间简史》后最重要的著作，再次把我们带到理论物理的最前沿；《时间简史(普及版)》(2005)以坦白真挚的私人访谈形式，叙述了霍金的生平历程和研究工作；《乔治开启宇宙的秘密钥匙》(2007)由霍金与露西吉高佛尔德合著的儿童科幻小说，于 2007 年 9 月 6 日率先在法国出版发行，是霍金写的第一本儿童读物，霍金在书中向儿童解释了自己关于时间和宇宙方面的学说。

主要的学术论著有：《时空的大型结构》(1973)、《广义相对论评述：纪念爱因斯坦百年诞辰》(1979)、《超时空和超引力》(1981)、《黑洞、婴儿宇宙及其他》(1993)、《在巨人的肩膀上》(2002)、《大设计》(2010)。

《大设计》作为霍金的新作，一出版就受到极大关注《科学》《自然》等有影响力的杂志几乎在同一时间发表评论文章。除了因为霍金的媒体影响力之外，恐怕还有另一个重要的原因，此书极有可能成为霍金留给世人的最后著作。

霍金与中国的缘分

霍金很少来亚洲，但曾经三次来到中国，这与他的一个中国学生的努力是分不开的。

1979 年，从中国科技大学远赴英伦剑桥的吴忠超，师从霍金 4 年，攻读博士学位，成为霍金门下的中国弟子。在霍金的指导下，吴忠超完成了关于宇宙学的博士论文，此后，霍金也开始与中国结缘。

1985 年，通过吴忠超牵线搭桥，霍金首次访问中国，分别在中国科技大学和北京师范大学作演讲。“当时，整个校园都沸腾了！”中国科技大学物理系一位姓汪的老师回忆道：“能亲耳聆听这位传奇大师的讲演，成了那几届科大学生的人生幸事。”

2002 年，霍金第二次来中国，在北京作主题为“膜的新奇世界”科普报告，向公众阐释他的关于天体演化的“M 理论”。那一年，霍金的《时间简史》（中文简体字版）在中国销售了 15 万册。

2006 年，霍金第三次来中国，他带来的仍然是自己关于宇宙学最新的研究，在香港科技大学体育馆主持一个题为《宇宙的起源》的演讲；在人民大会堂向北京的公众讲述《宇宙的起源》，吸引了 6300 多名听众。“霍金和他的《时间简史》使得今天的中国公众中有这么多人知道黑洞、大爆炸、奇点这些概念；他的残疾之躯和取得的成就让人们更深体会到什么是真正的科学精神；更重要的是，霍金让中国年青一代对深邃的宇宙产生更大的兴趣，他在呼唤更多青少年加入到科学研究的队伍中来。”中国科学院一位理论物理学家如此评价说。

与外界的沟通

有人说，霍金是我们这个时代头脑最聪明的人，但霍金差不多也是这个世界上身体最无力的人。

霍金

20 世纪 60 年代末，霍金极不情愿地坐上了轮椅，到 1974 年，他上下床和吃饭都不能自理。为了减轻简的负担，他们请了一名研究生，帮他上下床、吃饭、翻书，还有洗澡，正如霍金所说，这时候学生对导师的敬畏感就荡然无存了。他说话越来越不清楚，只有亲近的人才能听懂。霍金做报告离不开翻译，依靠向秘书口授来写论文，他的记忆力惊人，有一次口授了整整 40 页的方程式，过了一天后，又想起口授时的一个小错误。

1979 年，当霍金获得卢卡斯教授教席后，他们有了条件请私人护士，这些人常常代替简陪霍金到处旅游。

1985 年，霍金在日内瓦经历了一次危机，他的咳嗽加剧了,呼吸困难,被诊断为肺炎。他被紧急送回剑桥,做了气管手术,就是在气管上开一个洞,通过这个洞呼吸。手术挽救了霍金的生命,但也带来了感染的风险。插在喉咙里的管子必须定期清理,另一个代价是他被剥夺了说话的能力。

这时候的霍金,近乎全身瘫痪,除了四肢不能移动,亦不能说话。但凭一部高科技轮椅,他仍可以发音合成语音、通电话,以及写下一条条艰深方程式。

他说话时,会先抽动右面颊肌肉,当眼镜上的红外线感应器收到讯息后,电脑就会自动打字。霍金每抽动一下,浮标即可选定目标。电脑由英特尔公司为其量身定造;语音系统于 1980 年代中由美国公司 Words—Plus 撰写,该公司为令霍金可以使用新的 WindowsXP 系统,特意为他重写了整套程序。当霍金突然发笑,面颊肌肉抽动太大,屏幕便会出现一堆垃圾文字。

永远坐进轮椅的霍金,极其顽强地工作和生活着。1991 年 3 月,霍金在一次坐轮椅回柏林公寓,过马路时被小汽车撞倒,左臂骨折,头被划破,缝了十三针,但四十八小时后,他又回到办公室投入工作。又有一次,他和友人去乡间别墅,上坡时拐弯过急,轮椅向后倾倒,不料这位引力大师却被地球引力翻倒在灌木丛中。

霍金虽然身体的残疾越来越重,霍金却力图像普通人一样生活,完成自己所能做的任何事情。他甚至是活泼好动的——这听起来有些好笑,在他已经完全无法移动之后,他仍然坚持用唯一可以活动的手指驱动着轮椅在前往办公室的路上“横冲直撞”;当他与查尔斯王子会晤时,他旋转自己的轮椅来炫耀，结果轧到查尔斯王子的脚趾。

好赌的霍金三赌三输

霍金除了喜爱看脱衣舞表演（据说是为了研究），他亦喜欢就一些科学命题，与其他学者开赌，一时成为科学界美谈。

一赌：黑洞是否存在？

根据霍金自己在《时间简史》一书中的陈述，穷尽一生精力研究黑洞的霍金，曾担心黑洞可能只是理论上的概念，而现实中根本不存在。他避免到时自己变得一无所有，1975 年他与另一名物理学家索恩（Kip Thorne）打赌：究竟黑洞是否存在，具体的赌约是指当时一个最有可能疑似为黑洞的天体天鹅座 X—1。

为了进行“对冲”，霍金很有趣地押注黑洞不存在。如果他“不幸”赢了，霍金虽然一生心血被毁，但索恩要向他赠上专门踢爆英国皇室丑闻的《私家侦探》杂志四年订阅，如果霍金“幸运”输了，他就要赠送索恩色情杂志《阁楼》一年赠阅。

霍金在《时间简史》中曾说：“当我们 1975 年打赌时，我们 80％肯定天鹅座 X—1 是黑洞，现在我会说有 95％肯定，但这场赌局仍未有结果。”其实不久以后霍金就很“伤心”地认输了。

1990 年霍金到南加州大学演讲，当时索恩在莫斯科，于是霍金大张旗鼓闯入索恩的办公室拿出当年的赌据来

按手指认输。

这件事情还有一个有趣的结局，霍金给索恩订阅了一年的《阁楼》，这让索恩的妻子很恼火，原因倒不是因为对《阁楼》的内容反感，因为他的妻子认为霍金应该订阅一份对男女都适合的刊物（索恩当年赢过钱德拉塞卡的《花花公子》，因为同样的原因换成了《听众》）。

二赌：裸奇点是否存在？

1991年，霍金又要求开赌，此次索恩与他站在同一阵线，对赌一方是物理学家普雷斯基（John Preskill）。当时的命题是，奇点应该被黑洞围绕，但没有被黑洞包围的"裸奇点"（naked singularities）是否存在。

霍金与索恩押注：裸奇点并不存在，随即与加州理工大学的普雷斯基立下赌据，谁输了要向对方送上一件用来"遮蔽裸体"的T恤衫，写上适当的服输字眼。后来的研究证明黑洞经过霍金蒸发之后可能保留一个裸奇点，虽然霍金在文字上耍赖，认为由于量子过程而产生的裸奇点不是赌约上描述的由于广义相对论而形成的裸奇点。但是1997年德州大学的科学家用超级计算机证明了黑洞塌缩的时候在非常特别的条件下存在裸奇点。霍金于1997年修正他的理论，指出裸点有可能存在。但是霍金仍然对此事耿耿于怀，另立赌约，赌虽然在特别条件下裸奇点存在，但是在通常情况下被禁止。而霍金输掉的T恤衫上的文字更是不依不饶——"大自然讨厌裸露"。

三赌：讯息会否在黑洞消失？

霍金在裸奇点的赌局输了，但这位好赌成瘾的物理学家即时要求再开赌。物理学家相信所有讯息一经出现，虽然会改变成不同形态，但本质上会“永恒”存在。

霍金及索恩当时指出，任何物质掉进黑洞后将会消失，黑洞中产生的辐射是“全新制造”的，与掉进黑洞中的物质无关；这一项命题，违反了量子力学，若命题正确，量子力学或要重写。裴士基反驳这项命题，双方于是开赌。

2004年，霍金出席研究会时，承认赌输了，要向对方赔上棒球百科全书《Total Baseball: the Ultimate Baseball Encyclopedia》。胜出的裴士基亲身在学术会议上，高举这本著作，霍金在台上只顾着笑。被问到为何挑选这套百科全书做战利品时，裴士基事后说：“这本书重得像黑洞，亦要更长时间才可以赶走书中的资料，有如黑洞一样。”

霍金的断言

霍金过去曾在多个公开场合，发表对人类、生命、神的看法，节录如下：

有关神学：霍金是公开驳斥有神论的备受瞩目的科学家之一。他的最新言论比他在2010年《大设计》中的观点更加深刻，《大设计》中他提出宇宙的存在不需要上帝去解释，宇宙是由科学法则控制的。而据英国《每日邮报》报道，2011年5月15日霍金发表言论：“我觉得，人类的大脑就像一台计算机，当其零部件停止工作时它也就完成了使命，对于这台停止运转的计算机而言，根本没有天堂和来世，天堂只是为害怕黑暗的人所编造的童话。”

他说：“我不怕死亡，但我不想这么快就与世长辞，我还有很多事情要做。”他认为每个人在有生之年都应当充分地投入生活。

2007年4月,霍金在飞机上体验零重力

关于外星人:2010年04月,霍金在Discovery Channel(探索频道)新纪录片《与霍金探索宇宙》中,他认为宇宙有1000亿个星系,“看数字就知道外星生命存在是合理推断”,“真正的挑战是弄明白外星人长什么样”,霍金说。在他看来,外星生命极有可能以微生物或初级生物的形式存在,但不能排除存在能威胁人类的智能生物。“我想他们其中有的已将本星球上的资源消耗殆尽,可能生活在巨大的宇宙飞船上,”他说,“这些高级外星人可能成为游牧民族,企图征服并向所有他们可以到达的星球殖民。”霍金认为,鉴于外星人可能将地球资源洗劫一空然后扬长而去,人类主动寻求与他们接触“有些太冒险”。“如果外星人拜访我们,我认为结果可能与克里斯托弗·哥伦布当年踏足美洲大陆类似。那对当地印第安人来说不是什么好事。”

有人认为美国政府刻意隐瞒与外星人接触过的记录,

霍金回答:“我非常怀疑这种说法,因为就过去的记录来看,美国政府隐瞒事实的功力并不怎么高明。”

时间也有缝隙:至于时光机的关键点,霍金强调就是所谓的“4 度空间”,科学家将其命名为“虫洞”。霍金强调,“虫洞”就在我们四周,只是小到肉眼很难看见,它们存在于空间与时间的裂缝中。他指出,宇宙万物非平坦或固体状,贴近观察会发现一切物体均会出现小孔或皱纹,这就是基本的物理法则,而且适用于时间。时间也有细微的裂缝、皱纹及空隙,比分子、原子还细小的空间则被命名为“量子泡沫”,“虫洞”就存在于其中。

有朝一日人类也许能够抓住“虫洞”,将它无限放大,使人类甚至宇宙飞船可以穿越;另外若动力充足加上完备科技,科学家或许也可以建造一个巨大的“虫洞”。

时光机理论:霍金声称带着人类飞入未来的时光机,在理论上是可行的,所需条件包括太空中的虫洞或速度接近光速的宇宙飞船。不过,霍金也警告,不要搭时光机回去看历史,因为“只有疯狂的科学家,才会想要回到过去‘颠倒因果’”。

移民外层空间:2006 年访问香港时,霍金说:“在 20 年内,我们可能已经在月球建造永久基地,40 年内可能已经在火星建基地。但月球和火星都很细小,而且缺乏或完全没有大气层。我们不会找到像地球一样美好的地方,除非我们离开太阳系。往太空扩展生存空间,对人类的生存很重要。地球上的生命受到灾难灭绝的危机愈来愈大,如突然的全球温室效应、核武战争、基因改造病毒、以及一些我们想象不到的灾难。不过,如果人类能避免在未来数百年内自我毁灭，我们应该会在地球以外找到生存的居所。”

预言地球毁灭：2010 年 8 月，霍金在接受美国著名知识分子视频共享网站 BigThink 访谈时，再曝惊人言论，称地球将在 200 年内毁灭，而人类要想继续存活只有一条路：移民外星球。霍金表示，人类如果想一直延续下去，就必须移民火星或其他的星球，而地球迟早会灭亡。至于这个时间期限，霍金预言：两个世纪。

霍金说：“人类已经步入越来越危险的时期，我们已经历了多次事关生死的事件。由于人类基因中携带的‘自私、贪婪’的遗传密码，人类对于地球的掠夺日盛，资源正在一点点耗尽，人类不能把所有的鸡蛋都放在一个篮子里，所以，不能将赌注放在一个星球上。”

霍金，一个活着的神话

霍金是最早用广义相对论推演宇宙演变的科学家之一，他关于“宇宙起源于大爆炸，并将终结于黑洞”的论断已被科学界广泛接受。时间、空间的历史与未来，就是他的研究对象。

在他之前，没有人能解释在宇宙“大爆炸”之前发生过什么事情。霍金以他的研究解释了形成行星和星系的物质如何被创造，以及宇宙为何能够永远膨胀下去、而不会在“大坍塌”中崩溃，从而创立了“开放性膨胀”理论。这是目前对广义相对论和量子理论所不能解释的宇宙现象最好的解答。

没有哪一位科学家的著作能像《时间简史》那样成为发行量上千万，全世界平均每500个人就拥有一册的畅销书。没有一个科学家能让全世界的人对宇宙如此着迷。

遗憾的是，至今为止，霍金并没有获得诺贝尔奖。因为获此奖项的一个最基本条件就是——需要证据证明。人类目前所掌握的技术，还不能使我们发现“霍金辐射”的存在。正如为爱因斯坦赢得诺贝尔奖的是光电效应理论，而不是他的相对论，尽管相对论和M理论已经被学术界广泛接受，但是因为缺少“实证”，相对论只能是存在于数学公式上的理论，而M理论也仅仅是一种“思想”。

尽管他那么无助地坐在轮椅上，他的思想却出色地遨游到广袤的时空，解开了宇宙之谜。

他被公认为是当今在世科学家中最伟大的天才。对于我们这个时代的人来说，霍金就是一个活着的神话。

中世纪世界上最伟大的地理学家——郦道元

郦道元(466～527),中国北朝北魏地理学家。撰《水经注》四十卷,是一部内容丰富多彩的地理著作,反映当时的地理面貌和历史变迁。

出身汉族士大夫家族

郦道元，字善长，北魏范阳郡涿县（今河北省涿州市）人，关于郦道元出生的具体年代历史上没有记载。据近代学者考证，他约生于北魏元安三年（466）或延兴二年（472）。本文采用公元466年的说法。

郦道元生活在距今一千五百年的北魏时代，这是中国历史上汉末至唐初的大动荡时期中的一个相对安定的时代。

郦道元所在的郦氏家族，据说是汉大将军郦商的后代，世居华北。在北方游牧民族大量内迁的时候，郦氏家族没有迁往他乡，继续留居华北，并且参与了少数族政权机构。郦道元的曾祖父郦绍在鲜卑慕容氏的后燕政权中任郡太守。拓跋珪南征时，他便举郡迎降了，北魏继续给予任用，这与北魏政权重视汉族知识分子，官僚士大夫的政策是相一致的。郦道元的祖父郦嵩也官至天水太守。

从郦道元的父亲郦范（428～489）起，郦家进入了发展的高峰期。郦范在明元帝时被任命为给事东宫。到了孝文帝在位期间，郦范已经获得了外姓功臣的最高爵位——公。他在北魏政权中为官达五十年，经历了五位君主，从一个没有爵位的给事东宫，成为北魏王朝的宠臣之一。他平步青云的历官道路反映了汉族知识分子在北魏朝廷中的重要地位。实际上这也是民族融合的真实体现。

郦家就是这样一个在北魏王朝激烈的内外政治斗争

中逐渐兴起的汉族士大夫家族。这样一个家族，既为郦道元在政治上的发展铺平了道路，也为他研究学问提供了良好的环境。

郦道元兄弟五人，郦道元为长子。童年时期在故乡度过，直到公元476年，郦道元被第二次出任青州刺史的父亲接到青州（今山东省青州市）居住。郦道元一直随父亲在青州生活，直到公元487年郦道元21岁时才离开那里。

少年时期的郦道元，研读经史和寻访古迹是他的两大嗜好，并伴随终身。在青州时候，曾经和友人游遍山东。做官以后，到过许多地方，每到一个地方，都要游览当地名胜古迹，留心勘察水流地势，探溯源头，并且在余暇时间阅读了大量地理方面的著作。他一生对我国的自然、地理作了大量的调查、考证和研究工作，并且撰写了地理巨著——《水经注》，为我国古代的地理科学作出了重大的贡献。

太和十八年（494），郦道元开始踏入仕途。《水经·河水注》记及此事："余以太和十八年，从高祖北巡，届于阴山之讲武台；……余以太和中为尚书郎，从高祖北巡。"这个时候，郦范想必已经耄耋，但郦氏家族中的年青一代继续得到北魏王室的信任。郦道元所说的太和十八年，正是拓跋宏把首都从平城南迁到洛阳的一年，拓跋鲜卑的汉化已经接近完成，就在这一年，郦道元作为郦氏家族中的一个年轻成员进入仕途，虽然官不过尚书郎，但是能够用为拓跋宏的近臣随侍北巡，说明了郦氏家族为北魏王室所倚重的程度。

乱世用重典，收为“酷吏”

公元 489 年，62 岁的郦范去世，23 岁的郦道元继承爵位，被封为永宁伯，担任太傅掾。太和十七年（493）秋季，北魏王朝迁都洛阳，郦道元担任尚书郎。十八年（494），跟随魏孝文帝出巡北方，因执法清正，被提拔为治书侍御史。公元 498 年，御史中尉李彪被弹劾，而郦道元是李彪的属官，又是李彪推荐上来的人，也被牵连免职。

魏宣武帝景明二年（501），郦道元被重新启用，担任冀州镇（今河北省冀州市）东府长史，采取严厉手段，打击邪恶势力。为政严酷，奸匪盗贼闻风丧胆，纷纷逃往他乡，冀州境内大治。正始元年（504），郦道元调任颍川（今河南省许昌市）太守。永平元年（508），又调任鲁阳（今河南省鲁山县）太守，上表请求在当地建立学府，教化乡民。据《北史》所记：“山蛮伏其威名，不敢为寇。”延昌二年（513），升任辅国将军、东荆州刺史，威猛为政，如在冀州。公元 515 年被罢免。公元 524 年，郦道元被任命为代理河南尹，不久改为正任，成为主管洛阳及其周围各县的最高行政长官。在官职被罢免期间，郦道元开始专心撰写《水经注》，于公元 524 年完成。

按《魏书・官氏志》，鲁阳不过是个下郡，郡守是第六品官，东荆州（今河南省泌阳县一带）或许也只是个下州，但官位已是第四品了。他到东荆州任刺史后，和他在鲁阳当郡守时一样，据《北史》记载，仍然“威猛为政”。终于使

当地的少数民族不堪忍受，而“蛮人诣阙，讼其刻峻”。于是受到了朝廷“免官”的处置。不过在事实上，朝廷免去他东荆州刺史的官职，无非是缓和一下民族间的矛盾，他接着内调为河南尹，按《官氏志》，这已经是第三品官。从官位的上升，可以说明，他的“威猛”不仅没有违背朝廷的法度和利益，也并未达到受社会道德谴责的程度。而从另一方面看，这种“威猛”，表现了他的果断和勇敢。

正因为此，郦道元常常被朝廷临危授命，去完成一种紧急的和艰难的任务。见于其本传的就有三次，第一次是在六镇叛乱前夕，但是由于朝廷的措施已晚，“会诸镇叛，不果而还。”

第二次临危授命在孝昌元年(525)，据《北史》所载：“孝昌初，梁遣将扬州刺史元法僧又于彭城反叛，诏道元持节，兼侍中，摄行台尚书，节度诸军事，依仆射李平故事。军至涡阳，败退，道元追讨，多所斩获。”这一次临危受命，实际上就是朝廷在非常时刻任命一位文官指挥一场战争。京兆王愉是皇上的元弟，又是坐镇北疆的封疆大吏，其反叛朝廷，关系非同小可，所以朝廷采用这样的紧急措施，以求平叛军事的迅速奏效。郦道元断然临危受命，一举击溃元法僧，使之走投无路，终于投奔南梁。

第三次临危受命即是雍州刺史萧宝夤反状暴露，朝廷命他为关右大使深入险境。虽然这次受命可能是政敌的陷害阴谋，而郦道元终于在这次使命中蒙难。但事情的本身仍然可以说明郦道元具有出生入死，赴汤蹈火，杀伐果断的品质。

遭人陷害，被叛贼杀害

郦道元不是人们想象中的“酷吏”，而是一个刚正不阿的好官，尤其表现在他同皇宫中恶势力的斗争上。郦道元做官“执法清刻”，“素有严猛之称”，故颇遭豪强和皇族忌恨。皇亲元微诬陷叔父元渊，郦道元力陈事实真相，元渊得以昭雪，元微因此忌恨郦道元。

北魏汝南王元悦是男同性恋者，其得宠的男宠丘念仗势操纵州官选用大权，郦道元密访其行踪，将其捕获入狱。元悦找灵太后恳求特赦，郦道元干脆赶在圣旨到达前处死了丘念。自此元悦与郦道元结下深仇。

孝昌三年丁未十月(527)，南齐皇族、北魏雍州刺史萧宝夤在长安(今陕西省西安市)发动叛乱，元微、元悦使出借刀杀人之计，竭力怂恿胡太后任命郦道元为关右大使，去监视萧宝夤。萧宝夤得知情况后，立即发兵包围郦道元，围困在阴盘驿亭(在今陕西省临潼县东)。亭在冈上，没有水吃，凿井十几丈，仍不得水，最后力尽，贼兵攻入阴盘驿亭，郦道元怒目骂贼，被叛贼杀害。其弟郦道峻、郦道博，长子郦伯友、次子郦仲友，都被叛贼杀害。萧宝夤下令收殓郦道元，殡于长安城东。武泰元年(528)春，魏军收复长安，郦道元还葬洛阳，被朝廷追封为吏部尚书、冀州刺史。三子郦孝友承袭爵位。

郦道元生五子：郦伯友、郦仲友、郦孝友、郦继方、郦绍方。目前全国各地的郦姓族人，基本上是郦道元的四子郦

继方一支的后代。

郦道元前半生，北魏正值鼎盛时期。公元 439 年，北魏太武帝统一北方之后，经过献文、文成等诸多帝王的励精图治，至后来的北魏孝文帝的积极改革，北魏国力日渐强盛。郦道元也跟随孝文帝等人致力于统一大愿的实现。然而，在孝文帝死后，北魏从公元 500 年开始，国内矛盾又开始高涨起来，逐渐走下坡路，至公元 527 年，六镇叛乱，四方骚动。在国家正值多事之秋的时候，郦道元慷慨殉国。

酷爱读书，作《水经注》

郦道元一生既爱游历，又爱读书。在青州的时候，由于父亲的悉心指导，郦道元读完了当时流行的儒家最基本的典籍——“五经”。由于青州屡经战乱，破坏严重，没有太多可供选择的图书。到了平城以后，尤其是在朝中做官后，外出游历的时间虽然少了，却获得了良好的读书的机会。

公元 397 年，道武帝灭后燕以后进入中原地区，他看到远比拓拔族先进的汉族文明，不禁惊诧万分。于是向当时教授“五经”的博士李先请教：“世界上什么东西最好，最能增长聪明和才智呢？”李先答：“书籍”。道武帝听后立即下诏，征集全国各地的图书，把它们运到平城。此后，北魏各代皇帝都仿效此举。这样，全国大量的图书集中到平城，供皇室、贵族和朝臣们阅读。

北魏迁都洛阳时，不仅将藏书一并运来，还在第二年夏天下诏征集天下佚文遗书，运往洛阳，这样，许多藏于私家的孤本秘籍被集中到了洛阳。而当时，郦道元正是主管北魏中央档案和图书的治书侍御史，这为他提供了最优越的读书条件。据历史记载，郦道元一生好学，遍览奇书。那些不易见到的珍本秘本，正是在任治书侍御史时读到的。

郦道元利用政务之余，如饥似渴地阅读了大量书籍，其中精读过的不下二百种，泛读的更是不计其数。他每泛读一本书都要写心得体会，每精读一本书都要作夹注，其中特别喜欢的还要作读书札记。这些体会、夹注和札记成为后来他写《水经注》的可贵素材。

通过实地的考察和对地理书籍的研究，郦道元深切感到前人的地理著作，包括《水经》《山海经》《禹贡》《汉书·地理志》以及大量的地方性著作，所记载的地理情况都过于简略。《水经》成书于三国时期，是魏国人所著，分三卷，记载了 137 条河流，仅一万来字。《水经》虽然略具纲领，但却只记河流，不记河流流经地区的地理情况，而且河流的记述也过于简单，并有许多遗漏。更何况地理情况不是固定不变的，随着时间的推移，地理情况也不断发生变化。例如，河流会改道、地名有变更、城镇村落有兴衰等等，特别是人们的劳动会不断改变地面的风貌。因此历史上的地理著作，已经不能满足人们的需要了。郦道元决心动手写一部书，以反映当时的地理面貌和历史变迁的情况。

郦道元在写《水经注》时，突破了《水经》只记河流的局限。他以河流为纲，详细地记述了河流流经区域的地理情

况，包括山脉、土地、物产、城市的位置和沿革、村落的兴衰、水利工程、历史遗迹等古今情况，并且具有明确的地理方位和距离的观念。像这样写作严谨、内容丰富的地理著作，在当时的中国，乃至世界上都是无与伦比的。

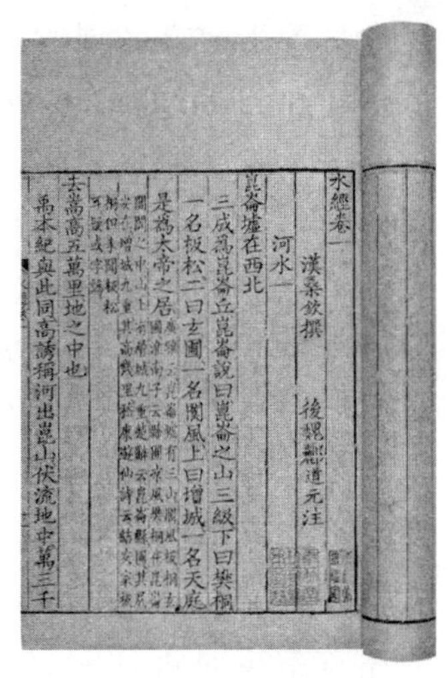

水經卷一
漢桑欽撰　後魏酈道元注
河水一
崑崙墟在西北
三成爲崑崙丘崑崙說曰崑崙之山三級下曰樊桐
一名板松二曰玄圃一名閬風上曰增城一名天庭
是爲太帝之居
去嵩高五萬里地之中也
禹本紀與此同高誘稱河出崑山伏流地中萬三千

《水经注》书影

郦道元在《水经注》中补充了许多河流，数量比《水经》增加了近 10 倍，达 1252 条，其中有些还是独立流入大海的重要河流。《水经注》共计四十卷，约 30 万字，于公元 524 年写成，时年 58 岁。仅从这些数据可以看到，郦道元的《水经注》是一部内容远远超过《水经》一书的再创作，书中凝聚着郦道元大量的辛勤劳动，是他多年心血的结晶。

《水经注》中的内容，除郦道元亲自考察所得到的资料外，还引用了大量的历史文献和资料，其中引用前人的著作达 480 种之多，还有不少汉、魏时代的碑刻材料。这些书籍和碑刻，后来在历史的变迁中大都已经散佚了，幸而有郦道元的引用转录，才尚存一斑，使我们能够知道这些书籍和碑刻的部分内容。这又是我们研究我国文明发展历史的极其宝贵的资料。

《水经注》对于研究秦汉史和历史沿革地理也有很大帮助。秦汉时期离开郦道元生活的时代为时尚不是太远，秦汉时期的书籍在当时还比较丰富，道元书中多有采用，特别是关于地方区划的沿革情况，在所谓“正史”中多有疏漏，《水经注》可以用来纠正和补充“正史”的错误和不足。与历史学联系的水利史，建筑史资料在书中也有许多。前面提到不少古代水利工程均是水利方面的材料，对今天水利史研究多有启发。《水经注》对历代的建筑也多有描述。在简介各个城市时，一般对该城的重要建筑也加以叙述。对那些有名的宫殿记载得就更多了。卷十九中阿房宫、未央宫等都是闻名的宏伟建筑。卷十三记载了原来北魏首都平城的档案馆——白台，想必道元曾亲临过。卷廿八记载郢城有大暑台，这是南北朝初期的建筑。此外《水经注》中还有不少对古代园林建筑，寺院建筑的记载，这些都是弥足珍贵的。对考古学的研究，《水经注》也有帮助。比如前面我们所讲的阴山岩画的再次发现，在很大程度上得益于《水经注》的记载，达到“按图索骥”的效果。在古代曾有大量佛塔建筑，后代多有毁坏。《水经注》这方面的记载在考古发掘工作中起了很大作用。如《水经注》卷十六曾详细记载了洛阳永宁寺的九层浮屠塔，20 世纪 70 年代的发掘中就利用了《水经注》的资料取得了重大考古成果，考古结果的数据与《水经注》的数字材料基本吻合，再次说明了《水经注》内容的翔实可靠，对考古工作有很大帮助。

郦道元生活的年代，正值我国南北分立对峙的南北朝时期，北方为北魏政权，南方先后为宋、齐、梁政权。郦道元虽然只是活动在北魏政权统治的地区之内，其范围大约相当于现在的秦岭和淮河以北的地区，但他的著作并没有受政权和地域的限制，他的视野远远地超出了北魏政权统治的范围，反映了他盼望祖国早日实现统一的心情。在

《水经注》中，郦道元所记述的内容包括了全国各地的地理情况，还记述了一些国外的地理情况，其涉及地域东北至朝鲜的坝水（今大同江），南到扶南（今越南和柬埔寨），西南到印度新头河（今印度河），西至安息（今伊朗）、西海（今咸海），北到流沙（今蒙古沙漠）。可以说，《水经注》是北魏以前中国及其周围地区的地理学的总结。

《水经注》还使郦道元成为中国山水游记文学的鼻祖。唐宋诗人陆龟蒙、苏东坡都有阅读《水经注》的嗜好。清初学者张岱说："古人记山水，太上郦道元，其次柳子厚，近则袁中郎。"称郦道元是山水游记文学的巨擘，为世人所公认。

郦道元一生著述很多，除《水经注》外，还有《本志》十三篇以及《七聘》等著作，但是，流传下来只有《水经注》一种。

《水经注》的研究形成了"郦学"

郦道元在《水经注》中记述了全国1252条河流及其流经区域的地理情况、建制沿革、历史事件及民间传说，为自然科学和人文科学提供了丰富的研究资料。由于《水经注》在中国科学文化发展史上的巨大价值，历代许多学者专门对它进行研究，形成一门"郦学"。

《水经注》自成书后，经过了北魏末到隋朝统一这一段战火纷飞的年代得以保存下来，隋唐时期一直做为官书藏书，唐朝中期以后逐渐流入民间，以后历代研究者层出不穷，到了明末清初形成了“郦学”研究的一个高潮，乾隆年代是我国郦学史上的黄金时代。近代以来地理学派的代表杨守敬、熊会贞所作《水经注疏》是《水经注》研究的重大成果。

新中国成立以来，特别是 20 世纪 70 年代以来，中国港台地区的学者在研究的深度和广度上都取得了不少的成绩，有几种新的版本的《水经注》问世。《水经注疏》的两个版本先后于 50 和 70 年代在我国内地和台湾地区出版，到了 80 年代末国内学者又集这两个版本优点，将《水经注疏》点校出版。

日本是除了中国以外郦学研究最发达的国家，早在 1918 年，著名汉学家小川琢治就已经撰写了《水经及水经注》的论文。森鹿三从 20 世纪 30 年代开始在京都《东方学报》发表一系列郦学研究成果。此外，如足立喜六、滕田丰八等汉学家，都把他们的研究与郦学相合，获得了许多研究成果。在郦学研究中成绩最为卓著的当然是森鹿三。他毕生以郦学为专业，发表了大量的论文。经过数年细致深入的集体研究，森鹿三又领导了《水经注》的翻译工作。经过艰苦的工作，终于在 1974 年由东京平凡社出版了这部日译本《水经注(抄)》。虽然译本的篇幅还只有《水经注》原本的四分之一，但这已经是郦注最完整的一部外文译本了。日本的郦学研究风气确实相当兴盛，至今不少大学的研究生院和本科都开设郦学课程。

郦学已经是一门国际性的学问，所以除中国大陆和港、台外，世界上不少国家也发展了郦学研究。早在清代末叶，西欧国家的一些汉学家已在这方面做了不少工作。

法国汉学家沙畹(E'douard Chavannes)在其所著《魏略所见之西域诸国考》一文中,将《水经注》卷二《河水》译成法文,作为该文的附录。另外一些汉学家如伯希和(pual pelliot)和费琅(G·Ferrand)都在他们的著作中讨论过《水经注》成书的年代。英国的著名科学史专家李约瑟(goseph Needham),在其名著《中国科学技术史》中,把《水经注》列为常用参考书,认为《水经注》一书是“地理学的广泛描述”。这种论断是很符合实际的。

原德国柏林大学校长、国际地理学会会长李希霍芬(1833～1905)称郦道元《水经注》是“世界地理学的先导”;日本地理学家米仓二郎称郦道元为“中世纪全世界最伟大的地理学家”。正如毛泽东所说:“《水经注》作者也是一位了不起的人。”

百科全书式的科学家——沈括

沈括(1031～1095),中国北宋科学家、改革家。精研天文,所提倡的新历法,与今天的阳历相似。他记录了指南针原理及多种制作法;发现地磁偏角的存在,比欧洲早了四百多年。他所撰写的笔记体巨著《梦溪笔谈》成为中国科学史的里程碑。

生活在风云激荡的年代

公元 1004 年，宋辽两国签订“澶渊之盟”，结束了长达 25 年的战争。北宋每年要向辽提供“助军旅之费”银 10 万两，绢 20 万匹。

公元 1040 至 1042 年，西夏连续对宋发动了三次大规模的战事，宋朝遭到惨败。1044 年，宋朝与西夏最后达成协议，宋朝每年赐给西夏银 5 万两，绢 13 万匹，茶 2 万斤。

清明上河图(虹桥局部)

沈括生活在狼烟四起、群雄争鹿的北宋年代，民族矛盾、阶级矛盾十分激烈，农民起义不断爆发。另一方面，这一时期中国的科技水平领先世界，经济规模空前，文化更是盛极一时。农业、商业、手工业都有显著的发展，中国三大发明（火药、指南针、活字印刷术）正是这一时期的成果。北宋著名画家张择端的《清明上河图》为北宋都城汴京（河南开封）市肆的繁荣情况提供了有力而形象的证据。

1031年，沈括出生在杭州钱塘（今浙江杭州）一个官宦家庭。父亲沈周历任汉阳（今属湖北）掾、高邮（今属江苏）从事、大理丞监苏州酒务、知简州平泉（今四川简阳）、苏州通判等低级官吏，任官十三处，为官清廉，一生辗转于各地，奔波于仕途。母亲许氏出身于苏州一个注重武略的书香门第，为北宋著名军事战略家许洞的幼妹，知书达理，通晓文墨。沈括从小接受了系统的儒学教育，又随父宦游四方，见识各地人情物理，大大开阔了眼界。少年时的沈括喜欢看所谓的“闲书”，譬如诸子百家、史记小说，对天文、地理、医药、兵法也很感兴趣，勤学好问，善于钻研。对于北宋“积贫积弱”的国势，十分悲愤，钻研舅舅许洞的兵法书《虎铃经》，准备长大了有所作为。

1051年，沈括的父亲在杭州去世。三年后沈括父丧服满，以父荫授海州沭阳县（今属江苏）主簿。此后十多年辗转四方，担任地方官吏。虽然职位低微，事务繁杂，但沈括兢兢业业，取得了令人称赞的政绩。在沭阳主簿任上，他首先采用安抚措施，平息了一场县民抗官的斗争。接着着手整治该县长年失修的水利工程，使危害多年的沭水得到治理，得良田七千顷，促进了当地农业生产的发展。1061年他任宣州宁国（今属安徽）县令，通过实地调查，力排众议，动用8个县1.4万名民夫，费时80天，重建万春圩，垦辟良田1270顷，使数县受益。

与苏轼的是是非非

1063 年，33 岁的沈括进士及第，被任命做扬州司理参军，掌管刑讼审讯，这给他的政治生涯带来很大的转机。1066 年，被推荐到京师昭文馆编校书籍，在这里他开始研究天文历算。北宋沿唐制，以史馆、昭文馆、集贤院为三馆，通名崇文院，类似皇家图书馆的机构。

苏轼 1064 年任职史馆。沈括大苏轼 5 岁，却晚他 6 年中进士。北宋时期这两位科学与人文大师很有缘分，在“皇家图书馆”做过短暂的同事。苏轼于 1066 年丧父后回乡两年多，等他再返回汴京，与沈括走上了不同的政治道路。

1069 年（宋神宗熙宁二年），王安石被任命做宰相，开始进行大规模的变法运动。沈括积极参与变法，受到王安石的信任和器重，担任过管理全国财政的最高长官三司使等许多重要官职。苏轼却与改革总设计师王安石意见相左，他与“保守党”领袖司马光一起，组成著名的反对派。

苏轼画像

王安石变法的第一阶段为 1068～1077 年，变法失利后，又在1078～1085年间从事改制。就在变法到改制的转折关头，发生了苏轼乌台诗案。1079年，苏轼因不赞成王安石的新法被贬调湖州，到任不到三个月，就因为作诗讽刺新法，以“文字毁谤君相”的罪名，被捕入狱。苏轼坐牢103天，几次濒临被砍头的境地，牵连39位亲友，100多首诗，震惊朝野。幸亏北宋在太祖赵匡胤年间即定下不杀士大夫的国策，苏轼才算躲过一劫。该案先由监察御史李定告发，后在御史台狱受审。御史台自汉代以来即别称“乌台”，所以此案称为“乌台诗案”。

引起后人争议的一笔是：“其后李定、舒亶论轼诗置狱，实本于括。”也就是说，乌台诗案的始作俑者是沈括，虽然不是主谋，主谋是王安石手下的李定、舒亶、何正臣、李宜四人。

经过余秋雨《苏东坡突围》一文放大后，沈括的高大形象在很多文学青年心中破碎了，取而代之是一个有才无德的小人。

余秋雨在《苏东坡突围》中写道：

> 这位在中国古代科技史上占有不小地位的著名科学家也因忌妒而陷害过苏东坡，用的手法仍然是检举揭发苏东坡诗中有讥讽政府的倾向。如果他与苏东坡是政敌，那倒也罢了，问题是他们曾是好朋友，他所检举揭发的诗句，正是苏东坡与他分别时手录近作送给他留作纪念的。这实在太不是味道了。历史学家们分析，这大概与皇帝在沈括面前说过苏东坡的好话有关，沈括心

中产生了一种默默的对比，不想让苏东坡的文化地位高于自己。另一种可能是他深知王安石与苏东坡政见不同，他投注投到了王安石一边。但王安石毕竟也是一个讲究人品的文化大师，重视过沈括，但最终却得出这是一个不可亲近的小人的结论。当然，在人格人品上的不可亲近，并不影响我们对沈括科学成就的肯定。

历史真相真如余秋雨所说的吗，沈括真的陷害过苏东坡吗？余秋雨所说的故事来自于王铚《元佑补录》。王铚的《元佑补录》一书现已散失，上述引文在李焘的《续资治通鉴长编》中，李焘对此事颇有疑惑，他在引录《元佑补录》的同时又谨慎地写道："此事附注，当考详，恐年月先后差池不合。"既然年月先后存在差误，就不能排除有张冠李戴之嫌。

凭着一条史料，断定沈括陷害苏东坡似乎有些不公允，况且这条史料的可信度值得怀疑。目前尚无其他史料来验证王铚的说法，即便是受害人苏东坡也不曾有类似的叙述。宋神宗死后，苏东坡回忆李定等人兴狱置案的原因时曾说过："先帝眷臣不衰，时因贺谢表章，即对左右称道。党人疑臣复用，而李定、何正臣、舒亶三人诬造飞语，酝酿百端，必欲置臣于死地。先帝初亦不听，而此三人执奏不已，故臣等得罪下狱。"苏东坡作为受害人，在回忆乌台诗案时，只提到李定，何正臣，舒亶三人，并没有提到沈括。

著名历史学家张荫麟认为这是宋代野史的"凭空谤造"。既然学术界对那条史料的真实性的看法有着不同的看法，我们就不能根据这条无法判断其真实性的史料，就对沈括的为人进行妄加评判了。

“十二气历”比现行阳历准确

1072 年，时任太子中允、检正刑房公事的沈括，被任命为兼提举司天监，主持司天监的工作，对司天监进行整顿和改革。首先罢免了六个庸官，引起轰动。然后沈括不计出身，破格推荐精通天文历算、出身平民的淮南人卫朴进入司天监，主持修订新历的重要工作，于 1075 年修成颁行《奉元历》。不过由于守旧势力阻挠和破坏，比较先进的《奉元历》只实行了十八年便被废止了。

针对原司天监的观测仪器破败不堪，难敷应用，在对天文仪器作了系统的研究后，沈括写出《浑仪》《浮漏》《景表》三篇论文，建议制造更精确的浑仪、浮漏、圭表等。在得到允准后即着手研制，于熙宁七年(1074)完成新仪的制造。因制新仪之功，沈括被升迁为右正言、司天秋官正。

沈括晚年发明了“十二气历”。按中国古代历法，阴历和阳历每年相差 11 天多，古人虽采用置闰的办法加以调整，仍难做到天衣无缝。沈括经过周密的考察研究，提出了一个相当大胆的主张：废除阴历，采用阳历，以节气定月，大月 31 日，小月 30 日。这种历法当然是比较科学的，对于农民从事春耕、夏种、秋收、冬藏十分有利，然而却因否定了老祖宗的“经义”而受到上层统治阶级的抵制，迟迟未能推行。

中国水利史上的创举

1072年，沈括奉命治汴。北宋著名人工运河“汴渠”是王安石变法的农田水利法中一个重点工程，自1069年开工后，取得了一定成效，但屡遭守旧派的攻击。为了治理汴渠，沈括亲自测量了汴渠下游从开封到泗州淮河岸共八百四十多里河段的地势。他采用“分层筑堰法”，测得开封和泗州之间地势高度相差十九丈四尺八寸六分。这种地形测量法，是把汴渠分成许多段，分层筑成台阶形的堤堰，引水灌注入内，然后逐级测量各段水面，累计各段方面的差，总和就是开封和泗州间“地势高下之实”，高低误差不到几厘米，与现代仪器测量的精度相差无几。这在世界水利史上是一个创举。仅仅四五年时间里，汴渠就取得引水于田一万七千多顷的显著成绩，从而有力地支持了变法。

北宋汴渠经行示意图

1074 年，沈括被任命为河北西路察访使，兼提举该路保甲，主要任务是视察和整顿边防。在上任途中路过太行山时，沈括仔细观察山崖的构造，他发现有的石壁上常常含有蚌壳、螺壳和鸟卵形的碎石，而且形成带状横贯在石壁上。尽管太行山距离东边大海已有千里之遥，然而沈括还是根据这些生物和卵石的遗迹果断地推定这里曾经是海滨，他的天才论断得到了现代地理科学的证实。

出使辽国，不辱使命

1074 年 9 月，沈括受命兼管新政的重要机构——军器监，在此后近两年的时间里，沈括对弓弩甲胄和刀枪等武器的制造也都作过深入研究，使军器监生产的兵器在数量与质量上均有很大提高。同时，沈括还钻研阵法与城防，重订《九军阵法》，编成《修城法式条约》等，把一些先进的科学技术成功地应用在军事科学上。在朝廷针对辽和西夏的主战、主和的斗争中，沈括坚定地站在主战派这边。

1075 年，沈括奉旨出使辽国，办理边界交涉事宜。在此之前，辽国曾擅自在两国边境归属有争议的地区派驻官员，辽使萧禧更是恶人先告状，到东京要求宋廷确认黄嵬山（在今山西原平西南）一带 30 里的地方属于辽朝。宋神宗派去谈判的大臣不了解那里的地形，明知萧禧提出的是无理要求，却无法反驳他，双方争执了几天都没有结果，宋神宗只得另派沈括去谈判。沈括首先收集了许多地理资料，并且叫随从的官员们背熟。沈括一行来到辽国后，对

辽方提出的问题对答如流且有凭有据。经过十三天六轮的艰苦谈判，沈括不辱使命，取得了很大的成功，辽国不得不放弃对北宋的领土要求。在南下归途中，沈括又从国家战略的高度出发，每经一地，就把沿途的民风习俗、地理形势、关隘险要一一详加记录，绘成地图——《使契丹图抄》，献给朝廷。宋神宗认为沈括建有大功，遂拜他为翰林学士。王安石也因此对沈括相当倚重，委他为访察使，又委为管理全国财政的最高长官权三司使，让沈括主持宋朝财政，改革财政制度，在一定程度上改善了宋朝的财政状况。

与王安石的恩恩怨怨

三司使是宋朝负责财经工作的最高官员，权大事重，号为“计相”，宋朝有不少的执政大臣便是直接从三司使提拔上来的。沈括能做到这样的高位，与王安石的提拔有很大的关系。

沈括与王安石之间的关系，据考证，王安石之弟王安礼是沈括的表侄女婿，沈括父亲的墓志铭就是王安石写的，可见关系非同一般。在王安石变法之初，沈括得到了王安石的赏识和器重，积极支持和参与变法。但在施政的过程中，沈括与王安石之间的裂痕却也在悄悄增大。

王安石在熙宁七年(1074)四月第一次罢相，次年二月二度入相。在此十月中，沈括奉命察访两浙与河北西路，但在河北一行中，他所实行的措施、所提出的主张，多与王安石大相径庭。除在实施保甲法上还与王安石保持着一致外，其余如保马法、植桑法、车阵法，沈括都表示了明确的反对；而对王安石反对的塘泊防线，沈括却举双手赞成。更要命的是，所有这些不同意见，王安石在位时，沈括并没有提出来，王安石一走，他就讲了。这就给人一种反复、势利的感觉。王安石对他的印象从此一落千丈了。

王安石

当然，尽管王安石觉得沈括是个“壬人”，却也没有整他的意思。诚如宋神宗所说，因见沈括是个人才，王安石还是愿意任用他，让他发挥一己之长的。他两次反对沈括担任要职，都有他正当的理由，一次反对沈括判兵部，是担心沈括跟吴充走得太近，一起破坏自己辛辛苦苦创立起来的保甲法；一次反对沈括点检中书五房公事，是因为沈括与前任李承之有矛盾。而且，在此后半年，沈括被任命为权发遣三司使这样更高职位时，王安石也没提出反对意见。可能他觉得让沈括管理国家的财政还是可以人尽其才的。

沈括对王安石也没有怀恨在心。后来他离开朝廷、出知宣州时，当时王安石也已第二次罢相，正在江宁。沈括写信给他，说：“顾无可致之善，以蒙不次之知。所以养育教载，使之成人，提携假借，至于此日。一出鼓舞之至造，岂复形容之可言。沦在心诚，如天日。”又说：“致兹孱琐，

误玷甄扬。"(北宋沈括:《长兴集》卷一七《谢江宁府王相公启》)可见他还是十分感念王安石对自己的提携之恩。

沈括在晚年写作《梦溪笔谈》,里面多次提到王安石,皆是美事。如其中一次载王安石害气喘病,要用紫团山的人参做药。当时知潞州薛向从河东调回京城,恰好有紫团山的人参,便送王安石数两。有人劝王安石:您的病非此药不可治,不必推辞了。王安石答道:我平生没有紫团参也活到了今天!最后还是没有接受。表现了王安石清廉的作风、旷达的情怀。(北宋沈括著,胡道静校证:《梦溪笔谈校证》卷九)

第二位夫人是悍妇

沈括 33 岁考中进士后,被任命做扬州司理参军,当时的顶头上司是淮南转运使张刍,沈括当时给张刍留下的印象极好,后来张刍还大力推荐沈括入昭文馆任职。当张刍得知沈括第一任夫人已不幸病故,便把自己的女儿许配给沈括为继室。1069 年,39 岁的沈括娶张刍之女张氏。

朱彧在《萍洲可谈》中曾记载,沈括娶张刍之女为妻。那张氏却是个悍妻,沈括经常被她打骂,甚至胡子都被她拔下来扔到地上。儿女们哭着把胡子捡起来,见上面竟有血肉。沈括有两个儿子,长子沈博毅,前妻所生;次子沈清直,张氏所出。张氏容不下沈博毅,竟把他赶出家去。沈括心疼儿子,时常去接济,但张氏动辄发怒,还诬蔑沈博毅有凶逆暗昧的事情。沈括晚年因为永乐之役,责官安置到随州、秀州。在秀州时张氏还经常跑到官府里吵闹。沈括的次子沈清直娶朱服的女儿为妻，朱服见沈家乱成这个样子，心疼女儿，把女儿接回娘家居住。朱彧是朱服的儿子，想来不会捏造事实，诬蔑前辈尊长，他所说的沈家门帷恶事，可能是真有其事的。在那个男尊女卑十分明显的时代，沈括夫纲不振如此，他个性的懦弱也可想而知了。

据说，沈括怕张氏怕到了骨子里，每次听到张氏的声音，忍不住浑身战栗、沈括就是在这样的高压氛围中创作完成了《梦溪笔谈》。

沈括到镇江八年后，张氏去世了。素知张氏刁蛮暴戾的朋友庆幸沈括终于摆脱了苦难。沈括却哭得一把鼻涕一把泪："张氏走了，我活着还有什么意思?"并且自张氏死后，沈老先生的健康每况愈下，朋友们经常陪他散心，一次在江边他们又说起了张氏，沈括一言不发抬脚就要跳江，幸好被朋友拉住了。从此一直面带悲色，郁郁寡欢，第二年就去世了。

据说古希腊先贤苏格拉底的老婆也是出了名的悍妇。一次，苏格拉底正在待客，妻子为了一件小事大吵大闹起来，他却淡然置之，笑着道："好大的雷霆啊!"谁知妻子越闹越凶，竟然当着客人的面，将半盆凉水泼到了苏格拉底身上。客人很尴尬，以为苏格拉底一定会发火，谁知苏格拉底却心平气和他说："我知道，雷霆过后，必有大雨。"早就有人根据这个故事得出了结论："娶到一个好妻子，你可以得到幸福；娶到一个坏妻子，你会成为哲学家。"

发现石油！

1076年，王安石第二次罢去相位，作为变法派的重要成员，沈括被罢三司使，出任宣州（今安徽省宣城）知州。

沈括渐生退隐之心，便在前往宣州时沿路注意各州县的居住条件，挑选可引退养老的地方。上任途中，路过镇江时，发现镇江有处废园虽已荒废，背山临流，土地良沃，泉石清美，是安居的好地方，便托人询问，没想到轻易地以三万贯钱购得该园产权，这就是著名的梦溪园，沈括晚年在这里写下了《梦溪笔谈》。

梦溪园

1078年，宋神宗再次启用王安石，进尚书左仆射，封舒国公。1079年，沈括被朝廷起用，复职龙图阁待制，6月沈括并兼廊延路安抚使，奉命前往陕西防务，赶赴陕西延安市上任。

沈括来到陕西洛川和延安县一带考察时,无意中在延安境的一处河岸边,发现一顶顶圆穹形帐篷多如罗星密布般,但见帐篷顶上皆有阵阵浓烟缭绕显得热气腾腾的样子,而帐篷周围则见融化的雪水到处漫流。这种奇异景象早已引起本好奇心颇重的沈括的注意。

沈括进入其中一户帐篷查看,才发现农户们烧的并非柴火,而是一种黑色液体而此液体不但色黑如漆且黏濶如脂,用火烧之则火势猛烈黑烟浓猛。沈括便问农民此物何名从何而来,农民们便领沈括前往河岸边之石缝边察看,沈括发现就在岩石缝隙中慢慢流出一种色黑如漆又夹杂着一些沙石及泉水之液物,溢出后便慢慢流入山间小溪而漂浮于水面之上,农民们便捞起点火而可炊煮食物及取暖用,使用时火势虽猛但黑烟较浓,故当地农民有人称其为石脂水或石漆,也有称其为猛火油或石脑油或石烛的。沈括好奇便潜心研究起该液物来,经多时用心观察此油及细心研究试验后,沈括发现此油不但可自用尚可开采贩卖,于是遂着手推广并投入人力大批量生产,起先取名为延川石液,后再改命其名为"石油",石油之名便自此时而沿用至今。

沈括认为此物"生于地中无穷",并且预料到"后必大行于世",这一远见已为今天所验证。

中国科学史上的坐标

沈括一生的大部分时间从事政治活动，但他刻苦治学，《宋史·本传》记载："博学善文，于天文、方志、律历、音乐、医药、卜算，无所不通，皆有所论著"，这个评价是中肯的。即使就自然科学而言，沈括的贡献也是多学科性的，涉及广阔的领域。

据胡道静的统计，沈括著述近四十种，分为易、礼、乐、春秋、仪注、刑法、地理、儒家、农家、小说家、历算、兵书、杂艺、医书、别集、总集、文史等 17 类。今存的仅《梦溪笔谈》《补笔谈》《续笔谈》《苏沈良方》和综合性文集《长兴集》（原有 41 卷，仅存 19 卷）等五种，其余多已亡佚。

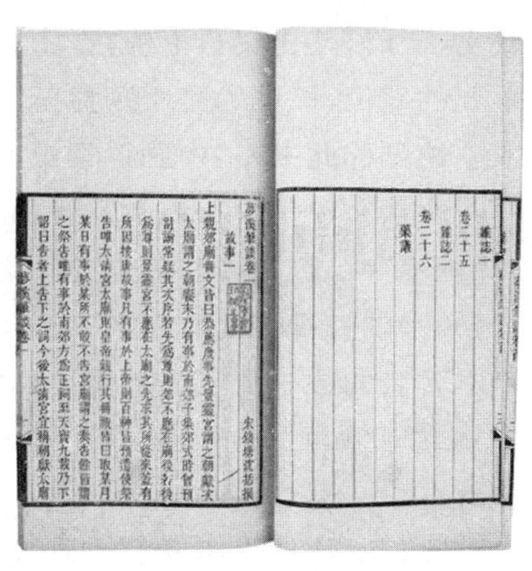
夢溪筆談卷一　宋錢塘沈括撰
故事一
上親郊廟冊文皆曰恭薦歲事先景靈宮謂之朝獻次
太廟謂之朝饗末乃有事於南郊予集郊式時曾預
討論常疑其次序若先為尊則郊不應在廟後若後
為尊則景靈宮不應在太廟之先求其所從來蓋有
所因按唐故事凡有事於上帝則百神皆預遣使祭
告唯太清宮太廟則皇帝親行其冊祝皆曰取某月
某日有事於某所不敢不告宮廟謂之奏告餘皆謂
之祭告唯有事於南郊方為正祠至天寶九載乃下
詔曰告者上告下之詞今後太清宮宜稱朝獻太廟

雜誌一
卷二十五
雜誌二
卷二十六
藥議

《梦溪笔谈》二十六卷

《梦溪笔谈》是沈括著作中流传最广的一部代表作。现存《梦溪笔谈》为二十六卷，连同《补笔谈》三卷，《续笔谈》十一篇。笔谈分故事、辩证、乐律、象数、人事、官政、权智、艺文、书画、技艺、器用、神奇、异事、谬误、讥谑、杂志、药议十七门，分类系事，考辨精邃，共有 609 条，涉及自然观、数学、物理、化学、天学、地学、生物、医药、工程技术等诸多领域，内容十分丰富，其中最有价值的是科技部分。中国四大发明中的指南针与印刷术两项技术在《梦溪笔谈》里面都有详细而又准确的记载，其中平民毕昇在公元1041年到1048年期间创造的活字印刷技术，只有沈括在《梦溪笔谈》中做了唯一的，也是最详尽的记载。今天，当人们按照沈括在书中的描述如法复制时，完全再现了上千年前精巧的活字印刷术。

《梦溪笔谈》不仅是一部史料价值很高的历史典籍，而且是一部科技史资料汇编，在中国科学技术史上具有十分重要的地位，被认为是中国科学史上的坐标。英国科学史家李约瑟称此书是“中国科学史上的里程碑”。

沈括在数学史上占有重要的地位，他创造出高等级数“隙积术”（二级等差级数的求和法）和求积法的“会圆术”（已知圆的直径和弓形的高，求弓形的弦和弧长的方法）。日本著名的数学史家三上义夫称之为“中国算学之模范的人物或理想的人物”。沈括发展了《九章算术》以来的等差级数。

沈括对物理学研究的成果也是极其珍贵的。《梦溪笔谈》中所记载的这方面见解和成果，涉及力学、光学、磁学、声学等各个领域，特别是磁学，沈括第一次明确地谈到磁针偏角问题。他指出：“方家以磁石磨针锋，则能指南，然常微偏东，不全南也。”这是世界上关于地磁偏角的最早记录，西方直到公元1492年哥伦布第一次航行美洲的时候才发现，比沈括的发现晚了400年。

在天文学方面，他发展了前人之说，指出月亮本身并

不发光，是太阳光照射在它上面才发光的，对日食、月食提出了合乎科学原理的解释。

沈括在地学方面也有许多卓越的论断，他观察研究了从地下发掘出来的各种各样的化石，明确指出它们是古代动物和植物的遗迹，并且根据化石推论了古代的自然环境。在欧洲，直到文艺复兴时期，意大利人达·芬奇对化石的性质才开始有所论述，这比沈括的推论晚了400多年。

除自然科学方面的贡献外，沈括在社会科学和人文科学方面也都有重大的成就，其成就涉及社会、经济、历史、外交、军事、考古、音律、绘画、书法、诗词等学术领域，堪称当时百科全书式的学者。

一千多年过去了，沈括的许多科学贡献一直影响到今天，已经成为人类科技发展史上一颗耀眼的明星。

一个错误导致改变历史进程的发现——哥伦布

里斯托弗·哥伦布(Columbus，1451～1506)，意大利著名航海家，哥伦布发现了美洲大陆，改变了世界历史的进程。从此，西方终于走出了中世纪的黑暗，以不可阻挡之势崛起于世界。

十六城市声称是哥伦布的出生地

关于哥伦布的出身,曾有过种种不同的说法。有人说他是西班牙加泰罗尼亚人,有人说他是加泰罗尼亚裔犹太人,还有人说他是希腊人。西班牙人和意大利人曾经为如何分享这一光荣而争论不休。有16个城市声称哥伦布在他们那里出生。但现在比较一致的说法是:哥伦布是意大利热那亚人。

哥伦布出生于1451年,但确切日期不详,据推测在8月25日到10月末中间的某一天。父亲经营一家毛纺织作坊,母亲是纺织工的女儿,三十来岁才生下长子哥伦布,之后还生有二儿一女。哥伦布的父亲除了纺织以外,还经营过一家酒店。父亲是一个精明的商人,很会盘算,生意兴隆。他的作坊里只有一两台呢绒织机。一开始没有雇用过帮工和学徒,后来也只是雇用一两个帮工。父亲从行会买来生羊毛,母子们把羊毛梳洗干净,然后再纺成线,织成毛料。

虽然后来哥伦布和他的小儿子费南多以及某些传记作家都曾牵强附会地试图把他的远祖往贵族的身份扯上关系,但可以肯定地说,他的家庭成员及近亲都是社会地位不高的平民百姓。费南多在为他父亲写的传记中称哥伦布曾经在帕维亚大学读过书,这种毫无根据的杜撰当时就遭到了否认。

从1470年开始,哥伦布的家庭逐渐陷入困境,陷入一场经济纠纷中，父亲在走投无路的情况下只得把他妻子作为嫁妆带来的一块土地出售抵债，由此又引发了翌年和妻弟之间的法律纠纷，不久破产，陆续卖掉居住的房子，晚年在女儿家栖身。

哥伦布没有受过什么正规的教育，从小就在家帮助父母清洗梳理羊毛，不过他对布料和织机一点不感兴趣。家道中落和父亲经商的可悲结局激发了他离家出走闯荡世界的决心。

哥伦布的家庭对他后来的事业说不上有什么帮助。但他的幸运是出生在欧洲历史上文艺复兴达到巅峰的时期。而这一运动在意大利的发端又比在其他欧洲国家早约一个世纪。一大批思想解放运动的先锋的思想、言论和传世之著作开时代风气之先河。所有这些都在哥伦布的思想逐渐趋于成熟的过程中打下了深深的烙印。

哥伦布的家乡热那亚自古以来就是地中海岸边的一个重要港口。热那亚人从小就渴望到海上去冒险，以为那里有无穷的财富。男孩们几乎个个都想当水手。而当时的水手可以说是“半个海盗”。年轻的哥伦布在这种氛围中成长，自幼便对航海有着特殊的兴趣。据他本人晚年自述说，他第一次下海参加航行是在 1461 年，那时他才 10 岁。尽管哥伦布的大部分青年时代（从 15 岁到 23 岁）都是在他父亲的纺织作坊中工作，他经常有机会在贸易活动十分发达的地中海沿岸航行，采购羊毛和酒类。

20 岁过后他参加了去马赛、突尼斯的远航。1474～1475 年，哥伦布转到热那亚大商人兼银行家黑人保罗的船队工作，航行到过热那亚当时的殖民地——希沃思群岛中

的希腊岛，以及地中海东部一带，还到过西班牙、葡萄牙、英国、法国、冰岛和北海。哥伦布继续不断到各地航行，经验越来越丰富，驾船技术日臻熟练。他从来没有为寻找航海机会而伤脑筋，邀请他出航的船长和船主一个接着一个。

婚姻改变命运

1476年，哥伦布时年25岁，在葡萄牙拉古什附近海面上发生的一场战斗，戏剧性地改变了他一生的命运。

当时，哥伦布参加了热那亚出动的一支武装护卫舰队，护送一批珍贵的货物去北欧，在海上遭到一支葡法联合舰队的攻击，哥伦布负伤落水，幸好抓住了漂浮在海面上的一根船桨，经过长时间的奋力挣扎，泅水前进，在漂流六英里之后才在拉古什附近的海边爬上了岸。虽然哥伦布奇迹般地活了下来，但他的处境极其狼狈，衣衫褴褛，身无分文。于是从拉古什流落到葡萄牙首都里斯本，幸好被居住在那里的一位热那亚同乡收留。后来又和已经在那里经营书店并绘制地图的弟弟巴托罗缪会合，从此开始了一段新的生活。

哥伦布兄弟办起了一家经济效益颇佳的制图所。通过与许多船长和海员的频繁接触，广交朋友，向他们打听和请教各种疑难问题，获取第一手资料，借以绘制、修正和校订海路图乃至世界各国的地图。在里斯本，哥伦布在他弟弟结识的一个书商家里，阅读了大量有关地理、历史、宇宙、星相等类书籍。他当时的一位朋友称他为“书迷”，说他“极其聪明”，“在宇宙志学和地图绘制技术上才华出众”。与此同时，他还学习了葡萄牙文、西班牙文和一些拉丁文。在不断阅读和写作过程中，后来他对拉丁文的掌握达到了相当熟练的程度。他的天才和勤奋弥补了他所受学校教育的不足。

1478 年，哥伦布 28 岁，已近“而立”之年。他虽年轻，但已有丰富的航海经验，也有一笔相当可观的收入。在里斯本，哥伦布经常去一个座著名的修道院做弥撒。在那里，哥伦布结识了莫尼斯小姐。经过一段时间的交往，两人产生了爱慕之情，不久就结了婚。结婚是哥伦布生活的重要转折点，为他打开了跻身上流社会的大门。婚后，哥伦布住进了莫尼斯家宽大的府第，让弟弟单独经营制图所。

莫尼斯出身于贵族家庭，有相当高的社会地位，和上层有广泛的联系和交往。莫尼斯本人是里斯本大主教的堂妹，母亲是皇室的远亲，父亲是出色的航海家。哥伦布和妻子、岳母起初居住在里斯本。他从岳母那里得到了大量岳父遗留下来的航海资料和海图，进一步丰富了航海知识，也更加激发了他想要发现和开拓新的岛屿的热情。

婚后生活甜蜜温馨，哥伦布大儿子迭戈 1480 年出生。1485 年，莫尼斯因肺病溘然去世。

黄金的吸引

15 世纪，欧洲工商业迅速发展，很快就以农业经济和易货贸易发展为新的资本主义时代，这时黄金成为主要的流通手段——货币。欧洲年轻的君主们过着奢侈的生活，他们穿金戴银，特别喜爱东方的香料。与黄金同等重量的香料可以卖到与黄金相同的价钱。社会上层追求豪华和财富的欲望越来越强烈。人人渴望发财。一种最吸引人的行业就是和亚洲贸易。意大利各大城市，首先是热那亚和威尼斯，就是靠与东方的中介贸易而兴盛起来的。东方的香料：胡椒、丁香、肉桂、姜、肉豆蔻，成了富人喜爱的调味品。在冷藏技术发明以前，香料还是人们保存食物不可或缺的东西。他们为少许香料不惜花费巨资。阿拉伯和印度的化妆品，中国、印度、印度尼西亚、锡兰和摩鹿加群岛等地的金、丝绸、棉布、药物、漆器、染料等等在欧洲有大量需求。马可·波罗关于西潘古（日本）的描述在欧洲广为流传："据有黄金，其数无限……金多无量，而不知何用……君主有一大宫，其顶皆用精金为之……宫廷室内地铺金砖，以石代板，一切窗棂亦用精金……亦饶有宝石珍珠，珠色如蔷薇，甚美而价甚巨，珠大而圆……"

哥伦布在 1503 年寄自牙买加的信中说："金真是一个奇妙的东西！谁有了它，谁就成为他想要的一切东西的主人，有了金，甚至可以使灵魂升入天堂。"可见，黄金是哥伦布冒死西航东方的重要推动力之一。

在里斯本，哥伦布读了马可·波罗的游记而对东方心向往之。现今保存在塞维利亚城哥伦布图书馆中一本拉丁文的《马可·波罗游记》留有哥伦布的亲笔批注 260 多处。

《马可·波罗游记》

哥伦布钻研了红衣主教皮埃尔·达利的一本著作《世界的形象》。这也是哥伦布多年来随身必带的一本书。书中断言，欧洲与亚洲之间的海是狭长的，从摩洛哥到亚洲东岸的海路在顺风的情况下只用几天就可渡过。书中留有哥伦布的亲笔批注 898 处。这本书现在保存在塞维利亚。

哥伦布逐渐形成了他对地球和世界地理的基本认识：(1)地球是圆形的；(2)远西(西班牙)和远东(“印度”，即亚洲)之间陆地距离很长；(3)西班牙和“印度”之间海洋距离则很短；(4)一经度的长度是 56 海里，这里所谓的“海里”并非阿拉伯单位，即 1975.5 米，而是意大利单位，即 1477.5 米。如果是阿拉伯单位则这个数字就相当精确了。意大利单位则使他计算的赤道长度少了大约四分之一。哥伦布计算的西班牙和“印度”之间的陆地距离为 828 经度，给海洋距离只留下了 78 经度。这些错误造成的结果是：西班牙加纳利群岛到印度的距离大约是 3900 海里，恰

巧接近于到美洲的距离。

18 世纪法国著名的地理学家让·巴吉斯塔·安维里这样评论说:“一个极大的错误导致了一次极其伟大的发现。”

壮志难酬:18 年游说生涯之葡萄牙

为了实施前无古人的“印度事业”,哥伦布需要大量的人力、财力和物力。就他个人来说,他太穷了,没有能力承担这么一大笔费用。在当时,这样的“事业”只能由某一个王权国家才承担得起。如果真是发现了新的岛屿,王室也就获得了新的领地,发现者也可因自己的功劳得到王室授予的荣誉和赏赐。

哥伦布首先想到的是他已居留多年、已有一定人缘关系、而且素以航海闻名于世的葡萄牙。1481 年,年轻的约翰二世登上了王位,时年 25 岁,他一直想开辟绕道非洲前往亚洲的航道。约翰二世的登基对哥伦布来说无疑是天赐良机,于是哥伦布向这位国王呈上了他的计划:向西航行,沿途发现新岛屿,再到达日本。哥伦布获准晋见约翰二世,这是一次单独的召见,哥伦布当时 27 岁。

国王约翰二世对哥伦布的计划颇为动心,这时一位深受国王信赖的大臣给国王出了一个阴险狡猾的“一箭双雕”的主意:暂不通知哥伦布关于拒绝他计划的决定,使其在悬念中等待答复;与此同时,秘密派遣船只按哥伦布指出的方向航行,以此验证其航行方案是否有合理的根据。

这样做，既可充分利用其计划可能带来的好处，而又不致让葡萄牙王室因和哥伦布这样出身卑微的人进行谈判而降低威信。于是，哥伦布被要求提供详细的航行计划，包括标明航线的海图和有关文件，供国务会议审核。当这一切资料都弄到手以后，一艘三桅快帆船出发了。公开的目的是向佛得角群岛运送补给，暗中得到的命令是按哥伦布提供的航线开行，以确定其可行性。从佛得角群岛开航以后，该船才向西行几天就遭到狂风巨浪的袭击，船长们丧失了继续前进的勇气，赶紧返航。回来以后，他们反过来嘲笑哥伦布的计划"荒唐"。

哥伦布得知真相后，明白自己上当受骗，大为恼怒，一气之下拒绝了约翰二世国王重开谈判的一切提议。此前，他的妻子的逝世已经使他和葡萄牙宫廷的联系中断。他决定离开这个如此不讲信义的国家，到别的国家去谋求支持。

1484 年末，哥伦布带着只有 5 岁的大儿子迭戈秘密离开里斯本，此时他像许多别的伟大事业家一样，在追求自己目标的奋斗过程中，陷入穷困潦倒、负债累累的境地了。

四处求援：18 年游说生涯之西班牙

1485 年初，哥伦布来到西班牙。当时西班牙正进入一个新的蓬勃发展时期。1469 年，原阿拉贡王国费迪南王子和原卡斯蒂利亚王国伊莎贝拉公主结婚后，两国正式合并采用西班牙国名，由两人共同执掌朝政。国王和王后都掌

握有同样分量的王权，甚至各有自己的国务委员会。所有的皇室命令都由两人共同签署。全国通用的货币上镌刻着两人的肖像。皇家印章的图案上是象征卡斯蒂利和阿拉贡王国的两只紧挽着的手臂。

哥伦布起初在一批西班牙贵族中四处奔走，开展游说，希冀得到他们的支持。这些贵族都是豪门大户，财力物力雄厚，他们在自己的领地中实行着几乎是独立王国般的统治。幸运的是，哥伦布得到了梅迪纳·塞利公爵的支持。此人对他的接待十分友好周到，一直照料他的住宿和饮食，从各方面保护他。公爵听取了哥伦布的建议以后命令满足哥伦布的一切要求，公爵拿出了大量的资金，建造三艘帆船，准备了一年的食物，配备了海员和其他一些必需的物品。塞利公爵以十分坚决的态度支持哥伦布。

1486 年 1 月 20 日，哥伦布将他的西航计划送交王室枢密院，这个日子算是他正式“效力”皇家的开始。

1486 年春，4 月末或 5 月初，哥伦布第一次见到了西班牙国王——唐·费迪南和唐娜·伊莎贝拉。他们三人年龄相当：费迪南 34 岁零 2 个月，哥伦布不到 35 岁，王后刚满 35 岁。

1486 年 5 月上旬，国王和王后下令成立了一个“专家委员会”，审议哥伦布的计划。但不知何种原因，直到 1490 年，委员会都不置可否。哥伦布不得不长久地等待，他怎么也没有料到这一等就是五年，从 1486 年到 1490 年。

在此期间，哥伦布饱受各种嘲笑和欺侮。连无知的儿童也取笑他。每当他路过，顽童们总是把手指着额头，叫他疯子。1490 年快要过去了，仍无结果。他于是坚决而又强烈地要求西班牙王室作出决定性的答复。鉴于这种情况，皇室下令由费南多·德·塔拉维拉召集科学家再举行一次会议，指示必须就哥伦布的建议作出一个结论。塔拉维拉故意拖延，直到1490年底才写出呈送女王的报告，否定了哥伦布的建议。

然而西班牙女王伊莎贝拉一世慧眼识英雄，她说服了国王，甚至要拿出自己的私房钱资助哥伦布，使哥伦布的计划才得以实施。

经过一番波折，西班牙王室和哥伦布于1492年4月17日签订圣菲协议。协议的主要内容为：哥伦布从西班牙国王获得在他发现的海洋、岛屿和陆地上的世袭的海军上将和总督头衔。他个人有权享有在海军上将辖区内无论以何种方式发现、带来，或以易货贸易方式取得的所有珍珠、宝石、黄金、白银及其他物品和商品的价值在扣除成本以后的十分之一。他还被准许对远航的费用投资八分之一并相应获得八分之一的利润。

国王终于答应将获得的收入的百分之十奖赏给哥伦布，这是符合当时欧洲的君主奖励臣民的惯例的。15世纪，国王们的收入并不很高，只有用重赏的方法才能开辟新的财源，增加王室的收入。即使这样，这百分之十的奖励往往也只是不能兑现或不能完全兑现的一纸空头“支票”而已。

人们注意到，上述“协议”和“法律证书”都只是说发现新的岛屿和陆地，只字未提哥伦布在提交计划过程中反复讲到的印度和日本。西班牙国王在后来的法律证书中也未提到原协议中规定的哥伦布应得的财富的十分之

一，可能是为日后王室“赖账”埋下伏笔，哥伦布晚年经常抱怨没有兑现他应得的奖励份额。他死后，其家属曾经向王室提出诉讼，1567 年败诉，所得的财物更是大大减少。但仍保留了世袭贵族头衔和韦拉瓜公爵职位。每年得到一万迪卡特（约合一两万美元）。这个待遇，西班牙政府一直履行到 1898 年失去最后一个美洲的殖民地——古巴时为止。

1492 年 10 月 12 日发现新大陆

1492 年 8 月 3 日，哥伦布受西班牙国王派遣，带着给印度君主和中国皇帝的国书，率领三艘百十来吨的帆船，从西班牙巴罗斯港扬帆出大西洋，直向正西航去。经七十

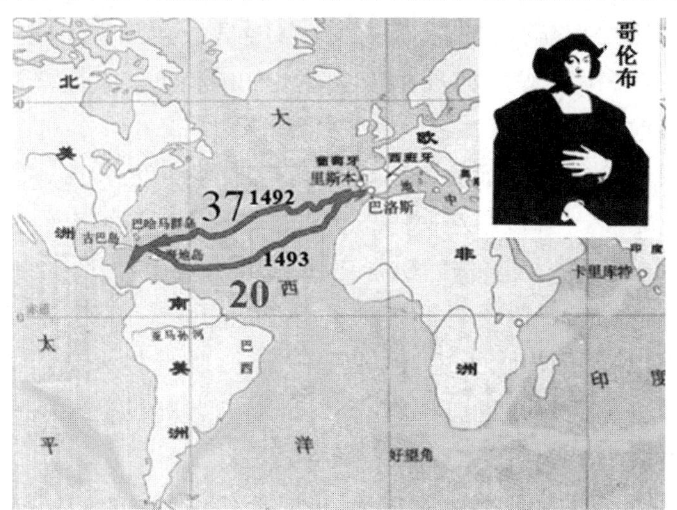

哥伦布航海路线

昼夜的艰苦航行，1492年10月12日凌晨终于发现了陆地。哥伦布以为到达了印度，并称当地人为印第安人。后来知道，哥伦布登上的这块土地，属于现在中美洲加勒比海中的巴哈马群岛，他当时为它命名为圣萨尔瓦多。

哥伦布首航航船

圣萨尔瓦多便是救世主的意思，这个救世主拯救了刚刚兴起的欧洲，但是也许在改变历史的同时，也给美洲带去了灾难。

首航成功后，西班牙王室立即又出了一大笔钱，再次组织第二次航行，17艘船，1200名船员。在西班牙国王支持下，哥伦布先后四次出海远航，开辟了横渡大西洋到美洲的航路。

哥伦布四次远航简述如下：

第一次航行始于1492年8月3日，哥伦布率船员约90人，分乘三艘船从西班牙巴罗斯港出发。10月12日他到达并命名了巴哈马群岛的圣萨尔瓦多岛。10月28日到达古巴岛，他误认为这就是亚洲大陆。随后他来到西印度群岛中的伊斯帕尼奥拉岛（今海地岛），在岛的北岸进行了考察。1493年3月15日返回西班牙。

第二次航行始于1493年9月25日，他率船17艘从西班牙加的斯港出发。目的是要到他所谓的亚洲大陆印度

建立永久性殖民统治。参加航海的达 1500 人,其中有王室官员、技师、工匠和士兵等。1494 年 2 月因粮食短缺等原因,大部分船只和人员返回西班牙。他率船三艘在古巴岛和伊斯帕尼奥拉岛以南水域继续进行探索“印度大陆”的航行。在这次航行中,他的船队先后到达了多米尼加岛、背风群岛的安提瓜岛和维尔京群岛,以及波多黎各岛。1496 年 6 月 11 日回到西班牙。

哥伦布登上新大陆

第三次航行是 1498 年 5 月 30 日开始的。他率船 6 艘、船员约 200 人,由西班牙塞维利亚出发。航行目的是要证实在前两次航行中发现的诸岛之南有一块大陆(即南美洲大陆)的传说。7 月 31 日船队到达南美洲北部的特立尼达岛以及委内瑞拉的帕里亚湾。这是欧洲人首次发现南美洲。此后,哥伦布由于被控告,于 1500 年 10 月被国王派去的使者逮捕后解送回西班牙。因各方反对,哥伦布不久获释。

第四次航行始于 1502 年 5 月 11 日,他率船 4 艘、船员 150 人,从加的斯港出发。哥伦布第三次航行的发现已经震动了葡萄牙和西班牙,许多人认为他所到达的地方并非亚洲，而是一个欧洲人未曾到过的“新世界”。于是费迪南德国王和伊萨伯拉王后命令哥伦布再次出航查明，并寻找新大陆中间通向太平洋的水上通道。他到达伊斯帕尼奥拉岛后，穿过古巴岛和牙买加岛之间的海域驶向加勒比海西部，然后向南折向东沿洪都拉斯、尼加拉瓜、哥斯达黎加和巴拿马海岸航行了约 1500 千米，寻找两大洋之间的通道。他并从印第安人处得知，他正沿着一条隔开两大洋的地峡行驶。由于一艘船在同印第安人冲突中被毁，另三艘也先后损坏，哥伦布于 1503 年 6 月在牙买加弃船登岸，1504 年 11 月 7 日返回西班牙。此次航行是最艰难困苦的一次，被围在牙买加共一年零五天。哥伦布付出了沉重的代价：他的健康被彻底损坏了，免疫能力完全丧失。痛风病迫使他长期卧床。双眼红肿，视力几近于零。

扑朔迷离：哥伦布葬身何处？

哥伦布的健康每况愈下，自知将不久于人世，他于 1506 年 5 月 19 日口授了遗嘱，确立迭戈为唯一继承人，让所有的亲人包括他未经合法婚姻生育的次子费南多和他的母亲贝特丽丝以及自己的两个弟弟都能受益。费南多继承了父亲的全部书籍，他后来又把这些书籍连同他自己收藏的图书遗赠给塞维利亚教会。一些带有哥伦布亲笔旁注的珍贵图书至今还保存在那里。5 月 20 日，哥伦布的病情突然恶化，他的两个儿子、小弟弟和几个亲密朋友都在床前侍候。牧师来了以后，举行了弥撒。做过祷告，哥

伦布复述了上帝的最后一句话“父啊！我将我的灵魂交在你手里”以后就去世了，终年55岁。

直到1506年逝世，哥伦布一直认为他到达的是印度。后来一个叫做亚美利加的意大利学者，经过考察，才发现哥伦布到达的这些地方不是印度，而是一个原来不为多数欧洲人知的大陆。但是，这块大陆却用证实它是欧洲人所不知大陆的人的名字命了名：亚美利加洲。

哥伦布对于黄金追求的执著，这一点与西班牙王室一样，他们都希望获得大量的黄金。在这个共同点下，一个计算错误的冒险家和一个不懂科学的有钱国王结合，开始了一场错误的航行。但是，几个错误加起来，又遇到了一个“幸运”，在哥伦布远航的方向上，有一块巨大的“未知”陆地。虽然哥伦布到死都没有意识到自己错了，但是，很多年以后，这块“新大陆”带来的财富，已经让人们喜欢上了哥伦布的错误。谁还会再去追究呢？

哥伦布的葬礼十分简朴，没有僧侣，也没有显要人物参加。他的遗体先埋葬在巴利阿多利德。1509年移葬塞维利亚奎瓦斯修道院，在那里保存了30年。1514年，根据他在遗嘱里的愿望，他的遗体越过大西洋迁往圣多明各，安葬在当地的一个教堂的祭坛旁边，在那里保存了250多年。1795年7月22日，由于《巴塞尔条约》的签订，圣多明各属于西班牙的那一部分割让给法国。西班牙政府将哥伦布的部分遗骸装在一个未加标志的铅质棺材中安放在哈瓦那的一个教堂里。后来由于和美国交战失败，西班牙在1898年将古巴割让给美国，又将其遗骨运往塞维利亚的一个教堂里安葬。1877年9月10日，在圣·多明各教堂神坛的北侧发现了一个标明是哥伦布遗骸的棺材。但权威的研究者对此意见分歧。有人认为他的墓地曾经多次被挖掘，遗体下落不明，成为历史学者激烈争论的话题，至今尚无定论。

是英雄还是刽子手？

1492年10月12日，对于西方人来说，是世界历史上重要的一天。直到现在，洪都拉斯、巴西、厄瓜多尔、委内瑞拉、智利、哥伦比亚、巴拉圭、哥斯达黎加、巴哈马、美国等十几个国家把10月12日或10月的第二个星期一定为“哥伦布尔日”，予以纪念。西班牙则定其为国庆节，予以庆祝。

翻开美国发给学生的历史书，哥伦布总是被描述为英雄。美国历史学家在评述哥伦布时，总是把他对印第安人的屠杀一笔带过，重点研究他发现了美洲大陆。

纽约举行哥伦布日游行

然而，如果站在印第安人受害者的立场，大量的事实事实说明哥伦布双手沾满了印第安人的鲜血，是个地地道道的种族灭绝者（［美］霍华德·津恩著《美国人民的历史》）。

哥伦布与其西班牙船队在入侵了马哈马群岛后，残酷地虐待和屠杀岛上的印第安人。他们杀死一个印第安人如同踩死一只蚂蚁，把印第安人剁成碎片以试其刀是否锋利。他们从不走路，不管距离多近，都要让印第安人驮着他们。印第安人被迫为西班牙人淘金，他们不断地挖掘、破石、运石，弯腰屈背站在河里洗刷石沙，一站就是一整天，许多印第安人就这样累死在河里。在占领了海地后，哥伦布认为海地的西桥屋省可能储藏有大量的金子，于是命令凡 14 岁以上的印第安人必须在三个月内交一定量的金子。哥伦布及其远征军发给完成定量的人一个铜牌戴在脖子上。三个月后，凡脖子上没有铜牌的印第安人都要被砍去双手，流血而死。印第安人看到他们实在无法完成定量，便开始逃跑。但大多数逃跑者被凶恶的猎犬捕获，然后便被残忍地处死。

哥伦布寻找金子失败后，于 1495 年便开始进行贩卖印第安人为奴隶的勾当。他们将马哈马岛上的 1500 名阿拉瓦男人、妇女和小孩驱赶到一个围栏内，让西班牙人和狼犬看守着他们。然后从其中挑出 500 名身强力壮者装上船运往西班牙。500 人中约 200 人死于途中，其余活着的到达西班牙后在市场上被卖掉。哥伦布从第一次贩卖中尝到了甜头，曾大言不惭地说：“让我们以圣三位一体的名义继续运送去凡能卖掉的奴隶。”

由哥伦布发起和由他的继任者继续追随的残酷政策造成了彻底的种族灭绝。美国学者霍华德·津恩揭露说，哥伦布于1494年登上希恩潘尼拉岛时，岛上有近20万的印第安人。但到1508年，在短短的十四年中，数以10万计的印第安人在战争、奴役和挖掘淘金中消失了，岛上只剩下6万印第安人。津恩教授问道，这不是种族灭绝又是什么？

在津恩教授的笔下，哥伦布及其远征军500年前对印第安人居住的美洲大陆入侵的历史是一部征服与死亡的历史，哥伦布是个历史罪人，他根本不是什么英雄。

不是最早发现美洲大陆的人

哥伦布并不是最早发现美洲大陆的人，“新大陆”只是对哥伦布和西方人而言，对美洲原住民印第安人来说并不是新大陆，他们早在4万年前就已经到达美洲大陆，大约是在4万年前从亚洲渡过白令海峡到达美洲的，或者是通过冰封的海峡陆桥过去的。哥伦布到达美洲对西方世界影响很大，印第安人和西方人都是人类，因此是印第安人最早发现新大陆，只是他们发现的影响不大而已。不管是那个哥伦布还是其他西方人登上的美洲大陆，都不是“首先发现”，在他们来之前这里不仅有几千万的居民，而且早在他们之前就已经有亚洲人登上过美洲的土地，只是亚洲人不是为扩张势力范围和掠夺殖民地而来，而是为了寻找生活场所或躲避灾祸、文化交流或商业贸易，是一种和平

的迁徙或探险，这和哥伦布和后来的西方殖民者形成了鲜明的对比。

近年来，随着越来越多的考古发现，有很多人开始相信北欧的维京人早就发现了美洲。甚至有人提出中国人郑和在1421年便已发现美洲大陆，如孟席斯的《1421：中国发现世界》，但这个论点未能被证实。但不论怎样，哥伦布作为第一个使欧洲人普遍知道美洲大陆的人的地位则是毋庸置疑的。

哥伦布的发现成为美洲大陆开发和殖民的新开端，是历史上一个重大的转折点。15世纪欧洲人口膨胀，西方人知道美洲大陆后，使欧洲人有了可以殖民的场所，也有了可以使欧洲经济发生改观的土地、矿石和原材料，但同时，这一发现却导致了美洲原住民印第安人文明的毁灭。

伦敦的哥伦布像

哥伦布的远航是大航海时代的开端。新航路的开辟，改变了世界历史的进程。它使海外贸易的路线由地中海转移到大西洋沿岸。从那以后，西方终于走出了中世纪的黑暗，开始以不可阻挡之势崛起于世界，并在之后的几个世纪中，成就海上霸业。一种全新的工业文明成为世界经济发展的主流。

地质学上火成论的创始人——赫顿

詹姆斯·赫顿(Hutton. James, 1726～1797),英国伟大的地质学家,近代地质学的奠基人,地质学上火成论的创始人。在地球的地质史上,赫顿是为建立自然力作用的科学观而做出重要努力的第一人。在赫顿去世的那年,莱伊尔诞生,他继承并发展了赫顿的学说,奠定了现代地质学基础,后人将两人并称为“近代地质学之父”。

热爱地球的农场主

赫顿1726年6月3日生于苏格兰爱丁堡，父亲是爱丁堡城成功的名绅富商，母亲是该城富商的女儿。赫顿家共有四个子女，1792年，当父亲去世时，赫顿只有3岁，父亲留下的遗产足够母亲将赫顿和他的三个姊妹抚养成人。

1740年，14岁的赫顿被送到爱丁堡大学读书，学习的专业是人类学，可以在一次化学实验上，一位教授证明了一种酸可以溶解活性较大一点的金属，但是熔化金子却需要两种酸。这个实验吸引了赫顿，使他对化学产生的兴趣。

尽管赫顿那是已经表现对自然科学的好奇与潜在的能力，但赫顿却在一个律师事务所当上了学徒，此时他17岁，年轻的赫顿没有掩饰他对这个行业的反感，不久被解雇。

带着对化学的兴趣，1744～1747年，他在爱丁堡大学攻读医药学，那时医药学方面的课程提供了学习化学的机会。1747年底他来到法国的巴黎，在那里学习了两年的化学和解剖学。在学习化学课程期间，G. T. 罗伊尔(Rouelle)教授的化学课程中含有矿物学和地质学的内容，这可能和他以后对地质产生兴趣有关。毕业后赫顿被授予医药学的博士学位，但他真正的兴趣并不在医药学。

1749年，他从巴黎来到莱顿，当年年底，他又回到伦敦，同他的朋友J. 戴维(Davie)开始铵盐的生产，并取得了成功。

1750年他从一部英国名著中得到启发，对农学产生了兴趣，他放弃了医药行业，回到了苏格兰。在离爱丁堡六十余千米的斯莱修斯开始经营父亲遗留下的一座小农场。赫顿生活中最重要的活动就是进行地质旅行。继 1753 年他对英国各地的地质现象进行了认真的观察之后，1754 年他又到荷兰、比利时和法国北部进行农业和地质考察。1764 年，赫顿同他的好友 G. 克拉克一起到苏格兰北部做地质旅行，看到了许多地质现象，引起了他对地质学更大的兴趣。

1768 年，42 岁的赫顿把农场租出去，回到了英格兰的首府爱丁堡，把更多的时间花在科学研究上。

地球形成论种种

科学史上有一个奇怪的现象：直到近代以前，人们对地球及其物理特性的研究尚不能与天文学——对遥远星球的研究相媲美。人们对遥不可及的天空的好奇远远超出了对自己周围普通世界的兴趣。

地质学在 18 世纪开始成为一门独立的科学，在 19 世纪早期达到成熟阶段。在此之前，地质学的知识还很零星分散。随着工业生产的迅速发展，对矿物原料的需要急剧增加，工业界和科学界日益加强了对地质学的研究。初期的研究主要课题是地球上的矿产、岩石、山脉是怎样形成的。而自然哲学家们则大都脱离这些实践，独立形成自己的思辨性的地质理论。

赫顿生活的年代，关于地球的历史是如何变化的，还

是一个扑朔迷离的问题。地球的历史有几十亿年，而人类有文字记载的历史只不过几千年，对于几十亿年来地壳的运动和变化，人们只能根据一些间接材料进行推测，很难进行有关地质变化的精确的科学实验。

1695 年，伦敦的格雷山姆学院的教授沃德·伍德（1665～1728）在《地球自然历史试探》一文中提出“水成论”，沃德·伍德有较为浓厚的神学信仰，利用《圣经》关于诺亚洪水的传说解释了岩石的成因。他认为，地球在历史上曾经有过一个时期被巨大的洪水淹没了。当时大部分生物死亡，并且洪水冲走了地表的砂石和土壤，使悬浮在洪水中的各种物质混杂起来。当这些物质按照质量的大小分层沉淀时，最重的物质沉积在下面，上面是白垩土和较轻的海生动物的遗骸，最上面是沙、泥土和高等动物的遗骸。经过多年的沉积，这些物质石化，连动植物的遗骸也变成化石。把化石看做是有机体的遗骸，这无疑是正确的，但是把岩石和化石的成因全部归于洪水的作用，根据是不充分的。由于伍德·沃德搜集的资料丰富，论述较系统，因此影响颇深。

18 世纪，德国地质学家魏格纳（1750～1817）发展了“水成论”，建立了“水成论”学派。刚进入 19 世纪时，“水成论”极为盛行，在自然科学领域内占有统治地位，德国地质学家魏格纳成为公认的领袖。

18 世纪下半叶开始，欧洲主要资本主义国家探矿采矿、开凿运河、修建铁路等也迅速发展起来，这就大大地促进了地质学的发展。1815 年，英国史密斯（1769～1839）绘制了《英国地质图》，这是最早的地层学的地质图。

“水成论”没有解释地球初期的原始海洋是怎样形成和消失的。与之对立的是“火成论”。“火成论”与对地球起源的推测直接相关。赫顿是“火成论”的代表人物，以自然的力量（而不是上帝的力量）来解释地球形成的过程，从而奠定了近代地质学的基础。

将今论古，提出火成论学说

在爱丁堡期间，赫顿在科学界结识了许多朋友，其中包括发现混合空气（二氧化碳）的化学家约瑟芬·布莱克、著名经济学家亚当·史密斯，他们三人成立了奥斯特俱乐部——一个每周聚会的小团体，经常在饭后讨论各种问题，并一起进行野外探索，给赫顿提供了许多学术讨论的机会，开拓了他的科学视野。另外，赫顿还加入了一个社团，这个社团在1783年变成爱丁堡的皇家社团。怀着对地质学的极大兴趣，赫顿的足迹踏遍了苏格兰、英格兰还有威尔士每一寸土地，他到处查看岩石与底层，寻找跟地球历史有关的每一条线索。他做了详细的观察，记录下相关数据，渐渐形成了自己的思想，这些思想后来改变了整

赫顿肖像

个地质界。

1785 年 3 月 7 日，赫顿在爱丁堡皇家学会通报第一卷上发表了他们著名长篇论文《地球学说，或对陆地组成、瓦解和复原规律的研究》。在这篇论文中阐述了他的地球火成论学说。赫顿的火成论学说，克服了水成学派的片面性，在承认水成岩存在的前提下提出了熔体冷凝成岩的火成论。

除火成论学说外，赫顿还提出了“地质循环”的概念，这是他对地质学的又一个重要贡献。

当时，关于地球起源的前沿理论是“水成论”，很多人相信广阔海洋的成因是洪水的暴发，就像《圣经》里面关于地球起源的解释一样。照《圣经》上的解释，很多人都认为地球的年龄大概有五千多年，赫顿并不认同这种解释。

赫顿反对以《圣经》上所说的洪水作为立论根据。他认为在科学中，一切自然现象必定表现出它是一个在构成上不受超自然力量影响的自我控制系统。他曾说：“不是地球固有的因素不予使用”，就是说在研究地质现象中不考虑超自然的力量，这就把任何非自然界的因素（包括神学）排斥在外，坚持以自然界本身来解释自然界中的现象，这一见解为近代地质的研究指明了方向。他提出了地质学研究中的一个十分重要的原则，即：应以现在所知的自然规律来探究过去所发生的地质事件，或称“将今论古”。赫顿这些地质学思想对于把地质学建成一门科学有重要的意义，因此赫顿被誉为“近代地质学之父”。

赫顿被后人公认为“火成论”的代表者，其主要观点是：

1. 由于地球内部的热运动造成地质长期的缓慢的变化，强调地质时代的无限性。

2. 受席卷陆表的风、水和霜侵蚀；河流携带着泥沙流向大海，在海底沉积。来自地球深层的压力和热“烘烤”着地层，形成次级岩。不同的岩层可以一层层地形成，因为沉积的性质依赖于在陆地上受到什么样的侵蚀。

火成岩

3. 最终，通过一系列的地震，作用于海床上的压力使海床隆起，直至形成现在的干燥陆地，并暴露出次级岩。在这个过程中，这些岩石已经遭到了扭曲。地球深处的熔岩可能通过裂缝涌现出来。如果熔岩达到地表，可能会形成火山，但是当火成岩慢慢冷却，形成结晶状岩石时，如花岗岩，可能会挤入沉积岩地层。新形成的陆表还是要经受侵蚀。

4. 这时，侵蚀可能会洗刷一些沉积岩，使花岗岩裸露出来。在海床正在形成新的沉积岩层；最终，由于地球运动，这些新形成的沉积岩层可能也会隆起，形成新的干燥陆地。

5. 确认地层系统之间的不整合现象的事实和意义，并据此提出地球的发展存在着平静的沉积时期和激烈的抬升或“革命”时期的交替的“地质循环”的概念。

6. 发现了花岗岩同其他岩石的接触带具有接触变质现象，花岗岩并非最古老的原始岩系。

五千多年？地球年龄到底有多大

赫顿所处的时代，《圣经》被当做了一部标示真理的百科全书。受宗教的影响，早先对地球年龄的计算基于这样一个前提：即人类的出现与地球形成同时。因此计算地球年龄的工作就变成查阅各种历史文献，使年代体系能够精确到天甚至小时。

1645年，爱尔兰阿尔马大主教詹姆斯·厄舍引用《圣经》中列举的资料，尤其是依据圣经人物的世代关系开始追溯我们最初的历史，他试图复原并追索这一个灿烂星空与神奇地球的诞生图景。厄舍大主教于1664年得出两个结论，一是肯定了耶和华神创世事件的真实性，另外一个则是创世的时间，他认为是在耶稣诞生前，即公元前4004年10月26日的上午九点。上午九时于是成为一个神圣的时刻，同时，地球的历史，甚至是世界与宇宙的历史也被确定下来。按詹姆斯·厄舍先生的计算，到他那时为止，我们脚下的大地和头顶上的天空已生存运动了5650年左右。主教先生把这五千多年历史称做漫长和伟大的事件。

著名的天文学家哈雷曾想用海水的盐度来推算地球的年龄，一百多年后，爱尔兰科学家约翰(John Joly，1857～1933)实践了哈雷的设想，得到了约1亿年的地球年龄。许多学者则用沉积速率和沉积厚度来推算地球年龄，生物学家达尔文就得到过3亿年的结果。法国学者布丰(Georges Buffon，1707～1788)继承了牛顿关于初期地球相当于炽热铁球的思想，通过用不同大小和材料的球体做实验，类推到不同材料混合而成的地球，计算地球年龄约为 75000 年，发表在他的著作《自然历史》中。著名热力学家开尔文（William Thomson，1824～1907）就采用热传导理论计算了地球变冷所需要的时间，所得年龄分别为 4 亿年（1863）、1 亿年（1868）、0.5 亿年（1876）、0.2～0.5 亿年（1881）以及 0.24 亿年（1897），所得年龄越来越短。达尔文对开尔文早期几亿年的结果非常高兴，但得知后来计算的年龄越来越短时，写信给地质学家莱伊尔，表达了自己的困惑，担心生物进化的时间不足，但仍然相信“有一天将发现世界比开尔文所计算所得的年龄要古老”。

虽然不同学者从不同角度得出了不同的地球年龄，但基本上可以分为长、短两大派。短年龄的论点与宗教观点一致，受到当时的普遍接受，法国古生物学家居维叶就曾说过，物种间的差异如此之大，地球年龄又很短，所以不得不用灾变来解释。

地球

赫顿根据地球表面的物理与化学过程痕迹，估计地球至少也应该有数千万年的历史。赫顿研究了黏土和粉砂在河流入口处的沉积方式和过程，慢慢计算出地球上某些岩石沉积的时间，并因此得出对地球年龄的估计，这一个数字比大主教先生的结论多出了许

多倍。

另一方面，赫顿认为，地球就像一台热机，在不断旋转，“没有开始的痕迹，也没有终结的征兆”，讨论地球年龄是没有意义的。

直到居里夫人发现了放射性现象，地球年龄争论才出现了曙光。青年学者卢瑟福（Ernest Rutherford，1871～1937）发现放射性元素在放射出神秘的射线的同时，一个元素可以变为另一个元素，并用镭和氦计算了岩石年龄，得到约 5 亿年的结果。

虽然卢瑟福开拓了放射性测年的先河，但其结果存在问题：斯特拉特（Robert Strutt，1875～1947）发现，用氦测定年龄时，氦是气体，在样品加工时易散失，从而影响了测量精度，获得的只是岩石的最小年龄。为了克服这一缺陷，斯特拉特的学生阿瑟·霍尔姆斯（Arthur Holmes，1880～1965）耗费毕生精力，尝试最终子体铅计算年龄，通过曲折的探索，解决了同位素分离及原始铅等问题，最终实现相对年代与绝对年龄相互对应的宏伟目标，霍尔姆斯推断地球年龄更接近 45 亿年。

与此同时，1947 年美国化学家威利亚德·利比（Williard Libby）发现了放射性碳测年，这种不足终于得到了补充，它使气候学家、海洋学家、地质学家以及考古学家终于能够较准确地重建气候变化、地质事件、动物进化以及文明演化的历史。

今天，我们认为地球的年龄在 46 亿年左右，然而事实上，人们还没有在地球自身发现确凿的档案来证明地球活了 46 亿年。

虽然限于当时的条件，赫顿对地球年龄的估算并不准确，但他是第一个断定地球有着悠久的历史而并不仅仅只有五千多年的人。

过于深奥，赫顿的理论鲜有问津者

赫顿第一次提出他的观点的时候，他同时还出了一本朴素的只有 30 页的小册子，没有署名，题为《论文摘要……关于地球及其年龄与稳固性的系统研究》。尽管赫顿这个发现非常伟大，却鲜有问津者。三年后的 1788 年，论文《地球的理论……》在爱丁堡皇家学会的《学报》头版上发表，引发反对者的攻击。爱尔兰化学家查理德·开尔文当时是爱尔兰皇室研究会的主席，也是水成论的坚定的支持者，他对赫顿的攻击是全方位的，从思想信仰到科学观点无一不涉及。赫顿被激怒了，既然对手的攻击被印成了白纸黑字，赫顿最后决定自己也写一本书，把地球的形成过程系统地描述出来，并且要比先前在爱丁堡协会所发表过的观点详尽得多。

1795 年，赫顿又出版了两卷本、1204 页的鸿篇巨著《地球的理论》。1899 年，有 267 页的第三卷也被地质学协会出版，而这时赫顿已经逝世一百多年了。

1791 年之后，赫顿得了肾炎、膀胱结石症，手术后他在妹妹的照料下从事著述，抱病撰写了《地球的理论》，1794 年，赫顿的病症复发，1797 年 3 月 26 日病逝于苏格兰爱丁堡城。

赫顿有一批可观的岩石收藏，在他去世后，被他的一个姐妹捐赠到爱丁堡的皇家协会，后辗转到大学的博物馆，之后不幸遗失了。除了地质学，赫顿涉猎甚广，他出版的著作涉及农业学、化学等多个领域，如《农学原理》《关于花岗岩的观察》等。

赫顿喜欢交际，性情随和，是一个有魅力的人，尽管终身未婚，他仍然有着许多亲密的朋友和铁杆的支持者。他有一个私生子生于 1747 年，赫顿始终跟这个孩子保持着联系。赫顿的所作所为并不仅仅局限于满足个人兴趣方面，他将自己的天分运用到许多领域中去了。他还加入了许多团体。1788 年，他曾被推举为法国皇家协会的国际成员。

流传于世，两个朋友拯救了赫顿的学说

赫顿的著述非常繁冗，由于他既不善于演讲，又不善于文字创作，因此，他的著作如沉大海，直到 1797 年逝世，也没有引起多少人的注意。靠着两个朋友的努力，挽救了赫顿的学说，使他的著述得以流传于世。

一位是赫顿的挚友约翰·普雷菲尔(1748～1819)，著名的数学家，他不但写得一手漂亮的散文，而且——幸亏多年在赫顿身边——在大多数情况下知道赫顿其实想要说些什么。1802 年，在赫顿去世五年后，普莱费尔推出了赫顿原理的简写本，题目叫做《关于赫顿地球论的说明》。在这本书中，普雷菲尔不仅回顾了这位杰出地质学家的一生，还介绍了赫顿的学说。这本书在当时风行一时，莱伊

尔就是看到这本书，受到的启发。

另一位是地质学家与化学家詹姆斯·霍尔（1762～1831），在赫顿去世后，霍尔出版了一部著作，列举了大量证据来证明赫顿的学说。

赫顿去世后，霍尔用实验反驳一些反对派的观点，霍尔做的第一个实验证明了水岩石能够转变为结晶体的岩石。岩石水成论者并不认为水岩石曾经是液体，他们认为即便水岩石曾经是液体，也会在冷却之后变成玻璃状物质，而不是结晶体。霍尔在实验里，将冷却过程慢下来，这样在融化玄武岩之后，不透明的结晶体便形成了。接下来，霍尔批驳了那种认为不可能从石灰石中提炼大理石的说法。当时，人们认为二氧化碳能够像气体一样逃逸，留下的只是生石灰。于是霍尔将石灰石放在密闭的枪筒中加热，巨大的压力使它们沸腾。这样的加热过程中，便不可能再有物体挥发。冷却下来后，大理石形成了。在另一个试验中，霍尔从热土和盐水中制造出了坚固的砂岩。霍尔为证明赫顿学说进行了500多个实验为自己赢得了巨大的声名，后来他被人们视为实验地质学与地球化学的创立者。

靠着两个朋友的宣传，18世纪末到19世纪初，赫顿的火成论学说成为学术界的焦点，从而引发了一场轰动科学界的大论战——“水成论”和“火成论”两大学派的论争。

“我们既找不到起点的踪迹，也看不见结束的征兆”，赫顿提出的“深邃时间”的观念，导正了地质学的发展方向；而“理解现在是理解过去的一把钥匙”则是现代地质学的基本思想，成为赫顿对人类最深远的贡献。

地质学的奠基人——莱伊尔

莱伊尔（Sir Charles Lyell，1797～1875），英国地质学家。在莱伊尔的《地质学原理》问世之前，关于地球的历史是如何变化的，还是一个扑朔迷离的问题。莱伊尔所确立的“渐变论”为我们描绘了一幅地球演化史的清晰画面。

在地质学家、律师中摇摆不定

莱伊尔，在中国又译为“赖尔”，本文以《辞海》的译法为准。

1797 年 11 月 14 日，莱伊尔于英国苏格兰法弗夏地区的金诺一个叫金诺第的村镇，他的父亲是当地的富豪，早年毕业于剑桥大学，喜爱文学和自然科学，曾从事过植物学和昆虫学的研究工作。他还研究过但丁的古诗，喜爱去野外旅行。家里的私人图书室里，藏有大量图书和动植物标本。母亲玛丽十分贤惠，意志坚强，热心于教养子女。莱伊尔是长子，有两个弟弟，七个妹妹。

莱伊尔自幼就酷爱大自然，对博物学有着广泛的兴趣。聪明好学，记忆力很强。8 岁开始学习，10 岁时学习拉丁文，13 岁学习法文。11 岁的时候，他感染了胸膜炎，在恢复身体的时候，他对父亲图书室产生了极大的兴趣，对图书室里的昆虫标本一一鉴别，莱伊尔终身保持了对昆虫学的兴趣。

1814 年，17 岁的莱伊尔进入牛津大学，开始学习古典文学和数学，此时，他根本没有想过去当科学家，他的理想是搞文学。可是在当时的英国，身居上层的律师显然有着更高的地位，也是当时上流社会的青年追求的职业。1816 年，莱伊尔满 19 岁时，秉承父命，在牛津大学改学法律。莱伊尔的父亲希望他将来成为一名在社会上有地位的律师。

当莱伊尔聚精会神地去学习牛津法学院的课程时，他觉得头痛，感到一切事与愿违。一次，莱伊尔在他父亲的私人图书室里发现了当时著名地质学家贝克威尔着的《地质学引论》，便如饥似渴地读了起来，这是他第一次接触到的地质学系统知识，从此对地质学发生了浓厚的兴趣。大学期间，莱伊尔选修了当时著名地质学家布克兰（1784～1856）讲授的地质课程，布克兰支持“灾变论”学说，“灾变论”是当时地质学比较流行的观点。

此外，莱伊尔还参加了牛津大学地质学小组的课外考察和采化石标本等活动。通过这些活动，他认识了许多岩石和矿物，识别了一些化石种属，受到了地质学的基本训练，为他以后专门从事地质事业奠定了实践基础。

牛津大学内设有爱许莫林博物馆，陈列着大量丰富的岩矿及化石标本供人们研究。地质学讲座的教室，就设在这个博物馆的地下室内，虽然条件较差，光线暗淡，但是英国许多著名地质学家都是在这里培养出来的，莱伊尔就是其中之一。

当时，莱伊尔非常喜欢读英国自然科学家普雷菲尔写的《关于赫顿地球论的说明》一书，这本书对莱伊尔地质思想的形成与发展影响很深，赫顿是“火成论”的代表人物。

地质学在莱伊尔学习生涯中占据越来越重要的地位，莱伊尔以地质学研究为目的开始了进行一系列考察旅行，这种实地考察的做法将贯穿他的一生。1817 年莱伊尔登上了斯塔福岛，考察了那里的芬加尔岩洞。第二年，莱伊尔随父母去法国、瑞士、意大利旅行，有机会穿越了阿尔卑斯山。沿途，他对地层、峡谷、瀑布、石流、冰川以及岩层褶曲等地质现象都进行了细致地观察，并做了详细记录，采集了一些标本和化石。到巴黎时，他还特意参观了当时法国大自然科学家居维叶的化石标本陈列室，那里有各地区的、各类型的生物和化石标本，这大大开阔了莱伊尔的眼界，增长了地质古生物知识。

1819 年，莱伊尔在牛津大学毕业，取得了古典学学士学位，并被吸收为伦敦地质学会会员。应父亲的要求，莱伊尔进入林肯法学院学习法律，但他没有放弃地质学研究。

1821 年，莱伊尔得知当时的地质权威詹姆逊(1774～1854)要在爱丁堡讲授地质学课程的消息，为了进一步掌握地质理论，他毅然决定去爱丁堡听课。詹姆逊讲的地质课，内容十分丰富，在理论上概括了 19 世纪以前各家的观点，这对莱伊尔地质思想的形成与发展影响很大。詹姆逊是魏格纳的得意门徒，“水成论”的支持者。

1822 年，莱伊尔得到了律师行业的许可证，因害眼病导致他的眼睛经常酸胀，阅读法律条文变得困难无比。法学院毕业后，莱伊尔暂时放弃律师工作，从事地质旅行和研究。

同著名科学家广泛接触

1823 年，莱伊尔根据自己收集的资料，特别是对自己家乡地质情况的了解，撰写了第一篇论文——佛法尔郡的河流地质，在伦敦地质学会上宣读，受到了与会者的称赞。

这篇论文是莱伊尔早期对地质考察的总结，也充分表明了他当时基本上是一个“水成论”者。

1823年，地质协会推荐他为联合秘书，这意味着他在同行心目中真正成为了一名地质学家。从这一年开始，他独立地进行了一系列地质学研究活动。莱伊尔参加了将他引进地质学大门的导师巴克兰教授领导的地质小组，到英格兰南部萨塞克斯郡和怀特岛进行地质考察，研究那里的下白垩统地质界限与相互之间的关系。他把观察研究成果告诉他的朋友曼泰尔，后来曼泰尔将其发表在《怀特岛地质学》一书当中。

1823年莱伊尔再次去巴黎，结识了法国著名的古脊椎动物学家居维叶和当时在巴黎停留的德国著名地理学家洪堡。他还利用这次机会研究了巴黎盆地的化石，观察和对比了巴黎盆地各种地层的关系。

莱伊尔画像

1824年莱伊尔全年都在进行地质考察，先是专程陪同法国地质学创始人普利沃斯特到英格兰和苏格兰进行地质考察，对那里的地层、岩石、矿物及构造等，进行了详细的研究。在野外的共同生活中，莱伊尔从普利沃斯特那里学习他的专长和工作方法；在共同探讨中，莱伊尔受到极大的启发和教育。接着又随同巴克兰到苏格兰湖区进行专题考察，对湖的形成以及该区地层、地质演变做了详细的记载。这些活动大大丰富了莱伊尔的地质知识。

1825年，莱伊尔发表了关于岩脉侵入沉积岩的论文。

从这篇论文可以看出，随着对地质现象的广泛观察和深入分析，莱伊尔逐步发现有许多地质现象不能用水成论的观点来解释，开始对当时流行的水成论产生了疑问。

其间，莱伊尔在杂志上发表了一篇表明自己志向的文章，说明他进一步开展科学研究工作的基本设想。至此，莱伊尔完全断了当律师的念头，把地质学作为自己终身奋斗的目标。

1827 年春，莱伊尔有机会读到拉马克的名著《动物学哲学》。这本书引起了他的深思，尽管一时他还不能完全接受拉马克的理论，但物种可变的真理，不能不动摇他对“水成论”的崇拜。晚年时，在坚持了 30 多年的物种不变的观点后，莱伊尔接受了达尔文的自然选择学说和物种起源理论，成了坚定的生物进化论者。

同年，莱伊尔在评论施克罗柏写的《法国中部地质》一书时，提出了与赫顿学说相似的论点，把许多地质现象都归因于一般自然进程中水与火的作用。这种论点基本上排除了宗教迷信的愚昧和旧观念，可见莱伊尔通过地质考察和同著名科学家的广泛接触，学术思想有了较大的变化。

1828 年莱伊尔一人去了意大利，登上维苏威火山观察熔岩流，还到西西里岛进行了 5 个星期的地层考察与研究。在这期间，他还与地质学家麦奇逊结伴进行了一次长途旅行和地质考察。所有这些旅行和地质考察，大大丰富了莱伊尔的认识，开阔了他的视野。这时，在莱伊尔的脑海里不仅装满了诸如各种地层、古生物化石、火山熔岩流等众多的感性知识和材料，而且开始思考各种地质作用以

及地球进化的历史。1829 年 1 月莱伊尔从西西里岛返回罗马。他曾写信给麦奇逊，告诉他自己准备写一本用新理论阐述地质历史的新书，从最早的年代一直追溯到现在。这本新书就是现在被称之为地质学奠基性著作的《地质学原理》。该书第 1 卷于 1830 年问世，这时莱伊尔 33 岁。

轰动科学界的大论战：水火之争

就在年轻的莱伊尔刚刚跨进地质学大门的时候，地质学史上掀起了一场轰动科学界的大论战——“水成论”和“火成论”两大学派的论战，主要是在 18 世纪末到 19 世纪初，两种理论各有其片面性，各执一端，相互指责、谩骂，一时闹得水火不相容。据资料记载，有一次两派学者相约在英国爱丁堡附近的小山丘下集会，因为对这里地层结构的成因，各有不同的看法，展开了一次现场学术大辩论。从争论发展到相互指责、对骂，最后竟然拳打脚踢，演出了近代科学史上别开生面的一场闹剧。

水成论和火成论之争，是地质学发展的必然趋势，它代表了地质科学发展的一个历史阶段。实际上，无论是水成论，还是火成论，作为一种学说都有它独立的理论体系，都在地质思想发展中起过进步作用，但也各有其片面、孤立的一面。他们都只抓住一点观察到的地质现象和事实，过分强调和夸大，甚至当成地球发展与变化的全貌。譬如，水成论者断言：地球上万物变化的基础是地球外力（风、雨、冰、海……）的活动结果，在当时宗教盛行的背景下，这种论点受到宗教的利用并与《圣经》联系在一起，其结论自然会导致外力的原动力就是上帝。火成论者则相反，他们把地壳变化以及矿产的形成完全归于火山、地震的作用，过分地强调了“地下火”的动力。他们认为地球的历史是一个无穷无尽的发展过程，在这一过程中，地面的起伏与破坏，新大陆和地表新形态的形成，总是周期性地重复发生的。并且提出地表的起伏所以会破坏，是由于风化作用的关系。而新大陆和地表的新形态所以会形成，则是由于洋底在地球内部的地下火作用之下不断上升的结果。尽管火成论也存在某些片面性和局限性，但他们的理论在当时代表了地质学中的进化论学派。

这场论战对地质学的发展起了推动作用，显示了地质学中进化论思潮的生命力和地位，对自然不变论以及被奉若神明的创世论、洪水论、上帝和神学各种概念给予了有力的冲击，成为地质学发展史上的重要篇章，对莱伊尔地质思想的形成影响极大。

灾变与渐进之争

在 18 世纪末和 19 世纪初，地质学的研究更加深入、具体，出现了地层学。英国地质学家史密斯用化石当做打开地层学大门的钥匙，他认为具有同样化石的岩层应该是在同一时代形成的。他根据化石的种类，对岩层形成的年代进行分类。1799 年，史密斯发表了他的岩石分类法。1815 年，他又绘制了英国岩层地质图。研究岩层的年代、

成分、构造、分布等规律的地层学成为寻找矿产的指南。

地层学的研究也给法国生物学家居维叶的“灾变论”（也称“激变论”）提供了根据。1812 年，居维叶在《化石骨骼的研究》一书中，表达了他关于地球发展变化的观点。居维叶反对赫顿的地质演化论，他认为岩层变化之间的不连续性，说明地球的历史上曾发生过多次巨大的灾变。地球历史上确实发生过比较激烈的变化，所以，这种观点曾经得到广泛的承认。但是，如果从这种激烈的变化中引申出有超自热的力量，那就陷入了唯心主义的泥坑，实际上是承认上帝的力量。

居维叶的灾变论实际上是魏格纳水成论的发展。水成论和灾变论同生物学上的物种不变论是一致的，同上帝创造万物论是一致的。

作为一个自然科学家，居维叶在实际研究工作中揭示了许多在科学上颇有价值的事实，特别在古脊椎动物学、古生物学和比较解剖学方面有重大贡献。百年来，人们对居维叶科学成就的评价，批判者多，而对他在科学上的贡献多有忽略。

正当灾变论风靡地质界的时候，一种生物缓慢进化思想在法国形成，其代表人物是拉马克。拉马克是法国著名的生物学家，公认的物种变异论的创始人。

拉马克生活的年代，正巧是灾变论产生与繁荣时期，拉马克对各类化石颇感兴趣，长期进行研究，从而得出种与种之间有过渡关系的结论。他认为一些种属是由另外一些种属逐渐发展而来的，而低级种属向高级种属的变化，则需要一段漫长的地质时期。由此，拉马克得出地球已经存在十分久远的结论:“一旦人类清楚地了解生物的起源——人类心目中的地球的这一久远历史,一定还得拉长……”这种进化的思想,受到当时权势的压制,在拉马克生前没有得到发扬。

与此同时,地球缓慢进化的思想在莱伊尔的学术思想中也逐渐孕育成长。

同水成论和灾变论相对立的是渐进论,莱伊尔发展了赫顿的火成论、拉马克的地球缓慢进化的思想,提出了渐进论。

莱伊尔在长期野外考察掌握了大量资料的基础上,明确提出:地质的外力因素——风、雨、河流、海浪、潮汐、冰川、火山和地震等,经过漫长的地质历史,不断侵蚀、搬运以及沉积作用,改变着地表结构和地壳构造,从而论证了这种地质作用是缓慢的。他根据遍布欧洲的第三系与现代沉积相对比,提出:古今的这种“微弱”的地质作用是均一的,因而推断出过去的地质过程同样也是缓慢的。

莱伊尔的这种论点,同当时盛行的灾变论针锋相对,从而揭开了地质学发展史上的又一场大论战——灾变论与渐进论的论战。

论战的焦点主要集中在:地壳及其生命的成因起源与变化是瞬间发生的,还是逐渐、连续、缓慢地发生的。莱伊尔在论战中充分地论述了自己的渐进观点,指出“灾变论”由于过低估计了过去时间的长度,结果把毫无关系的事件扯到一起,好像它们是同时存在似的。他说,居维叶把几百万年,误认为几千年,导致了对地球的年龄和历史作出荒唐的结论;同时,“灾变者”过于夸大了各种作用的力量及其猛

烈程度，因而在追溯原因时，就虚构出“超自然”神的存在。

论战中，莱伊尔广泛而系统地论证了渐进论的核心——“将今论古”的现实主义理论和方法，并概括成为一句名言：“现在是了解过去的一把钥匙。”莱伊尔以渐进论有力地驳斥了居维叶关于地球历史多次灾变的陈腐论调。地质学经过对灾变论的批判，抹去了居维叶给地球发展史涂上的神秘色彩，把地质学引向了进化、科学的发展道路，正像恩格斯在《自然辩证法》一书中指出的：“莱伊尔第一次把理性带进地质学中，因为他以地球的缓慢的变化这样一种渐进作用，代替了由于造物主的一时兴起所引起的突然革命。”

莱伊尔把这一理论系统地写进《地质学原理》一书中。

划时代的名著——《地质学原理》

1829 年，莱伊尔完成了《地质学原理》第一卷的编写工作，1830 年 1 月付印出版。初版共 3 卷，第二卷和第三卷分别于 1832 年 1 月和 1833 年 5 月出版。莱伊尔这部科学著作受到人们普遍的欢迎，当第三卷尚未出版时，第一卷、第二卷已经再版发行，因此第三卷出版时，前两卷不得不刊印第三版。《地质学原理》出版第四版时，扩大为 4 卷，1834 年 5 月出版。

《地质学原理》第一卷论述地质学发展史和地质现象古今变化的原理；第二卷论述无机界现时正在进行的各种地质变化；第三卷论述有机界在自然选择、地理分布和迁徙，以及在人工驯养、培植等条件下所引起的变化；第四卷为地质学的基本内容。

从 1838 年开始，莱伊尔把第四卷即地质学的基本内容抽出来并加以扩充，以《地质学纲要》的书名出版单行本。这本书在 1851 年又经过重编，定名为《普通地质学教科书》，1865 年又改为《地质学纲要》，先后共出了六版，影响深远。莱伊尔在这本书中建立了地层系统，论述了岩层分类、分布、形状和结构，其中对火山岩、深成岩、变质岩的特征也做了精辟的阐述。就内容来看，它同《地质学原理》是各有千秋。

到 1873 年，《地质学原理》共出版十一版，各国都有译本。我国于清代同治十二年(1873)由华衡芳翻译出版，译名为《地学浅释》。1959 年，徐韦曼先生从《地质学原理》英文第十一版再次译成中文，由科学出版社分两册出版。

《地质学原理》第一卷出版的 1930 年的英国，莱伊尔的学术观点得到迅速的传播和普遍的认同，刚刚起步的年轻的科学家们读到莱伊尔的这部科学论著，简直如获至宝。

达尔文在回忆录里谈到莱伊尔时写道："我跟随亨斯洛教授在'比格尔号'勘探船上进行科学考察的时候，教授跟那个时代所有的地质学家们一样，把连续不断的'灾变论'奉如神明，他建议我把刚刚出版的莱伊尔《地质学原理》的第一卷找来读一读，不过他还规劝我，千万不要相信莱伊尔的种种理论。"

达尔文在这次环球旅行时，随身携带着莱伊尔的《地质学原理》第一册，在读完后，他写下了自己的感慨："莱伊尔在他那本可钦佩的书中发表了他的观点，现在我已变成了这个观点的热心信徒。南美洲的地质调查,引导着我把这些观点的某些部分,引申到更深入的程度……”著名的生物学家赫胥黎说:“莱伊尔是一个主要的行动者,为别人和我自己铺平了达尔文主义的道路。”

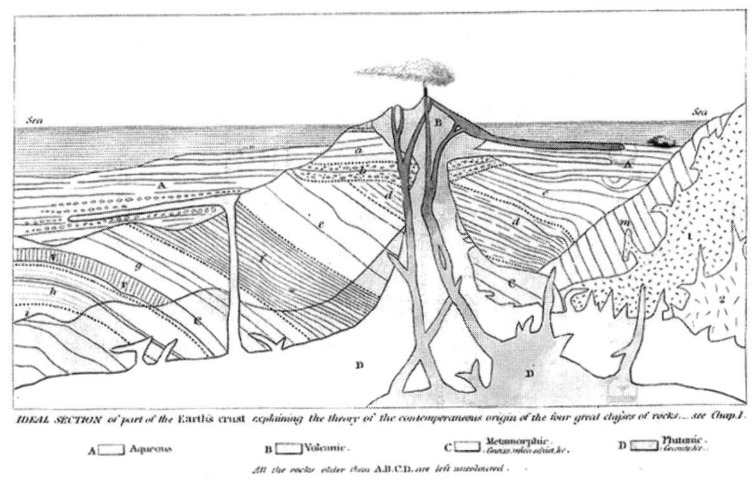

《地质学原理》卷头插画,美国第二版,1857 年

19 世纪 40 年代初期,莱伊尔的理论取得了彻底的胜利,莱伊尔被人称做“英国的先知”。新一代地质学家把莱伊尔看做是自己的领袖和导师,老一辈地质学家的那些旧理论被送进了历史档案库。

莱伊尔的《地质学原理》的问世,促进了矿物学、岩石学、地质学、古生物学、生物地层学、矿床学、构造地质学向纵深发展,推动了地质学这门新学科的建立,它不仅完善了地质科学的理论基础,同时也为生物进化论开辟了道路。

莱伊尔的《地质学原理》是一部代表 19 世纪进化论地质学的总结性的作品,它反映了到 19 世纪中叶为止地质科学的先进思潮,因此,这本书被誉为自然科学史上划时代的名著。

恩格斯在《自然辩证法》一书中高度地评价了莱伊尔。恩格斯指出，在自然科学史上，对保守思潮打穿了“缺口”的杰出科学成就有：“第一个缺口：康德和拉普拉斯。第二个：地质学和古生物学（莱伊尔，缓慢进化说）……”

莱伊尔的这部著作，构成了莱伊尔进化论的地质思想，莱伊尔在《地质学原理》第十版序言中指出：“这些事实和论证，可以使我相信，现在在地球表面上或地面以下活动的作用力的种类和程度，可能与远古时期造成地质变化的作用力完全相同。”

这就是莱伊尔提出的“将今论古”的现实主义原则，作为研究过去地质作用的方法，至今仍有其现实意义。

与达尔文的友谊

莱伊尔在一生中结识了许多知名的大科学家，在 19 世纪 20 年代初期有居维叶、洪堡、拉马克等，这些人对他“渐进论”思想的形成起了重要作用。19 世纪 40 年代，特别是 1831～1837 年间，莱伊尔与比他小 12 岁的达尔文交往密切，他们之间的友谊促进了各自理论的发展，对地质学进化论思想和进化论生物学的发展起着相辅相成的作用。

达尔文是 19 世纪杰出的英国自然科学家，生物进化论的奠基人，达尔文主义的创始人，世界名著《物种起源》的作者。

在莱伊尔的具体帮助下，达尔文于 1845 年完成了《一

个自然科学家在贝格尔号航行日记》一书的创作。在该书出第二版时，达尔文特设专页写上对莱伊尔的献词："谨以感谢和愉快的心情，将本书的第二版献给皇家学会会员查理士·莱伊尔爵士。这本日记以及作者的其他著述如有任何学术价值，那么，这主要归功于那本著名的、可钦佩的《地质学原理》，特此致谢。"可见，达尔文对莱伊尔是十分尊敬的，以上的简短文字，足以表达他对莱伊尔的感激之情及他们之间的诚挚友谊。

摄于达尔文 51 岁，发表《物种起源》之后不久

达尔文曾经说过："就待人谦恭、与人为善的品质而言，在所有的科学家当中，没有任何人能与莱伊尔相媲美。我与他交往很多，我们之间不由自主地形成莫逆之交。说起来都难以令人置信，他对我的研究计划是那样关心备至，那样体贴入微。"

自然选择理论和生物变异学说是达尔文进化论的核心，也是他对科学的主要贡献，而这些理论的形成和发展，严格地说，也是起源于莱伊尔的"将今论古"的现实主义原则。莱伊尔的渐进的地质思想，使达尔文深刻地认识到现时生存的物种是由现存物种变异和遗传而来的，而现存物种，又起源于更古的、更原始的物种。达尔文这种生物进化论，反过来又促进和影响了莱伊尔地质思想和方法论上的改进和进步。

达尔文的《物种起源》一书，是 1859 年在伦敦出版的，它的出版震动了整个学术界。在该书出版前三年，达尔文就把自己关于物种起源的思想、观点以及新的理论，毫无保留地告诉了莱伊尔，在有机界的进化以及物种变异上，莱伊尔有不同的看法，直到达尔文的《物种起源》一书出版时，这两位伟大的科学家之间，在重大理论问题上还存在着原则分歧，有一些观点，甚至是针锋相对的。

莱伊尔是坚持物种不变论的。在关于自然选择学说和人类起源问题上，他曾与达尔文发生过多次激烈争论，并为此向达尔文提出警告。然而，达尔文据理力争，并以许多实际资料和实验结果来论证，真理越辩越明，莱伊尔终于服从了真理，完全放弃了他坚持三十余年的物种不变的传统观念，接受了达尔文的自然选择学说和物种变异理论。这使达尔文感到由衷的喜悦，达尔文说："鉴于他的年龄，他以前的观点以及在社会上的地位，我认为他对这一理论的行动是英雄的。"

另外，关于珊瑚礁形成的问题，达尔文做过一个精彩的报告。这个报告曾引起莱伊尔激烈的思想斗争，因为过去莱伊尔一直认为珊瑚礁的成因是"水下火山口上升"造成的，甚至说成是太平洋下沉以及南美洲大陆上升的结果，并用这个理论解释过许多地质现象。达尔文的新理论以及许多科学家的论证，都认为珊瑚礁的形成，是由珊瑚虫所建造的，与"火山口上升"完全没有关系。经过深入思考，反复印证，莱伊尔诚恳地接受了达尔文的新理论。

莱伊尔认识了自己的错误论点后，曾多次公开表示他

接受自然选择学说和物种变异理论，并在《地质学原理》第十版中，就这方面作了一些阐明和更正。同时，为了表达他接受了达尔文物种变异的理论，莱伊尔撰写了论述人类起源的著作——《人类演化的地质论证》，于 1863 年出版。66 岁的莱伊尔在书中以全新的观点，论证了人类起源的重大课题。

一生都在完善修改《地质学原理》

《地质学原理》第一册的出版，标志着莱伊尔在学术上进入了成熟阶段，书中的渐进论思想，引起了科学界的激烈争论，莱伊尔也随着这部巨著的广泛流传而扬名于世。

《地质学原理》出版后，莱伊尔把全部精力都集中在野外地质考察和研究工作上，通过地质实践，不断地验证自己提出的理论和观点，充实和完善《地质学原理》的内容。从 1830 年到 1873 年的 43 年间，《地质学原理》共出了十一版，每一版的修改和补充，都是莱伊尔艰苦野外地质考察的最好记录。

莱伊尔一生都在完善修改《地质学原理》，1875 年莱伊尔开始修订第十二版，不幸于当年 2 月 22 日在英国伦敦去世。

《地质学原理》出版这一年，莱伊尔已满 33 岁。1832 年 7 月，莱伊尔与相恋多年的玛丽·伊丽莎白·诺尔妮结婚，这时莱伊尔已满 35 岁，玛丽只有 23 岁。玛丽的父亲也是著名的科学家，玛丽知识非常渊博，懂几国外国语，也做过地质学研究，并且在研究工作方面给丈夫以很大的帮助，譬如协助他进行岩石标本的鉴定等等。玛丽温柔贤淑又聪慧伶俐，性格十分沉稳，他们心心相印、情投意合，共同携手度过了四十个春秋。

《地质学原理》中文版

结婚那年，莱伊尔正在撰写《地质学原理》第二、三册，同时又忙于第一册第二版的出版，时间很宝贵。在取得了夫人的同意后，莱伊尔决定趁蜜月旅行之际再进行一番地质考察。他们经过波恩，沿莱茵河向上，穿越瑞士的阿尔卑斯山，到意大利北部，沿途还做了专题考察，取得了大量资料，丰富了《地质学原理》第二、三册的内容。

结婚后，莱伊尔全身心投入到独立研究工作中去，并辞掉了 1831 年担任的伦敦皇家专门学校地质学教授的职务。

1833 年，莱伊尔再次从巴黎到波恩，沿莱茵河到法兰克福、曼海姆，直至比利时的东部和法国的北部滨海一带进行了地质考察，对那里的海陆变迁、海岸结构做了详细的研究。

1834 年，莱伊尔到斯堪的纳维亚半岛进行地质考察，特别是对瑞典海岸上升现象颇感兴趣。在这次野外考察中，他研究了冰川现象和冰川活动，这次考察所取得的成果都补充在《地质学原理》一书第三版中。

1835 年，莱伊尔应邀参加了在波恩召开的德国科学协会会议，会上受到与会者的尊敬，被选为地质学组的领导人之一，同德国著名地质学家冯·布赫，法国著名地质学家埃里·德·鲍曼轮流主持地质组的工作。在会议期间，莱伊尔多次同他们进行讨论与交谈，获得颇大的启发。

1838～1840 年，莱伊尔集中精力从事冰川的考察与研究，1839 年提出了冰河期的概念，从而建立起第四纪地层的完整系统。

1840 年，莱伊尔听取了阿卡则(1807～1873)在伦敦地质学会上宣读的有关冰河期的报告和论证，使莱伊尔深受启发。于是，莱伊尔根据新的资料重新拟定了划分第四纪地层系统的科学根据，并纠正了过去把某些苏格兰冰川地形当做古海海面侵蚀遗迹的片面看法。

1841～1842 年，莱伊尔到北美旅行并进行地质考察。这次旅行由美国著名地质学家霍尔陪同并作向导。在这次考察中，莱伊尔研究了魁北克地区下古生界与古老结晶岩系的不整合接触；研究了尼亚加拉瀑布，认为这个瀑布是说明河流在坚硬岩石中能逐渐掘蚀一个大深谷的例证。尼亚加拉河是在一个台地上流过的河流，原台地上的一块洼地，形成现在的伊利湖。这些资料在《地质学原理》第十一版中都有充分的阐述。

1845 年，莱伊尔的《北美旅行记》分两卷册出版，这本书生动地描述了北美地质考察的过程和内容，成为研究北美地质的重要文献。

1850 年，莱伊尔再次去比利时和德国考察，核实和论证过去已取得的资料，在火山喷发的资料方面又获得了新的论证。在这次旅行期间，莱伊尔会见了许多地质学家，探讨了关于欧洲地质的一些重大课题。在波茨坦，莱伊尔见到了洪堡，这两位著名的科学家畅谈了许多地质理论问题，其中有关火山现象的探讨尤为精辟。洪堡提出了火山作用不仅在地球的古代地质史中起了巨大的作用，在现代地壳活动中也有着重要作用。他认为生成于山脉中或形成火山岛的火山是呈线状分布的，提出了火山与深入地球内部的地壳断裂有着密切关系的新见解。这些进步的地质思想，对莱伊尔影响很大，对他充实和修订《地质学原理》有关篇章起了指导作用。

1852 年，莱伊尔应邀到波士顿罗维尔研究所讲学。在讲学中，他宣传自己的“渐进论”观点，以在北美两次考察所获得的资料为例证，并概括了欧洲各地的地质资料，讲授生动有趣，内容丰富，深受听众欢迎。

此后，莱伊尔又到欧洲许多国家旅行、考察，先后到过西班牙、瑞士、奥地利、捷克等地。

1859 年，莱伊尔去荷兰和法国巴黎考察。在荷兰，他研究了荷兰的海水内浸问题，观察了被海侵淹没了的村庄。他还参观了抽干哈勒姆湖的工程。同年，莱伊尔参加了英国科学协会地质学组会议。会上，他对达尔文已脱稿的巨著《物种起源》给予高度评价和热情的宣传，指出：“在我看来，根据他的研究和推理，对于同生物的亲缘关系、地理分布和地质连续有关的多种现象已经提供了清楚的解释，没有其他假说能够加以解释，或曾试图加以解释。”莱伊尔以自己在学术界的声誉和地位，为达尔文《物种起源》一书的出版消除了某些障碍和阻力。

莱伊尔对地质学的研究是孜孜不倦、永无止境的，他把几十年的考察成果，不断地充实到《地质学原理》各版之中，不断地完善自己的论点，确保了这本科学论著的生命力。1872 年，他虽然已是 75 岁高龄，还专程到法国考察洞穴堆积，获得了许多珍贵资料，为撰写《人类演化的地质证据》一书，创造了条件。有研究者说，莱伊尔生命中的三分之一时间是在“野外作业”中度过的。

随着莱伊尔新地质学的发展，他作为奠基人的名声日渐扩大，各种学术组织和政府颁发的奖励和荣誉纷至沓来。

英国历史最久远、声望最高的伦敦皇家学会于 1834 年授予莱伊尔金质奖章，以表彰他不朽的科学著作《地质学原理》。1848 年英国维多利亚女王封他为爵士称号（准男爵），以此身份于 1861 代表伦敦大学出席了国会。1864 年晋升为二等男爵。莱伊尔两次被牛津大学（1853）和剑桥大学（1874）聘为名誉博士，两次当选为伦敦地质学会主席，1861 年当选为英国皇家学会主席，同年，英国政府任命他为英国博物馆馆长。

在国外学术界，莱伊尔的声望也很高，一度曾经视他为异教徒和异端邪说的巴黎科学院改弦更张，1862 年莱伊尔被选为法国科学院通讯院士，荣获普鲁士科学奖。

1875 年 2 月 22 日，这位享有盛名的英国自然科学家与世长辞，终年 78 岁。他的遗体与英国其他杰出的精英一起，长眠在威斯敏斯特修道院。

至今人们将他的学说仍看做是地质理论的经典，认为他是地质学的奠基人。达尔文毫不讳言深受渐进论的影响，并据此提出适者生存的进化理论。

近代地理学的开山鼻祖——洪堡

亚历山大·冯·洪堡(Friedrich Wilhelm Heinrich Alexander von Humboldt,1769～1859),著名的德国自然科学家、自然地理学家,近代气候学、植物地理学、地球物理学的创始人之一;涉猎科目很广,特别是生物学与地质学。他的哥哥是柏林洪堡大学创立者威廉·冯·洪堡。

古怪少年

洪堡在他事业最高峰的时候，是欧洲最出风头的人物之一。他以 90 岁高龄辞世（当时欧洲平均寿命 48 岁），终身未娶，没有留下任何财产，留下的是影响至今的科学财富。

1769 年 9 月 14 日，亚历山大·冯·洪堡出生于柏林，他的家庭和柏林这座城市的政治文化生活有密切的关系。柏林是普鲁士首都，普鲁士是后来统一成德国的最主要的独立国家。当时的统治者是欧洲的领袖之一弗雷德里克二世，即大弗雷德里克。

洪堡的父亲亚历山大·乔治·冯·洪堡少校是弗雷德里克大帝的宫廷大臣，世袭男爵，母亲为法裔，生有二子。洪堡排行第二，哥哥威廉·冯·洪堡比他大两岁，成年后的威廉创办了被誉为世界大学之母的柏林洪堡大学，是著名的教育家、语言学家。兄弟两人在德国乃至世界的教育、科学史上都留下了重要的足迹。

10 岁的洪堡在父亲 1779 年去世后开始读书。他和他的哥哥一起接受家庭教师的教育。其时，贵族家庭的子女是请家庭教师在家中上课，而并不是被送到学校去接受教育。1983 年兄弟两人一同跟随家庭教师来到柏林，并请来各种学科的科学家做他们的教师。他们在柏林一直生活到 1787 年，听过许多科学家讲课，然后就奔赴法兰克福读大学，哥哥威廉进的是法律系，洪堡攻读的是财政经济。

在这样一个显赫的贵族家庭，兄弟两人受教于同一位家庭教师，上同一所大学，出入同样的沙龙，与同一些朋友（席勒、歌德等）交往，而情趣、爱好却大相径庭。

威廉稳重，功课优秀，喜欢读书，迷恋古典文学，喜好希腊、拉丁语，这些在当时是贵族子弟必学的课业。教师和父母都十分喜欢他，一致认为他今后一定有所作为，母亲盼望他将来能成为显赫一时的外交使节。

洪堡贪玩，又体弱多病，最爱摆弄树叶、昆虫、石头，他搜集形形色色的螺蚌贝壳，采集各种植物的茎叶花卉，逐个查询它们的名字，贴上标签分门别类地保存起来。

洪堡喜欢地理课，经常向老师提出一系列的问题，比如：哪个国家生长什么植物，哪些河流最长最宽，是从什么地方发源的，山有多高，什么地方冷什么地方热，赤道以南地区能看到哪些星星等。

地理老师并不能完全满足他的要求，欧洲的情况可以讲得十分详细，锡兰（今斯里兰卡）、印度的情况也能介绍一些，但是关于非洲中部、南美洲的情况，就不能介绍了。因为当时还没有人去非洲中部详细考察过；欧洲人虽然已经到达了南美洲，但是那些军人、传教士、贵族和寻找金银的矿工们，对生物、火山以及天上的星星等诸多类似的问题并不感兴趣，也没有这些方面的知识。

洪堡在其成名之后写的回忆文章中，对自己小时候的情况有一段生动的描述：“幼年时，我在地图上观看陆地和海洋的形状时所得到的乐趣，想看从不在我们的地平线上出现的南天星座星星的向往，我们的大本圣经插图中黎巴嫩的棕榈树和雪松的优美图画，可能都有助于激起我到国

外旅行的渴望。如果我问自己，什么东西最先唤起我去观看热带地区壮观景物的渴望，我的回答：是太平洋岛屿的生动描述；在伦敦看到的那些油画；恒河的风景画片；在柏林附近离我家不远的植物园古塔里见到的一棵巨大的龙血树。”

洪堡这种古怪的爱好和他贵族的身份，可以说是水火不兼容的。母亲担心洪堡这样下去会给家族丢脸，有损于贵族的尊严。她打算给洪堡找一份她认为体面的工作。

普鲁士王国当时的经济收入，很大一部分依靠着采矿事业。国家有很多银矿、铜矿、盐矿。所有矿山的开采管理业务归矿务部主管，矿务部的官员们既有权势又受到人们的尊敬。如果让洪堡去学习矿业，既和他的爱好相去不远，又不会损伤家庭和这位年轻男爵的体面，是件一举两得的事情。家庭对洪堡的工作安排就这样定了下来。洪堡十分清楚自己所处的环境，考虑再三，洪堡最后决定尊重家里的意见，同意到大学里去学习矿业专科。

大学生涯

1787 年，刚满 18 岁的洪堡就被送到奥得河畔的法兰克福大学学习经济，洪堡的家庭数学教师把他介绍给了聚集在柏林的一个知识分子沙龙，经常有一些著名的学者在那里进行科学演讲，还包括一些示范实验；加上洪堡与生俱有的一种几乎对各种新鲜事物“贪得无厌”和漫无限度的好奇心，便把他引向了科学的道路。在法兰克福读书期间，他已经对物质世界各个方面很感兴趣了。

然而只过了一个非常短的时期，在母亲的坚持下，洪堡回到柏林大学学习工厂管理。虽然无法拗过母亲，进什么学校由不得自己，但学习的主动权却掌握在自己的手里，他开始学习植物学。

1789 年，洪堡进入到格丁根大学学习了短短的一年，这一时期对他今后的人生产生了重大的影响。意大利的大学衰落以后，格丁根大学成为全德国大学改造和兴旺的榜样。在此，洪堡学习了物理学、语言学、考古学，特别是矿物学（研究矿物，如金、铁、煤以及采矿的学科）和地理学（研究地球历史、结构和成分的学科）这类大学里最新开设的学科。不久以后，事实证明它们对于 19 世纪初期寻求工业发展的欧洲国家来说非常重要，特别是对煤和铁的利用。

在这里他结识了刚参加库克船长南洋远航归来的著名地理学家乔治·福斯特（1754～1794），那时，福斯特已经跟随英国航海家库克船长完成了第二次环球航行。第二年，他就和福斯特一起沿着莱茵河徒步到达荷兰，然后又乘船去英国、比利时、法国旅行。两个人在英国会见了几个有影响的科学家，包括班克斯爵士，班克斯曾作为植物学家参加库克船长的第一次伟大的远洋旅行，与洪堡见面的时候，他是伦敦皇家学会的主席。洪堡后来说过，他对地质学发生兴趣正是他和福斯特相识之后开始的。

1790 年洪堡离开了格丁根，出于对母亲意愿的尊重，进入汉堡商业学院学习经济、政治，但这些并不是他真正的兴趣所在。出于对矿物学和地质学的热爱，1791 年，洪堡转入了当时在欧洲最有名的弗赖堡矿业学院，学校的课

程对身体素质与智力水平要求很高，学生们整个上午都在矿区劳动，下午则学习地质与矿物学。

当时矿业学院的院长沃纳（1749～1817）是欧洲最有影响力的地理学教师之一，沃纳是水成论的支持者。

地质学史上的水成论与火成论之争是一个重大的事件，它激发许多人投身于地质考察和研究之中，并出现了一大批璀璨夺目的地质学家，以致科学史上将1790～1830年誉为“地质学的英雄时代”。

洪堡在大学期间接受沃纳的水成论观点，但随着后来到处旅行所见所闻的不断积累，他最终转向火成论。

初露锋芒

1792年，23岁的洪堡获得了普鲁士王国拜罗伊特和菲希特尔山区矿产检查员的职位，实现了母亲的愿望。1793年被提升为法兰考纳矿产检查官。

当时的矿井里照明、通信的设备很差，黑暗、憋闷、潮湿。这种巡视矿井的差事又脏又累，但他却感到是一种莫大的乐趣。

作为一名矿产检查官，洪堡完全可以在房间里悠闲自在地办公，而不需要到矿井上去。而洪堡却积极参加矿业检查，从一个矿井跑到另一个矿井，从矿井与隧道中收集植物与矿石的标本，对矿物和岩石进行实地考察和研究。在这些生物学研究的基础上，洪堡完成了有生以来的第一份关于植物生理学的科学论文《弗赖堡的地下植物》，1793

年发表，这是一部研究古植物学的著作。

年青时的洪堡

对于矿井疏于管理的状态，洪堡进行了改进工作，为矿工创造好一些的条件。他发明了一种安全灯，建立了第一所矿业人员培训学校，所需款项均由他自己支付。在他的努力下，矿业产量不可思议地提高了六成。

洪堡的才干和工作成绩受到矿务部大臣和国王的赏识，所以被接连提升。1794 年被提升为总检查官。

从 1792 年至 1797 年，他担负起外交使命，前往欧洲中部几个国家的盐矿地区。旅行过程中，他见到了许多当时顶尖的科学家。

人生选择

1976 年 11 月，洪堡的母亲病逝，给他留下了一大笔遗产，洪堡自由了，再也不用为生计而工作了。洪堡立即辞去矿务部的工作，回到家中。他把父母留给他的房屋和土地变卖，获得了一笔数目可观的款项，准备作为远游的旅行费用。同时，他又抓紧学习天文学和掌握测定地理方位

的方法，因为他清楚这对他的探险活动是必要的。

当时，物理、数学、化学、天文等学科都有了许多惊人的突破，而关于自然史的研究还处于萌芽阶段，虽然已经有过了一些科学远征考察活动，但仅局限于对当地外表特征的肤浅了解，而这些地区，特别是大陆腹地的自然环境，并没有人进行过深入具体的研究考察。洪堡在格丁根大学学习时，就曾深表遗憾地说："在精确的仪器每天都在增多的同时，我们对于很多高山和高原的高度仍然一无所知。"洪堡决心到人们还不了解的那些地方去旅行、考察、探索、研究那里大自然的奥秘。

正当洪堡为旅游做计划时，英国的勃里斯托勋爵也正计划着进行一次豪华舒适的旅行。他计划和一大群寻欢作乐的人乘坐游艇一直向尼罗河上游航行，能航行多远就航行多远。

当这个消息传到洪堡耳朵里的时候，他非常高兴，他认为尼罗河一定是发源于非常遥远的高山地区，那里可能还会有火山分布，而考察火山是洪堡盼望已久的事情了。

洪堡向勃里斯托勋爵提出了随船一同出游的请求，勋爵很高兴有这样一位年轻的男爵作为同行的旅伴，同意他一起出航。洪堡开始为这次旅行做种种准备了。

与此同时，1796 年 3 月，26 岁的拿破仑被任命为法兰西共和国意大利方面军总司令，在意大利，拿破仑统率的军队多次击退了奥地利帝国的维尔姆泽将军与萨丁组成的第一次反法同盟联军，最后迫使对方签署了有利于法兰西共和国的停战条约，这是拿破仑军事史的杰作。取得意大利之役的胜利后，拿破仑不断地炫耀武力向周围扩张。

正当洪堡积极为旅行做准备之时，他听到一个消息，说拿破仑要进攻叙利亚和埃及。如果埃及被法国占领，像勋爵这样的英国人，是不会被允许到那里去的。

虽则如此，洪堡仍不甘心，他决定到巴黎去探听一下消息。洪堡的哥哥威廉，正像他母亲所期望的那样，成了普鲁士王国驻法国大使，当时正驻节巴黎。1798 年，洪堡从柏林到了巴黎。在那里他得到了可靠的消息，拿破仑确实率领一支军队去进攻埃及了。

这样一来，到尼罗河上游去游览考察的计划也就变成了无法实现的泡影。

这期间，洪堡结识了一个年轻的法国人。这个人叫邦普兰，当时才 25 岁。邦普兰的父亲和祖父都是医生，他本人也是一个外科医生，但是他的兴趣是研究植物学。邦普兰热爱大自然，富于冒险精神，在这方面和洪堡情趣相投，因此两人很快就成了亲密的朋友。

1799 年 3 月，洪堡觐见西班牙国王，请求赴美洲考察。那时，南美大部、中美全部以及北美的部分仍受西班牙辖制，严禁与他国通商往来。由于洪堡深谙地质学，又熟通采矿事务，得以说服国王相信此行对西班牙大有好处，譬如探明新矿源——金矿和钴矿等，一如他在普鲁士所发现的那

邦普兰

样。西班牙国王打破陈规，允许洪堡在西班牙中心与南美的殖民地进行科学探索，也被允许到其他国家去，譬如古巴、墨西哥、委内瑞拉、哥伦比亚、厄瓜多尔、秘鲁、智利、阿根廷、菲律宾等，要知道，西班牙当时跟欧洲大陆至少有三百年不来往了。

可是，西班牙国王并没有答应给洪堡物质上的支持，他们旅行中的一切费用必须自己支付。洪堡变卖父母留下的遗产，就是为了筹措远游的旅费，邦普兰没有殷实的家产，他在旅行中的支出也由洪堡负担。

洪堡和邦普兰花了几个月的时间准备和搜集相关物资、工具和设备，准备了笔记，组建了工作团队。随船物品中，有象限仪、六分仪、磁力计、比重计、气压计、温度计、天蓝仪、空气纯度计、计时仪、莱顿瓶等等，凡是当时科学所能提供的精良仪器应有尽有。而所有这些，包括船资运费和日常开支，都由洪堡自费支付。

这时，法国和英国正在交战，海面上战船出没，海战时有发生，出海远航要冒很大的风险。洪堡和邦普兰出游心切，并没有把这种危险放在心上。对他们来说，最重要的是找到一条去南美洲的船，以便及早起航。

行前他制订了最乐观的计划，甚至与船商谈妥几年后将标本运回欧洲的途径，并预付了费用。在给友人的一封信中洪堡谈到了此行的目的："我要采集植物，搜寻化石，观察天象。但这并不是此番旅行的主要目的。我想探考自然界的各种力量怎样相互作用，地理环境怎样影响动植物的生活。换言之，我要找到自然世界的一致性。"但他也估计到最坏的结局，因此立下了遗嘱。

美洲探险

1799年6月5日，洪堡和邦普兰持西班牙皇家特许护照，搭乘一艘名为“毕扎罗”号的轻型巡洋舰，离开西班牙的港口，驶进了浩淼无边的大西洋。正是这次不同寻常的远航旅行，开创了近代地学特别是自然地理学的新纪元。

7月16日，他们抵达位于南美东北角委内瑞拉的库马纳（今属哥伦比亚），这里也就成了洪堡南美洲旅行的起点。他们花了三个月对当地进行考察和研究，洪堡对库马纳大地震和通古拉瓦火山作了考察和分析，他了解到通古拉瓦火山爆发时，喷出的热水和泥浆比熔岩还要多，通过考察和分析，他认为库马纳地震是1797年基多大地震的导火线，指出地质构造和地壳运动之间的密切关系。洪堡还观察了日食和星座。10月28日，在观察日食的时候，由于长时间的仰视天空，他的脸被严重晒伤。

1799年的11月，洪堡和邦普兰向委内瑞拉的首都加拉加斯前进。年底到达加拉加斯。他们租用一间房子来度过雨季，并试着将采集的各种标本分类，还作了详细的目录。到那时为止，他们已经采集了1600多种植物标本。

南美洲的北部有两大主要河系：奥里诺科河系和亚马孙河系。洪堡和邦普兰打算深入南美洲内陆，勘察一下奥里诺科河的上游地区。当时，人们都知道亚马孙河是世界上一条著名的大河，长度、水量都非常大；奥里诺科河也是南美洲北部一条大河，河面宽阔、水量丰富。这两条河的

上游地区是什么样的？有人讲，这两条河的水系是相通的，这是不是真的呢？

1800 年 2 月，洪堡和邦普兰离开加拉加斯，开始了他们在南美洲内陆的旅行考察。他们的旅行从徒步穿越没有树木、只有野草丛生的大草原开始，他们在密林中穿行，一路考察和研究沿途的植物和动物，他们看到许多在欧洲从来没有见过的奇异植物。有一次，一只美洲虎就在他们身后跟了好长时间。夜晚，他们就在森林中过夜，在露营处的周围燃起火，驱赶毒蛇猛兽。

洪堡南美探险路线图

在这片南美热带雨林地区的一些水潭中，生活着一种奇特的电鳗，它身上的电流能击晕甚至电死其他动物。洪堡亲眼看到过当地印第安人捕捉电鳗的情景：他们把一些野马赶到水潭里并高声吆喝。当受到马蹄践踏和人声恐吓的时候，电鳗就蹿到水面，将马电击在水里，有些马被电击以后，虽然跑到了岸上也会摔倒在地。不过这时电鳗不是得胜了，而是上当了。原来藏匿在水底的电鳗，一浮上水面就暴露在猎人面前了。这时，围在四周的印第安人就用鱼叉将电鳗捉上岸来。

在密林中旅行，河流是最畅通的道路，在蜿蜒穿流于丛林中的水道上航行，比起在密林中徒步或骑马行进要顺当得多。在洪堡的旅程中，就有很长一段时间是在航船上度过的。

他们乘坐独木舟或一种独特的小船，这种小船是印第安人用树皮制作的，船身很小，船尾还有一个用树枝和树叶搭盖的小舱，如果躺在船板上，舱顶只能遮住人的半截身体，下雨时下半身就要被雨水淋湿。

在热带丛林中的河流上航行，也是很不安全的。在很宽的河面中，经常有很大的风浪；在河面狭窄的地段，水流又十分湍急，行船会更加艰难，随时都有覆舟溺水的危险。河的两岸都是阴森森的密林，河中鳄鱼出没，水面上蚊子成群。对此，洪堡写道："晚上我们在森林中过夜，周围是鳄鱼、大蟒和老虎，它们在这里敢于袭击独木舟；我们吃的食物顶多不过是米饭、蚂蚁、麦宁（一种木薯）、香蕉，偶尔有一些猴肉；解渴的只有奥里诺科河的水。"

1800 年 4 月 6 日，当他们正在河上航行的时候，一场暴风雨突然降临。狂风呼啸，大雨倾盆，乌云低低地压在头顶，宽阔的河面上顿时浪涛滚滚。小船在波浪间上下颠簸，船舱中的印第安人向导和船工，认定小船很快就会沉下去，都纷纷跳下船向河岸游去。船上只剩下洪堡和邦普朗两个人，风浪越来越大，情况十分危急。

洪堡对这场风险有一段生动的回忆："我们的处境确实是骇人的。最近的河岸离我们有一英里多远，在那里有一些鳄鱼躺着，半截身体露出水面。即使我们逃过了狂风

恶浪和饥饿的鳄鱼，而到达岸上，我们肯定也会死于饥饿，或者被老虎撕成碎块；因为岸上的树林是那么稠密，并且同匍匐与悬挂的植物错综交织，根本就不可能穿越过去……如果我们待在河岸上，恐怕也好过不了，因为即使是一条印第安人的独木舟，两个月内通过此地也几乎不会多于一次……在40英里方圆内没有人烟……在这极其危急的关头，一阵风涨满了我们小船的帆，奇迹似地解救了我们。我们只损失了几本书和一部分食物。”

在接近圣卡洛斯城、靠近巴西边界的奥里诺科河源头，洪堡和邦普兰发现了一条自然水道卡西基亚雷河，沿着运河，他们发现它流入内格罗河，内格罗河又转向亚马孙河的源头。这就意味着他们终于可以确定，两条河的水系是相通的。

两人返回奥里诺科河，沿着水流向下游前进。1800年8月，他们返回库马纳。纵观整个行程，他们走过了2775千米荒凉的、从未有人勘察的地区。

返回库马纳休整数月，他们于同年11月穿越加勒比海，航行至古巴的首都哈瓦那。

洪堡和邦普兰花了整个冬天的时间环游古巴，将成千上万的动植物标本分门别类用船载回欧洲，他们还拜访了当地的蔗糖、烟草、棉花种植园，还参观了许多工场。当洪堡沉醉于这片西班牙最发达的殖民地的一片繁荣景象时，也为殖民者对古巴当地奴隶的剥削，感到骇然。1828年他出版了一本《古巴岛上的政治随笔》，描述了古巴岛上的地形地貌、地质与气候状况，洪堡认为这些都与古巴的经济与人口密切相关。

1801 年 3 月至 1802 年秋，洪堡和邦普朗又开始了对哥伦比亚、厄瓜多尔和秘鲁的安第斯山脉的探险，从哥伦比亚卡塔赫那，穿越安第斯山脉，前往秘鲁首都利马，直抵亚马孙河源头。那时候，这一片地区称为新格兰那达，现在是哥伦比亚、厄瓜多尔和秘鲁的一部分。在到达第一站——现在的哥伦比亚首都波哥大的时候，邦普兰病了，他们一直在那里停留到 9 月份。洪堡继续进行他的工作。这时候，他们已经发现了 3000 多种以前从未有记录过的植物品种。

1802 年 5 月，在地震频繁的厄瓜多尔的首都基多，洪堡曾三度攀上皮钦查火山，观察到脚下 600 米深处吞吐不息的蓝色火苗，并在 36 分钟内精确记录下 15 次明显的余震。而在当地居民中，则传闻有一个不怕死的德国人把火药投进火山口，结果引发了地动。两周后，他又攀登了海拔 6269 米的钦博拉索山，到达 5762 米的高度，这个高度现在只有熟练的登山运动员才能完成，当时他们创造了人类登高的最高点。直到 36 年后，这个记录才被洪堡的朋友，法国化学家盖-吕萨克(1778～1850)打破。钦博拉索山当时被认为是世界上最高的山。实际上，喜马拉雅山的珠穆朗玛峰比它高很多，最高的峰顶为 8844.43 米。若干年后，当他得知喜马拉雅山远远高过钦博拉索山的时候，非常沮丧，因为他一直以为自己登上的钦博拉索山是世界最高峰。

在高山峻岭之中，洪堡忙着用空盒气压表测定高度，用温度表测定气温，用磁力仪测定地球磁场，注意到了从地极向赤道移动时磁强的下降，观察到热带山区的气温、气压、植物和农业随高度不同而明显变化的有趣现象，他还记载了因缺氧而导致的高山疾病的征象。

他们在基多过了六个月，接着来到秘鲁首都利马，然后北上。途中，洪堡注意到一股沿南美西岸向北流动的洋流，发现其温度比海流两边的海水温度低得多。他把它叫做“秘鲁寒流”，但后来很多地图上都标作“洪堡寒流”。海流周期性地受到海洋温度升高和气候系统的影响，这就是厄尔尼诺现象。

意外收获

在秘鲁，洪堡发现秘鲁海岸有大量的海鸟粪。南美洲海岸周围的海域有着丰富的海洋生物：上涌的凉爽的洪堡海流表面带来了营养丰富的海洋生物，给大量的小鱼群，主要是凤尾鱼送来了丰富的食物。海鸟整天在海面上盘旋，寻觅这些小鱼食用，然后飞回岸上的鸟窝栖息。南美洲西海岸非常干燥的气候使它们的排泄物不会被雨水冲走，而是形成干燥的厚厚的鸟粪层。当地人大量使用鸟粪作为肥料提高农作物的产量。洪堡萌生了一个想法，把鸟粪的样品送回法国去做化学分析。分析结果表明，其中含有大量的铵盐和磷酸。1840 年，德国化学家李比希证明，磷是一种很有价值的肥料。于是，秘鲁开始了这种获利颇丰的鸟粪的出口贸易。在 1840 至 1880 年最高峰的时候，出口鸟粪超过 2000 万吨。

1803 年 3 月洪堡到达墨西哥阿卡普尔科港。在墨西哥逗留一年后，1804 年 4 月洪堡再赴古巴；继而前往美国，取道费城，于6月初来到华盛顿，在那里他们早已声名远扬，被待为国宾，一路由国务卿麦迪逊、财政部长盖拉丁、科学家桑顿等人陪同。总统杰斐逊设家宴款待洪堡，并留他住在总统府。杰斐逊是科学迷，与洪堡有共同的话题，但杰斐逊最感兴趣的还是洪堡穿行美洲的经历，他的大量地图、记录、数据，他对美墨边境一带的详细描述，等等。因为上一年，美国刚从拿破仑手中购得中部大片区域，使国土面积猛增一倍，而杰斐逊此时正拟派员考察新区，并且雄心勃勃，最终要让美国领土贯通东西两大洋，所以洪堡来得正是时候。洪堡喜爱这个新兴的国家，但他也看到，种族歧视特别是畜奴制阻挡了美国继续前进，临行前在给桑顿的致谢信中提道："自由必须以公正为前提，没有公正就不会有持久的繁荣。"

不过，洪堡与杰斐逊建立了坚定的友谊，这种友谊持续了他们的一生，从数不清以洪堡的名字命名的美国城市、山陵、海湾与公园中，就可以看到洪堡留给美国人的深刻印象。

1804年6月30日，洪堡与邦普兰登上"幸运号"，告别美国返回欧洲。1804年8月1日，经过23天横贯大西洋的航行，洪堡搭载的法兰西快船"幸运号"抵达法国波尔多港。

名动欧洲

在洪堡离开的5年中，他成了欧洲人谈论最多的人物之一。关于他旅行的传说，在欧洲各地广泛流传。好几次

人们谣传他已死于异乡，说他“命丧北美土人之手”。1804年6月12日的《汉堡通讯》更是言之凿凿：“惊悉著名旅行家洪堡先生不幸罹患黄热病，卒于美洲阿卡普尔科。”其实当时他正在美国，受到国宾级的款待。未出两个月，洪堡突然现身于巴黎，让欧洲学人惊愕不已。

回到巴黎的洪堡，一时成为炙手可热的人物。那时的巴黎乃至全欧洲，可能只有一个人比他更出风头，那就是拿破仑。上流社会争相邀他赴宴，法兰西学院设宴为他接风，巴黎植物园辟出专所供他陈列展品。人们习惯用“活字典”“百科全书”来形容一个学者知识的广博，但是对洪堡，这类字眼已不适用，因为那都是指能够查到的固化的书本知识，而他携来的是一片新大陆，仅全新的物种就超过三千。化学家贝托莱慨叹道：“此君简直就是一座活科学院！”

洪堡从美洲回来以后，为什么不到柏林而到巴黎呢？当时，拿破仑率领的军队几乎已经征服了整个欧洲，使法国成了欧洲最强大的帝国。巴黎不仅是拿破仑帝国的首都，而且也是当时欧洲文化最发达的城市。那里聚集了许多学识渊博的学者，市内有藏书众多的图书馆和出色的博物馆，这都给洪堡的研究工作提供了极大的方便。

在五年的旅行考察中，洪堡几乎花光了所有的积蓄，邦普兰更是一个钱也没有的。要留在巴黎工作，总需要有些钱来维持生活，况且整理研究工作中也要购买物品，离开巴黎去拜访一些知名学者时，又要支付旅途的费用。如果没有钱，下一步的工作确实是难以进行下去的。

这个问题很快就得到了解决。法国皇帝拿破仑知道邦普兰是位植物学家，又从美洲带回许多珍奇植物的种子，就把他安排在皇室的花园工作，任命他为马耳梅森花园的总管。这个花园是拿破仑赠给他妻子约瑟芬的，园子里种植着各种名贵的树木和花卉。邦普兰不仅有了称心的工作，而且可以领取到优厚的薪俸。

洪堡也受到普鲁士国王的重视，被任命为宫廷大臣，1905 年，洪堡曾赴意大利的首都罗马探望作为普鲁士驻教宗的代表哥哥威廉，1806 年和 1807 年他在柏林度过，后来请求普鲁士国王允许他在巴黎居住，并得到了批准。

当时普鲁士并不是一个很强大的国家，因而在举行一些国际会议的时候，普鲁士往往派洪堡为代表，借以提高普鲁士的地位和威望。1806 年，拿破仑军队在耶拿激战中打败普鲁士，进而占领普鲁士首都柏林。普鲁士国王决定派外交使团到巴黎去商谈和平解决的方法。他指派洪堡为使团成员，希望利用他在法国的声誉，让法国人作出一些让步。然而，洪堡的出席对谈判产生的作用微乎其微。1808 年，洪堡返回巴黎居住，在以后的二十年中，洪堡的大部分时间都在巴黎度过。

洪堡温文尔雅，深受女士欢迎，常有女士主动求婚，但都被他拒绝。理由是——他已跟科学结婚！这可能是世界科学史上最成功的婚姻。

还有一件事值得一提。洪堡从美洲旅行回来后，公开反对奴隶制度，曾经提议废除奴隶制度。1804 年，他在巴黎会见了玻利瓦尔，洪堡说，在他看来，西班牙的殖民地都在准备独立，鼓励玻利瓦尔首先行动起来解放自己的祖国委内瑞拉。洪堡的思想对年轻的玻利瓦尔产生了积极的影响。后来玻利瓦尔终于奋起，领导拉丁美洲进行从西班

牙的统治下夺取自由的斗争。两个人保持着友谊，直到1830年玻利瓦尔去世。

杰出贡献

南美洲的旅行考察，时间长达五年之久，总行程达6.5万千米，相当于绕行地球一圈半，带回了45箱标本，包括大量动植物标本（其中欧洲人从未见过的新物种超过3000种，植物标本超过60000株）、矿物采样和化石，地质地理学、天文学、气象学、海洋学的勘探实录以及人种志、民族学、土著文化的丰富资料。这些珍贵的资料成为洪堡以后专心著述和为地理学作出重要贡献的源泉。

在巴黎，洪堡大部分时间用来写下他的旅行和发现。他每天早上七点钟起床，八点钟赶到研究所，在那里工作到十一二点，随便吃点什么后继续工作，到晚上七点钟才吃饭。饭后他去看望朋友们或者参加沙龙聚会，半夜回家接着工作到凌晨两点。这样，他每天只睡四五个小时的觉，他曾说过："按时睡觉在洪堡家族里被视为过时的偏见。"令人惊奇的是，他一生都始终保持着健全的体魄和旺盛的精力。

洪堡的研究工作涉及到非常广泛的自然科学各个领域，他所研究的各个门类又相互联系，统一在物理学宇宙观的整体思想当中。当时的科学没有现在这么发达，科学上的分工也没有现在这样细，所以有些科学家可以在几个不同的学科上都有所成就，这在当时本不算什么稀奇。可是像洪堡这样，能在这么广的科学领域中都有创见和发现，却实在是罕见的。

洪堡的著作《植物地理学论文集》(1805)标志着生物地理学的诞生。这本书是他的主要著作《新大陆热带地区旅行记》的第五卷。在1805～1839年间，《新大陆热带地区旅行记》共出了三十卷，展示了洪堡广泛的研究领域。第四卷包含天文学方面的观察结果，第七卷描写沿途发现的植物，第三卷是题为《新西班牙王国》的政治文章。

洪堡在各个方面都有创见和新的发现。他是我们现在所知道的地球科学领域的先驱之一。他认为，对地球进行任何科学研究，都必须涉及所有关于地球结构、年龄和运转的不同学科：自然地理、地质学、气象学、动物学和植物学。洪堡的目标是建立一门科学，阐述这些不同的学科是如何相互联系的，这样，就能够了解“整体自然”。

在厄瓜多尔，洪堡仔细地研究了这里的许多火山，他注意到，它们都一成不变地分布在一条直线上。他得出结论，这是因为它们是在地壳深层的断层上面形成的。他还观察到，地球表面的许多岩石都像烈火烧过一样，这说明它们是在很高的温度下形成的。

返回欧洲以后，1805年，洪堡和他的法国朋友盖-吕萨克在德国地质学家布赫(1774～1853)的陪同下访问意大利，对维苏威火山进行考察。洪堡在弗赖堡矿业学院学习的时候，布赫也在这所学校读书，他们最初也相信水成论，随着多年的地质考察，看到这么多火成论的事实，他们不得不放弃水成论，认识到熔岩和地壳隆起在岩石形成过程中的重要性。

洪堡在地球磁场方面也有若干重要发现。科学家在许多年之前就已经知道，地球内部存在着巨大的磁性。地球本身就像一根巨大的磁棒，有着磁场的北磁极和南磁极。它们产生的力成为地球磁场力。科学家还知道，指南针并没有准确地指向真正的南极和北极的地理位置。

洪堡在旅行途中曾实地测绘过地球的磁场图。他发现地球的磁场在北磁极和南磁极最强，在赤道最弱。不论走到什么地方，他都记下指南针的指针向下的倾斜度，这个磁倾角的角度由水平线和指针指向地心的直线组成。在南纬 7°他找到了磁赤道，在磁赤道上，他的磁盘指针指向水平线。洪堡还发现，指南针的指针有时会迅速地摆动，他把这种扰动称为“磁风暴”。直到 20 世纪，科学家才发现，这种扰动是由于太阳风扰乱地球磁场引起的。

首创世界等温线图，指出气候不仅受纬度影响，而且与海拔高度、离海远近、风向等因素有关；研究了气候带分布、温度垂直递减率、大陆东西岸的温度差异、大陆性和海洋性气候、地形对气候的形成作用；发现植物分布的水平分异和垂直分异性，论述气候同植物分布的水平分异和垂直分异的关系，得出植物形态随高度而变化的结论；根据植被景观的不同，将世界分成十六个区，确立了植物区系的概念，创建了植物地理学；首次绘制地形剖面图，进行地质、地理研究；指出火山分布与地下裂隙的关系；认识到地层愈深温度愈高的现象；发现美洲、欧洲、亚洲在地质上的相似性；此外，还促进了沸点高度计的发明和山地测量学的发展；发现九个全新物种……洪堡的科学考察和著作对近代科学的发展起到推动作用。

洪堡的知识非常渊博，当时的著名诗人歌德很敬佩洪堡的才学，他赞颂说：“洪堡像一个有许多龙头的喷泉，你只要把一个容器置于其下，随便一触，任何一边都会流出清澈的泉水。”

友谊长存

邦普兰热情、勇敢、不怕困难，在旅行中曾给洪堡以很大帮助，在共同的生活中两人结下了深厚的友谊。但是在资料的整理和研究工作中，邦普兰却没有帮洪堡多少忙，对此，洪堡是深表惋惜的。

邦普兰主管的马耳梅森花园，面积相当大，里面种植着许多珍贵的树木和花卉，对于植物学家邦普兰说来，这里简直成了他的乐园。他从南美洲带回来许多欧洲所没有的植物种子，这个花园就成了他的育种驯化试验场。他把这些种子播种在园中的土地上，希望使人们能在巴黎见到奇异的美洲植物品种。

这种安逸舒适的生活没过多久，事情发生了戏剧性的变化，邦普兰的计划也被完全打乱了。

1809 年拿破仑和约瑟芬离婚后不久，约瑟芬抑郁而死。邦普兰在马耳梅森花园再也待下去了。他怀念过去的旅行生活，想回到南美洲的丛林和草原上去，离开了巴黎。这时，拿破仑已经征服了西班牙，到处都是战火，邦普兰一心想去南美洲进行探险活动，在前往巴拉圭的旅行中被袭击当了俘虏，自由受到限制。

当洪堡得知邦普兰的消息后，十分焦急，他请学术团体写信去，要求释放邦普兰；还委托一位旅行家专程从法国赶到巴拉圭，为邦普兰说情。但是，这一切努力都没有奏效。九年之后，经过哥伦比亚总统博利瓦的帮助，邦普兰才获得了自由。这时，洪堡和一些大学都请他回欧洲去，可是邦普兰既不愿回欧洲，也不想再去旅行了，他对这块南美洲的土地产生了感情，决心留下来。邦普兰娶了一个印欧混血的妻子，安了家，还是整天搞他的植物采集和种植工作。

洪堡八十多岁的时候，曾托人给邦普兰捎去一封信和自己的画像及著作，并劝邦普兰回欧洲来。邦普兰再一次谢绝了老朋友的盛情邀请。

邦普兰是一个植物学家，一生都热爱并从事植物方面的工作，但他并没有对科学的发展作出很多贡献。丰富的考察资料，只有经过系统地整理，科学分析和总结，才能找出它们之间的关系和规律性的东西，这是一项更为艰巨和困难的工作，也正是邦普兰没能做到的。

返回柏林

写完《新大陆热带地区旅行记》以后，洪堡的好运就差不多结束了。普鲁士国王任命他到枢密院任职，洪堡除了接受外，没有什么别的选择。1827 年，他很不情愿地返回柏林，在那里度过了生命中的最后三十年。

到柏林的第一年洪堡举办了一系列面向公众的学术

讲座(1827 年 11 月～1828 年 4 月),题目是《论物理学的宇宙观》,漫谈月球火山、太阳黑子、陨石和星座,吸引了大批听众,国王和王室成员、王公大臣、学者、作家与柏林市民一起,聆听他的讲座。这是德意志第一次公众科学教育。这次讲座异常火爆,出版商记录讲座内容以便出版,授权费高达 5000 塔勒(相当于亚历山大一年养老金),手头十分拮据的他却断然拒绝:随便讲讲的东西不能出版!经他多年整理后讲稿出版,此即欧洲科学史上威名赫赫的五卷本《宇宙》。

返回柏林后,洪堡的旅行并没有停止,1829 年,六十高龄的洪堡又接受俄国沙皇尼古拉一世(1796～1855)的邀请对其统治下的广阔无垠的亚洲疆土进行考察。1829 年 4 月 12 日洪堡率领考察队离开柏林,穿越了整个东欧,然后是圣彼得堡、莫斯科,接着来到了乌拉尔山,在爱伦堡附近的矿区,成功地发现了钻石,洪堡被冠以俄罗斯发现钻石第一人。接着洪堡穿越了炎热的西伯利亚平原,从叶塞尼河直到中国边界处的阿尔泰山脉,并在归途中考察里海。此行为期半年,途经驿站 658 个,行程 15480 千米。

1829 年 8 月 17 日,洪堡到达俄罗斯与中国边界。遥望不得其门而入的辽阔中国之后,他送给中国边防长官一方蓝布。中国人友好地回赠一本汉语历史书,并应他所请在封面上签名“清福”。这本书他送给了哥哥威廉。

在途中洪堡十分注意对温度的观察,他清楚地看到在同一纬度上气温因为离海洋的远近而不同;同时对圣彼得堡起直至阿尔泰山沿途的磁偏角和磁倾角均做了测量。回到圣彼得堡以后,他向沙皇强调俄国应在圣彼得堡建立

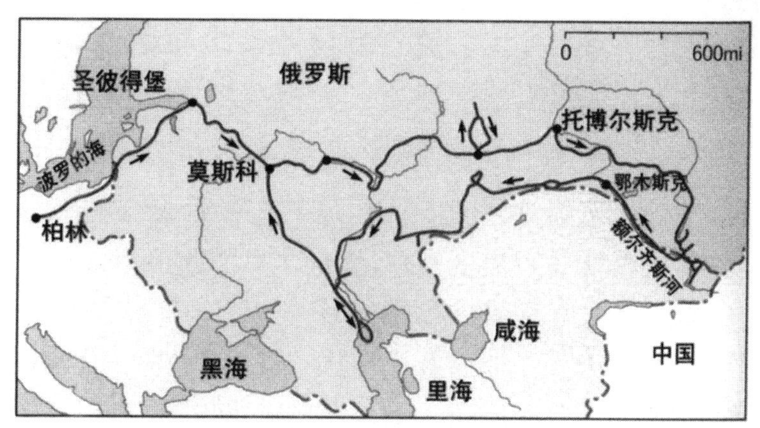

洪堡考察俄国路线图

地球物理总台和在全国组织地磁与气象网的必要性，说这样做将惠赐人类以无穷的好处。这一建议不久即见诸实行。到 1835 年，俄国气象站网已从圣彼得堡往东一直设立到北美洲阿拉斯加沿海的一个岛屿上。当时为了与毗邻地方比较起见，俄国还于道光二十一年(1841)在北京俄国教堂中也建立了地磁气象站，实为我国第一个正式气象台和地磁台，台中记录从 1841 年～1882 年，除两度停顿外，均未间断，为我国 19 世纪最宝贵的气象和地磁记录。洪堡后来根据这些观测站资料，在 1845 年制成第一幅世界年平均等温线图。

这次旅行考察结束后，洪堡花了几年进行整理加工，写下了《亚洲地质和气候片断》二卷及《中部亚洲》三卷。回到柏林之后，洪堡再也没有离开首都外出过。他住在离普鲁士王宫不远的奥拉宁堡大街，全力投入他的研究和著述工作。作为国王的客人，他经常进出王宫，他一个人还常常在林荫路上悠闲地散步。

探索自然

在洪堡生活最后二十年中，他一直在撰写《宇宙》（全名为《宇宙：物质世界概要》），这是一部他从1827年就计划开始写的著作。他希望把有关宇宙及地球的一切知识，都写进这部书里。他写道："我总是想从整体上去了解自然，自然科学的各个分支有着天然的密切联系。"

此时的洪堡已是欧洲著名的科学家，来拜访他的人络绎不绝，这种会见每天要占去他很多时间。许多学术活动、社会活动都要请他去，国王还经常请他参加一些外事活动，甚至宴请宾客也让他作陪。向洪堡请教的人不仅是一些自然科学家，就连经济学家、作家、语言学家也经常来向洪堡求教。洪堡简直忙得没法进行自己的工作，下午他要接待一批批来访的客人，晚上又要去陪同国王共进晚餐。他只好利用上午的时间查阅材料，夜间进行写作。

在书中，洪堡用大统一的自然观描绘整个"宇宙"——自然界。1833年7月14日，他在给一位朋友的信中写道："它是我一生的著作，应该反映我所强调的已经揭示和尚未揭示的各种各样现象之间的联系这样一种现象。"1834年10月在另一封信里他又写道："我产生了一种疯狂的想法，在一部著作中描述整个物质世界——即我们所已了解的天空和陆地里各种各样现象的整体。"洪堡在追求自然界大统一的时候，并不固执保守，相反却极具开拓精神。通过他的努力，在自然地理学领域开辟了许多新的研究方向。

洪堡对于东方文化，尤其是中国的文化，有极高的评价。在《宇宙》中他啧啧称道了中国重大的发现——指南针和活字印刷。他赞美中国古代天文工作者的勤劳和细心，并以古代所记的日食、流星、彗星以为例。比较中国和希腊、罗马关于陨石的记载，他说，从公元前 7 世纪到公元 333 年在中国历史上有 16 个记载，而希腊和罗马同期却只有 4 个。

《宇宙》共五卷，分别于 1845、1847、1850、1858、1862 年出版。第一卷是关于宇宙全貌的概述；第二卷是历代对自然风光的论说和人类致力于发现及描述地球的历史过程；第三卷论述天体空间的法则；第四卷讲地球；第五卷是根据他死后遗留下的大量笔记付印。此书总结了自然地理学的研究原理和区域地理研究的法则，是近代地理学最为重要的著作。1851 年还没出齐便卖掉了 80000 套，这是德国膜拜科学的第一次全民热潮。此书曾被译成多种文字，几乎包括所有欧洲语言。

1859 年 5 月 6 日，这位给人类留下巨大精神财富的科学家，离开了人间，人们为他举行了国葬。

洪堡去世后不久，朋友们成立亚历山大·封·洪堡基金会，致力通过科学交流打破国家和种族界限，促进世界和平。两次世界大战中基金会丧失所有资产，被迫停止运转。1953 年，被盟军炸成废墟、百废待兴的德国由政府出面重建洪堡基金会，资助全世界年轻天才赴德科研。1923 年之前，洪堡基金会只资助德国科学家出国考察。1925 年之后，开始资助获得博士学位的国外科学家、学者到德国从事研究。获得资助的人通常被称为洪堡学者。因此，德国的再次崛起，并非偶然。洪堡基金会被称为诺贝尔奖摇篮，据不完全统计，目前至少有 40 位洪堡学者获得了诺贝尔奖。

历史上的第一位中国洪堡学者名叫顾班昌，他在 1933 年获得了洪堡基金会的资助。1979 年，新中国的第一批洪堡学者赴德国进行科学研究。洪堡学者中知名的中国学者有物理学家何泽慧院士、中科学院院长路甬祥院士、电子学家韦钰院士等。近几年，洪堡基金会收到的来自中国的申请正在逐年增加，现在中国已经成为递交申请最多的国家。

洪堡雕像

洪堡在科学史上占有重要的地位，在科学上的贡献是具有创造性的，对后世的影响也是很大的。在达尔文的自传中有这样一段话："没有一本书或一打书对于我的影响，能和洪堡的著作及赫瑟尔的自然科学研究导论相近似，他们激起我一种强烈的欲望，要对于自然科学高大的建筑作一种贡献，虽至微小，亦所不顾。"

1859 年 11 月 24 日，洪堡逝世后的半年，达尔文发表了《物种起源》。

为地貌学挑起论争——戴维斯、彭克

威廉·莫里斯·戴维斯(William Morris Davis,1850～1934),美国地理学家、地质学家、地貌学家以及气象学家,创立了侵蚀循环学说,被称为“美国地理学之父”。

瓦尔特·彭克(Walther Penck,1888～1923),德国地理学家,地质学家。提出了与戴维斯侵蚀轮回说不同的地貌演化学说——山坡平行后退理论。

由于这两个人的努力,19 世纪末开始,直到 20 世纪中叶,地貌学从地理学中独立出来。

美国的戴维斯

1850 年 2 月 12 日，戴维斯出生于美国费城的一个基督教贵格会家庭，母亲玛丽亚是女权主义者 Lucretia Mott 之女。戴维斯 1869 年毕业于哈佛大学，并在次年获工程硕士学位。1870～1873 年任阿根廷气象台（拜尔多瓦城）助理员；后回哈佛大学进修地质和自然地理，1876 年在哈佛大学任助教，1879 年，戴维斯成为了哈佛大学地质学讲师（但是，他从未完成过他的博士学位），后又升为副教授、教授，1899 年被指定为哈佛大学地质系斯特吉斯・胡珀基金会教授，直到 1911 年从哈佛大学退休时为止。1909 年任柏林大学访问教授，1911～1912 年为巴黎大学访问教授。1904 年参加发起成立美国地理学会，是美国地理学者协会的创始人之一，并在早年深入涉足国家地理学会，为国家地理杂志撰写过大量文章。1904 年、1905 年、1909 年三度担任美国地理学会主席；还担任过美国地质学会主席。

1879 年，戴维斯在斯普林菲尔德同艾伦・B・华纳（Ellen B. Warner）结婚，首任妻子逝世后，1914 年他在马萨诸塞州的剑桥娶玛丽・M・怀曼（Mary M. Wyman）为妻。1928 年，在第二任妻子逝世后，他在米尔顿娶了露西・L・坦南特（Lucy L. Tennant）。

1909 年创立了侵蚀循环学说，主要著作有《自然地理学》（1898）、《地理学论文集》（1909）、《珊瑚礁问题》（1928）

等，是美国地理学奠基人之一。1934 年 2 月 5 日，戴维斯在 84 岁生日前逝世于帕萨迪纳。

戴维斯的学说在当时广为传播，与他自己杰出的教学才能分不开。他毕业于著名的哈佛大学，后来又在这所大学任教。他讲课时，妙语连珠、引人入胜，绘制版图、信手勾勒，生动形象。他告诫青年学生，“去而视”应改为“视而思”，提倡思索、再思索。他不断致力于改进教学方法，推动了地理教育在美国的发展。

戴维斯精力旺盛、非常勤奋，经常进行艰苦的地质考察，还写下了大量的文章，他一生所写的学术论文，至少有 220 篇之多。

德国的彭克父子

瓦尔特·彭克(以下简称瓦·彭克)1888 年 8 月 30 日出生于奥地利维也纳，他的父亲是大名鼎鼎的阿尔布雷希特·彭克，母亲是当时一位诗人的姐妹。

儿子瓦·彭克

1907 年，瓦·彭克从大学预科毕业，然后随全家搬到柏林，在那里，父亲被授予教授的职位，瓦·彭克在耶鲁大学开始学习化学、物理、数学和矿物学。1909 年学期结束后，父子两人遍游美国。他的父亲写道："在基拉韦厄火山口，他决定将来学地质学"(1924)。1910 年获得了博士学位，瓦·彭克才 22 岁，这在当时也是不寻常的。

1912 年，瓦·彭克在阿根廷地质部门服务，用两年的时间，测制了从图库曼附近的东缘起到太平洋止的科迪勒拉地质图，付出了巨大的努力。在第一次世界大战爆发前几个星期，瓦·彭克回到了德国，在 1914 年 10 月应征入伍。1915 年 10 月，他被授予一个在君士坦丁堡大学的教授职位，瓦·彭克建立了一个系，讲授地质学、矿物学和古生物学等科。

大战结束后，瓦·彭克失去了他的职务，学院失火毁掉了有价值的科学资料。1918～1919 年的冬季期间，他同他的妻子和孩子与父母生活在一起。1919 年夏天，他在莱比锡大学是教授头衔的助理教授，薪水极为微薄，靠着在南美时的积蓄，一家人维持着简朴的生活。1921 年冬天，他在莱比锡地质研究所获得一个职位，但不久他患肉瘤，于 1923 年去世，年仅 35 岁。他的家庭，当时已有第二个儿子(生于 1922 年 12 月)，几乎难以维持生活。在他生命的最后一年，他写出了《形态学分析》全稿，这本书经他父亲审校后于 1924 年出版。

瓦·彭克曾深入考察过南美洲、德国中部及小亚细亚等地地质地貌，提出了与戴维斯侵蚀轮回说不同的地貌演化学说——山坡平行后退理论。此外，彭克还是大皱褶概念的创始人之一，他对大皱褶在地表形态形成中的意义估计很高。在现代的大地构造学观点中，与此类似的见解得

到了广泛的运用。

父亲阿尔布雷希特·彭克(Albrecht Pentk,1858～1945,以下简称阿·彭克)是德国第二代地理学家的代表人物之一,师承李希霍芬,致力于自然地理学特别是地貌学的研究。在广泛旅行和考察中,特别对冰期与冰川形成问题,进行了较深入研究。把阿尔卑斯山区所经历的第四纪大冰期分为四次冰期,被誉为"阿尔卑斯冰川"之父。

父亲阿·彭克

阿·彭克在1883年25岁时任慕尼黑大学的讲师。两年以后,他受聘为维也纳大学自然地理学教授。他在那里任教将近二十年,并建成一个设备齐全的地理学系。1906年,他接受柏林大学的邀请,这一年他48岁,他保持这个领导职位共二十年(在1917～1918年还担任过大学校长)。于1926年退休。彭克退休后,仍然住在柏林;1945年3月逝世,终年87岁。

德国第二代地理学家活跃到1930年前后(当然是在纳粹时代开始以前),他们大多数是李希霍芬的学生,或者至少是在他指导下进行研究的,领袖人物有莱比锡的阿·彭克、波恩的赫特纳和柏林的施吕特尔。

在地理学史上,父子两人分别被称为老彭克和小彭克。

戴维斯的侵蚀轮回说

地貌学研究地球表面的形态特征、成因、分布及其演变规律的学科，又称地形学。它是地理学的分支，亦是地质学的一部分。地貌学对工程建设、农业生产、矿产勘查、自然灾害防治和环境保护等均有实际意义。

19 世纪末至 20 世纪中叶是地貌学成为一门独立学科的时期。这时期主要代表人物是美国戴维斯和德国瓦·彭克，他们对地貌长时间的演变作了有价值的理论探讨。

侵蚀轮回地貌

戴维斯是美国哈佛旅行俱乐部的主席，曾广泛旅行过各个大洲，对干燥区、冰川和珊瑚礁等特殊地貌有过探索，对美国东、西部地区的地貌发育有深入研究。通过对科罗拉多大峡谷、阿巴拉契亚山地、大西洋沿海平原河谷发育等研究，1889 年和 1890 年，戴维斯先后发表《宾夕法尼亚的河流和河谷》《新泽西北部的河流和河谷》两篇论文，提出侵蚀轮回学说（地理轮回学说、地貌轮回学说），

用发生学观点解释地貌的发生和发展，推动了地貌学的发展，并产生广泛影响。后又发表多篇论文补充和修改侵蚀轮回学说，推动了地理教育在美国的发展，被认为是美国地理学奠基人之一。

所谓侵蚀轮回学说，指戴维斯在1909年出版的《地理学论文集》一书中表述的有关地貌发育的理论，“地理轮回”说实质上是侵蚀循环理论，是在地壳抬升的情况下，流水侵蚀形成地形的一个理想过程。他认为由河谷的形态可以表现侵蚀的发育阶段：当原始地面未经河谷切割，河谷呈“V”形，河水在河谷里往下奔流，这一阶段为“青年”期；当原始地面被分割殆尽，地形起伏很大，地面开始下降，河谷开始向两侧扩展，这一阶段为“壮年”期；当谷地地面已降低成缓坡，河流蜿蜒于宽阔的河谷里，这一阶段为“老年”期。然后地壳又抬升，侵蚀又重新开始，这样周而复始地进行下去，形成各种各样的地貌形态，这一理论就是侵蚀循环，就是地貌轮回。

戴维斯有一句名言，即“地貌是构造、过程与阶段的函数”，也就是说一个地区的地貌现状如何，取决于那个地区的地质构造（包括岩层的物理、化学性质和岩层的产状与结构）、那个地区所遭受的地貌塑造作用（如流水、冰川、波浪等的侵蚀作用和堆积作用和地貌发育所达到的阶段。

戴维斯的理论在当时的地理学界引起了很大的震动，他的观点在德国以外的世界广大地区，得到了普遍的赞许和传播，尤其备受近代地理学著名的大师德·马东男（1873～1955）的很高评价与推崇。因为，这意味着地貌是“生来如此”的时代已经过去了，任何地表形态都是随着时间的变化而变化的。直到戴维斯退休，他的学说几乎垄断了地形演化理论。

戴维斯的学说在德国遭到猛烈的批判，从而挑起20世纪初轰动世界的著名学术论战。

德美两国学术界的论争

1908年戴维斯应阿·彭克的邀请，到柏林大学作访问教授，发表了著名的讲演，题目是《地形的解释性描述》。这个讲稿由彭克的同事阿尔夫雷德·吕尔（1882～1935）译成德文版1912年在莱比锡出版。

（a） 彭克坡地发育示意图

（b） 戴维斯坡地发育示意图

戴维斯在柏林讲学以后的若干年内，他的“地形的解释性描述”体系，成为某些德国地理学家辛辣批评的主题。德国地理学家阿尔夫雷德·赫特纳（Alfred Hettner，1859～1941）的批评文章还在戴维斯这一著作未出版的前一年就发表在《地理杂志》中，在1921年出版的《大陆表面形态》一书中进行了更为系统的批判。1924年，瓦·彭克的

遗著《地貌的形态分析》经他的父亲阿·彭克的审校出版。瓦·彭克被誉为“地貌学的哥白尼”，他针对“地理轮回”学说，进行了系统、尖锐的批评。德国著名的地质学家帕萨格（Siegfried Passarge，1867～1958）博士也在《地形发生学》一书中，针对戴维斯的演绎法进行了详尽的分析与批评。1939年美国地理学家协会的一次讨论会上，与会者对瓦·彭克提出的体系与戴维斯体系作对比的分析。

瓦·彭克认为，地形变化的实质是地壳运动的性质和过程的反映，因此地貌学不以解释地球表面起伏形态为最终目的，而应为了解地球内力作用的性质和过程提供线索及论证。特别是在坡地剥蚀的理论上，他的看法与戴维斯针锋相对。瓦·彭克认为，坡地的剥蚀是“平行后退”的，后退过程中，坡度会发生变化，由单一岩性组成的直线坡或由不同岩性组成的陡缓交替的复式坡均是如此。陡坡的后退是由于重力的剥蚀（崩塌、滑坡）和坡面流水的片状冲刷造成的；缓坡的夷平则主要是坡面水流冲刷的结果。随着坡面的后退，高地会愈来愈缩小，坡麓的缓坡平地会日益扩大，形成所谓“剥蚀平原”。人们称彭克的这一理论叫“山坡平行后退理论”或称“山前梯地学说”，而戴维斯在解释坡地剥蚀时，是认为剥蚀是“自上而下”进行的，山坡随分水高地的切割而降低，坡地较大的坡地渐缓圆化，形成上凸下凹形坡，斜坡自上而下缓慢降低，最后形成“准平原”。

彭克认为坡地的剥蚀是平行后退，戴维斯认为坡地的剥蚀是自上而下进行。实际上这两种模式在自然界同时存在，前者盛行于干旱和半干旱气候区，后者盛行于湿润多雨区。彭克设想的主要由软岩组成的山地经水流冲刷形成的凸形坡为主、微有起伏的山麓平原就是戴维斯的准平原。

可以预料，德国地理学家们反对戴维斯体系的论辩，将会受到美国方面的反驳。戴维斯在评论赫特纳著作的时候，作出较为严厉的人身攻击，他说它充满了“说教、陈词滥调、踌躇犹疑、有害的误解和蓄意的抬杠”——戴维斯明显地生气了。

戴维斯的美国同胞鲍曼与他一道，同德国的同行进行论战，1926年鲍曼在《地理评论》第16期发表了《地形的分析：瓦尔特·彭克论地形轮回》，就是参战论文。鲍曼说，分歧来自德国学界“不愿意接受来自外国的一个名词（指戴维斯的“侵蚀循环学说”一词），另一部分原因是不可救药地、顽固地把阶段（stage）误解为年龄（age），不懂得阶段这个词是用以说明发展的程度，而不是说明时间的长短的”。这可能是正确的，但不是这场地理学论辩的主要问题。

人们必须回想起这段历史，在20世纪的最初二十年内，德国已经有了一批成熟的地理学家，他们都是有声誉的学者；在到世界上遥远分散地区作实地调查和把地理学组成一门独立学科这两方面，他们的观念都比同时代的英、美两国人先进得多。再有，在19世纪90年代，李希霍芬与阿·彭克都已出版了有关地形及其分类、起源和发展的第一批基本著作。作为地理学家，所有这些人都在研究描述地表的现象及其结合状况。也就是说，从地貌学发展的角度来说，当时的德国比美英两国更为成熟。

不过论战两边都忽略了一个事实：戴维斯的侵蚀轮回学说主要是针对欧洲和美洲湿润地区而发展和运用的，而德国地处地球的干旱和半干旱气候地带。戴维斯和彭克提出的两种地貌演化模式其实是在大自然中同时并存着的。

越来越多的学者卷入其间，双方的攻击都是猛烈的；而且非常明显，都是由于对地理学的问题、目的和方法所持的观念不同，以及民族气质的不同。这一场论战持续时间达半个多世纪，至今也没有绝对平息。

有趣的是，阿·彭克强烈地影响德国的地理学，尤以德国的地貌学为甚，而在讲英语国家中不太有名。瓦·彭克则反之，因为论争的缘故，在英语世界相当著名，直到今天，在英语文献中，瓦·彭克的理论一再被引证，而在德国，仅附带提到而已。瓦·彭克一生只写出了一本学术著作，但其理论完整，在英语世界影响深远，1953 年被译成英文，1972 年再版，这对德国人说来是难以理解的。

毫无疑问，戴维斯和瓦·彭克都把动态、演化的观点引入了地貌学，从此开创了这门学科研究的崭新局面。因而有人评论说："能在地貌学者们科学的理论里留下深刻踪迹者只有两人，即戴维斯和彭克。"两个人虽观点不同，但都被认为是地貌学的奠基人。

大陆漂移学说之父——魏格纳

魏格纳(Alfred Lothar Wegener,1880～1930),德国气象学家、地球物理学家。1880年11月1日生于柏林,1912年,首次提出大陆漂移的观点,1915年发表《海陆的起源》加以系统论证,被称为“大陆漂移学说之父”。1930年11月在格陵兰考察冰原时遇难。

兴趣广泛，渴望探险

1880 年 11 月 1 日，魏格纳出生于德国柏林，是基督教牧师理查德德·魏格纳博士和他的妻子安娜的小儿子。学生时代在柏林就读于科隆文科中学，少年时便向往到北极去探险，由于父亲的阻止，魏格纳没能在高中毕业后加入探险队，而是进入大学。先后在海德堡大学、因斯布鲁克大学和柏林大学学习，主要学习天文学，同时致力于研究地质学和气象学。1905 年他获得天文学博士学位。但是他后来很少进行天文学的研究，他认为“天文学从根本上来说，已经都完成了”，并且“天文学不能提供体力活动的机会”。只要有时间，魏格纳就跑到山上，进行攀登和滑雪锻炼，期待着有朝一日去格陵兰探险。

大学毕业后，魏格纳以天文学家的身份开始了他的职业生涯，进入柏林的“乌兰尼亚”学会。但不久他放弃了这个专业，因为他更喜欢气象学，气象学在当时还是一门新科学。他到他哥哥库尔特所在的普鲁士皇家航空观测站担任二等技术助理，在那里他得以熟悉风筝和系留气球的升空技术，钻研了自由气球升空的理论与实践，并取得了很大的成绩。1906 年 3 月，魏格纳和他哥哥库尔特进行了一次持续五十二小时的长时间飞行，目的是检验飞行器中水准四分仪的精度。他们从柏林北上，经过日德兰半岛和卡特加特海峡，到达斯佩沙尔特，利用气球在空中飞行的时间大大超过了当时的世界纪录。

1906 年，魏格纳以官方气象学家的身份参加了丹麦国家探险队，到格陵兰进行为期两年的探险。格陵兰岛是世界上最大的岛屿，是仅次于南极洲的大陆冰川。当魏格纳还是孩子的时候，就很迷恋格陵兰，这也是他对这块土地几次探险中的第一次。在这次考察中，他熟悉了极地旅行的技术，了解了格陵兰岛上高原和海洋气候的不同点，搜集了许多珍贵的气象资料。他发表的观察结果主要涉及气象领域。

从格陵兰回来后的 1908 年，魏格纳在马尔堡大学取得了天文学和气象学教授资格，并在马尔堡大学得到了一个职位，教授气象学。授课时期，他开始了惊人的多产阶段，除了众多的短小论文外，他还写就了教科书《大气热力学》，这部著作出版于 1911 年，并引起各界对这位青年学者的注意，从而奠定了他的学术声望。德国著名气象学家柯本对该书评价道："同这个领域的其他著作相比，这本书有两个特点，第一表现在新形成的大气学，首先表现在魏格纳通过自己的大量气球航行直接从大气层中取得的观点，这是以前的气象学家所不具备的；第二是他在毫不损害严格性的情况下，善于以简朴的明确性和最低限度的数学来阐明复杂问题这种特殊才能。"

大胆假设，小心求证

魏格纳的兴趣总是相当广泛，这一时期，他已从气象学转向了一个完全不同的领域。他开始探索后来给他带

来世界性荣誉的思想。根据他的朋友和最后一次格陵兰航行的伴随者格奥尔基的说法，魏格纳早在 1903 年就曾提醒他的大学同学伍恩特·许温宁格注意大西洋东西海岸的明显吻合。魏格纳第一次提出可能存在大陆移动这种思想是在 1910 年。从地图上看，大西洋两岸的轮廓非常相象，特别是南美洲巴西东部的突出部分，与非洲西海岸的几内亚湾非常吻合。于是魏格纳萌生了这样一个想法：非洲大陆和南美洲大陆曾经连在一起，后来才裂开、漂移开。从此，他开始研究这个大胆假设将花费他余生精力的问题。

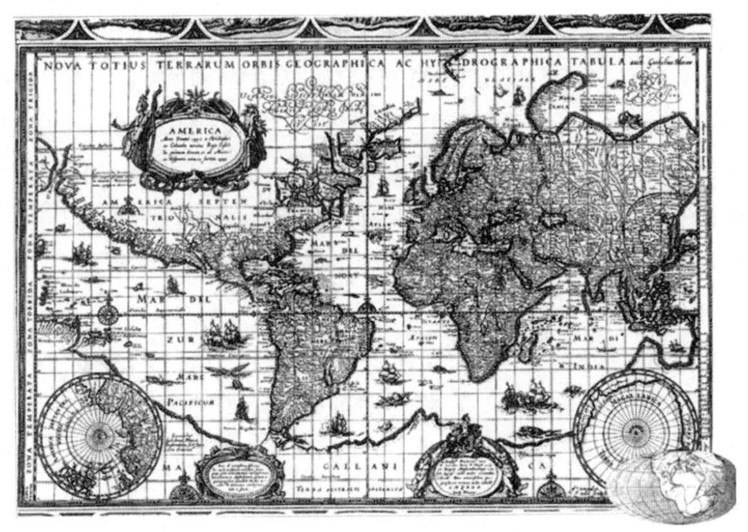

1650 年出版的世界地图

魏格纳不是最早发现这一现象的人。从 16 世纪和 17 世纪世界地图开始出版起，就已经引起了人们的注意。这些由欧洲的航海家和殖民者勘探和测绘出来的地图详细地描绘了大西洋两岸大陆的海岸线，英国哲学家弗兰西斯·培根和德国地理学家洪堡，都已注意到大西洋两岸轮廓的相似性，并认为这并非偶然现象。培根早在1620年就在地图上观察到，南美洲东岸和非洲西岸可以很完美地衔接在一起，但培根不是科学家，他没有试图去寻找证据。

培根之后将近300年的时间里，这一现象激起了一批杰出科学家的创造性幻想。斯尼德1858年在他的著作《天地及其被揭开的奥秘》中绘制了一些构图，暗示大西洋两侧以前是邻接的这种设想，和魏格纳的复原构图很相似。美国人泰勒和魏格纳同时，却是分别单独地根据地质构造证据，指出在地质时代中大陆必然进行过显著的重新布局。古生物学家也早已注意到在非洲和南美洲找到的化石的相似性。密切相关的植物和动物种类自然地出现在两块相隔几千千米远的大陆上。例如，有袋目动物(如袋鼠)生活在澳大利亚、新几内亚和美洲，但非洲和欧亚大陆没有。南半球的山毛榉只能在印度尼西亚、澳大利亚、新西兰和智利找到。这种物种的分布都很难解释，除非这些陆地曾经连接在一起。

1911年秋，魏格纳得到了一份综合报告，从中读到了关于古老动物界近亲关系的情况，这促使他去研究有关文献并认真地探讨这个问题，这时，大陆可能移动的思想把他完全吸引住了。

魏格纳开始搜集资料，验证自己的设想。他首先追踪了大西洋两岸的山系和地层，结果令人振奋：北美洲纽芬兰一带的褶皱山系与欧洲北部的斯堪的纳维亚半岛的褶皱山系遥相呼应，暗示了北美洲与欧洲以前曾经“亲密接触”；美国阿巴拉契亚山的褶皱带，其东北端没入大西洋，

延至对岸，在英国西部和中欧一带复又出现；非洲西部的古老岩石分布区（老于 20 亿年）可以与巴西的古老岩石区相衔接，而且二者之间的岩石结构、构造也彼此吻合；与非洲南端的开普勒山脉的地层相对应的，是南美的阿根廷首都布宜诺斯艾利斯附近的山脉中的岩石。

对此，魏格纳作了一个很浅显的比喻。他说，如果两片撕碎了的报纸按其参差的毛边可以拼接起来，且其上的印刷文字也可以相互连接，我们就不得不承认，这两片破报纸是由完整的一张撕开得来的。除了大西洋两岸的证据，魏格纳甚至在非洲和印度、澳大利亚等大陆之间，也发现有地层构造之间的联系，而这种联系都限于中生代之前即 2.5 亿年以前的地层和构造。

沉浸在喜悦中的魏格纳又考察了岩石中的化石。在他之前，古生物学家就已发现，在目前远隔重洋的一些大陆之间，古生物面貌有着密切的亲缘关系。例如，中龙是一种小型爬行动物，生活在远古时期的陆地淡水中，它既可以在巴西石炭纪到二叠纪形成的地层中找到，也出现在南非的石炭纪、二叠纪的同类地层中。而迄今为止，世界上其他大陆上，都未曾找到过这种动物化石。淡水生活的中龙，是如何游过由咸水组成的大西洋的？

更有趣的是，有一种园庭蜗牛，既发现于德国和英国等地，也分布于大西洋对岸的北美洲。蜗牛素以步履缓慢著称，居然有本事跨过大西洋，从一岸传播到另一岸？当时没有人类发明的飞机和舰艇，甚至连鸟类还没有在地球上出现，蜗牛是怎么过去的？

再来看一看植物化石——舌羊齿，这是一种古代的蕨类植物，广布于澳大利亚、印度、南美、非洲等地的晚古生代地层中，即现代版图中比较靠南方的大陆上。植物没有腿，也不会游泳，如何漂洋过海的？

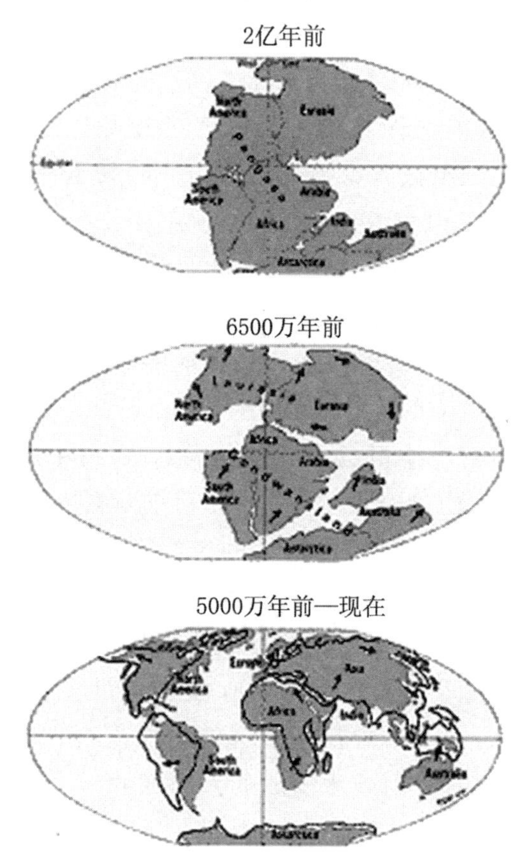

大陆漂移学说示意图

为解释这些现象，魏格纳之前的古生物学家曾提出“陆桥说”，他们设想在这些大陆之间的大洋中，一度有狭长的陆地或一系列岛屿把遥远的大陆连接起来，植物与动物通过陆桥远涉千万里，到达另外的大陆；后来这些陆桥

沉没消失了，各大陆被大洋完全分隔开来。这种观点被称为“固定论”，即大陆与海洋是固定不动的。而魏格纳的解释则是“活动论”的，各大陆之间古生物面貌的相似性，并不是因为它们之间曾有什么陆桥相连，而是由于这些大陆本来就是直接连在一起的，到后来才分裂漂移，各奔东西。

古代冰川的分布也支持魏格纳的想法。距今约 3 亿年前后的晚古生代，在南美洲、非洲、澳大利亚、印度和南极洲，都曾发生过广泛的冰川作用，有的地区还可以从冰川的擦痕判断出古冰川的流动方向。从冰川遗迹分布的规模与特征判断，当时的冰川类型是在极地附近产生的大陆冰川。而且南美、印度和澳大利亚的古冰川遗迹残留在大陆边缘地区，冰川的运动方向是从海岸指向内陆，显然冰川是不会登陆向高处运动的，这说明这些大陆上的古冰川不是源于本地。面对这种古冰川的分布及流向特征，过去的地质学家一筹莫展。然而正是这些特征，却为大陆漂移说提供了强有力的证据。

在魏格纳看来，上述出现古冰川的大陆在当时曾是连接在一起的，整个大陆位于南极附近。冰川中心处于非洲南部，古大陆冰川由中心向四方呈放射状流动，这就很合理地解释了古冰川的分布与流动特征。我们现在看到的冰川向陆地内部运动的表象，其实是因为原来巨大的大陆分裂开来，原来的内陆变成了沿海的缘故。

除古冰川遗迹外，蒸发盐、珊瑚礁等古气候标志，也可用来推断它们形成时的古纬度。古纬度与现在大陆的位置是冲突的，这也说明以前的大陆不在今天所处的地方。

经过系统的研究，魏格纳首先在 1912 年推出他的“大陆漂移”新理论。这种理论认为，曾经有过一段时间，现在所有的大陆都连在一起构成一大片陆地，他把它称为泛古陆（Pangaea，在希腊文中是“全部陆地”的意思），泛古陆被唯一的大洋包围，他把它称为泛大洋（“全部海洋”的意思）。大约从 3 亿年之前开始，泛古陆这块超级大陆逐渐开始破裂。分裂出来的几块陆地在熔岩的“海洋”中缓慢地漂流分开，直到到达我们现在所看到的位置。南美洲和非洲大约在 1.5 亿年之前开始分开。澳大利亚和南极大陆大约在 4000 万年之前分开。魏格纳不清楚这种移动是怎样出现的，但是认为可能与潮汐的力量有关。

1912 年 1 月 6 日，魏格纳在法兰克福地质协会上作了题为“大陆的水平移动”的报告，提出了大陆漂移学说，第一次把他的思想公之于众。他遭到了激烈的反对。几天后，他又在马尔堡向促进自然科学学会作了同样的报告，得到虽有保留却是友好的支持。

从他回答气象学家柯本告诫他还是从事原来专业的信中，可以清楚地看到他初始的思路和论证的方法：

“我想，你认为我说的原始大陆是空想，其实不然，而你还没有看到这只是对观察到的资料如何解释的问题。虽然我是单纯由于海岸轮廓的一致想到这一点，但证实它必须基于地质学的观察结果。为此，我们不得不假设例如在南美洲和非洲之间曾存在过陆地通道，而它在某个时间中断了。对这一事件可以做两种设想：第一是一个起连接作用的大陆沉没了，第二是两者被一个大断裂分离开了。以前，人们从每一块陆地位置不变这个未经证实的假想出发，总是只考虑前者，而排除后者。可是前者与现代的地

壳均衡说以及我们的整个物理观念相违背。一块大陆是不能沉没的，因为它比它漂浮于其上的物质轻。因而我们不如考虑后一种可能！如果由此会使解释出乎意料地简化，如果表明由此便于解释地球的整个地质发展历史，我们为什么还要犹疑而不抛弃旧的观念呢？”

魏格纳的学说第一次成文发表于1912年《彼得曼地理通报》，摘要发表在《地质评论》中。此后出现了一场激烈的讨论，很长时间里，知名权威者的坚决反对一直占上风。

石破天惊，百折不挠

1912年，他重返格陵兰，参加了由柯赫率领的丹麦探险队，穿越格陵兰大冰原，从东北部海岸的刘易斯到达西北部海岸的乌佩纳维克岛，探险队员们走过了人类从未涉足的长达1207千米的冰原，他们也是在冰原上过冬的先驱者，完成了前所未有的从东到西横越格陵兰大冰原的旅行考察。当1913年探险队抵达西岸时已是精疲力竭。

这一时期，魏格纳与艾尔莎·柯本结婚，艾尔莎是柯本的女儿，几年前魏格纳在拜访柯本时赢得了她的爱情。

1914年夏天，第一次世界大战爆发了。魏格纳作为后备役上尉立即被征入伍。开战不久即两次负伤，不得不较长时间住院。在大战的其余时间里，他一直在战地气象站工作，期间到过西线两次，到过保加利亚和立陶宛，在立陶宛时还在塔尔图大学讲课。在战争年代中，他表现出的积极性是惊人的，这从他发表文章的数量可以看出。

魏格纳亲密朋友伯恩多夫对他在大战岁月的情况作了介绍："我并不确切了解，因为我从来没有就此和他谈过，但是我相信战争服役对他是很严峻的。不是由于危险和艰苦，这些对他这样的人甚至是有吸引力的，而是由于把他引入了严重的内心冲突，对祖国的义务和深信战争是可憎的信念之间的冲突。魏格纳属于那种当今十分罕见的人，他在为自我、家庭、本国人民和人类福利这个阶梯上，并不完全随意停留在人民这一级上，而是把促进整个人类的福利视为生活的意义。魏格纳肯定是一个真正地道的德国人，但是没有那种在战争中以令人不快的方式培育起来的狭隘民族主义。"

这也许正是魏格纳在负伤后以异乎寻常的精力投身到科学工作中去的原因之一，在严谨的科学研究的基础上，魏格纳把他的理论系统地写出来，1915 年《大陆和海洋的形成》正式出版。

魏格纳这一"石破天惊"的观点立刻震撼了当时的科学界，招致的攻击远远大于支持。有地质学权威认为他的假说是"最轻率的空想"，并指责他是"外行人"，这是由于魏格纳在大学中获得的是天文学博士学位，主要研究气象，他并非地质学家、地球物理学家或古生物学家。另一方面，如果他的大陆漂移学说成立，那么整个地球科学的理论就要重写。

魏格纳理论最主要的弱点是：巨大的大陆是在什么上漂移的？驱动大陆漂移的力量来自何方？魏格纳认为硅铝质的大陆漂浮在地球的硅镁层上，即固体在固体上漂

浮、移动。对于推动大陆的力量，魏格纳猜测是海洋中的潮汐，拍打大陆的岸边，引起微小的运动，日积月累使巨大的陆地漂到远方；还有可能是太阳和月亮的引力。根据魏格纳的说法，当时的物理学家立刻开始计算，利用大陆的体积、密度计算陆地的质量。再根据硅铝质岩石与硅镁质岩石摩擦力的状况，算出要让大陆运动，需要多么大的力量。物理学家发现，日月引力和潮汐力实在是太小了，根本无法推动广袤的大陆。

战后的 1919 年，魏格纳继柯本之后任汉堡德意志天文台气象室主任，并被任命为副教授。在汉堡时期，魏格纳的主要科学工作集中在继续扩展和深化他的理论。1924 年，魏格纳与柯本合著了《地质古代的气候》，这是大陆漂移论的一个重要部分，在这部不长的著作中，魏格纳提出了月球火山口的冲击成因观点。

魏格纳对于一些地质学权威专横的指责并没有退却，为使自己的假说更有说服力，他不断地修改他的《大陆和海洋的形成》。1920 年出版了第二版，1922 年又出版了第三版，魏格纳以不倦的勤奋精神，反复提出新的证明材料以支持他的理论。第三版在 1924 年被翻译成英文、法文、西班牙文出版，1925 年被翻译成俄文出版，可见他的理论在全世界引起了多么大的兴趣。1929 年《大陆和海洋的形成》第四版在重新修订整理后出版。

有专家认为，正是由于这本书引起争论的结果，第一次世界大战结束以后，魏格纳好多年都无法得到大学教授的职务。最后，奥地利的格拉茨大学给了他一个职位，1924 年，他成为这所大学的气象学和地球物理学教授。他的家和岳父母柯本一家也搬到那里去了。

魏格纳多次把他在格拉茨度过的岁月称为一生中最幸福的时光，他的学生回忆道："在喝茶时他给我们讲述他的多次旅行，那些不大了解他的经历的大学生专心致志，以极大的兴趣倾听他的叙述。我们那些十分热衷于体育、在格拉茨尤其热衷于滑雪运动的大学青年，深为他的成就所感动。他们中的大多数，大概也知道他是一个著名的学者，而人们却完全不会感觉到这一点，加之他甚至和最年轻的学生交往时，也是那样俭朴和平等待人，这些正是他能迅速赢得青年人的心的原因。我相信他们会为魏格纳赴汤蹈火，如果有人敢于怀疑大陆漂移论，他们肯定会愿意列举出明确的论据。"

最后探险，遇难身亡

1929 年，魏格纳继续对格陵兰研究的起因是来自哥本哈根的一封信，信中通知他，丹麦每隔五年进行一次的经度测量，证明格陵兰每年向西漂移 36 米。对于魏格纳来说，这是对他的理论正确性的第一个直接证明。

在德意志研究联合会的支持下，原定于 1930～1931 年的大规模德国科学家格陵兰考察队于 1930 年 4 月出发，这是魏格纳第三次去格陵兰考察。4 月 15 日，他们登上格陵兰岛，但港口仍然是冰天雪地。6 月 15 日，一支队伍动身到离海岸线 400 千米处的冰层上建立爱斯米特营地。但是恶劣的天气阻碍了向营地运送给养。9 月 21 日，

魏格纳和他的同事洛，还有13个格陵兰人带着充足的供给动身前往营地，去解救两个被困在那里的队员。他们走了7天，走了62千米的路程，这时候，12个格陵兰人不愿意坚持下去。魏格纳和洛，还有一名格陵兰人维鲁姆森坚持继续前进。经过40天的跋涉，他们终于到达营地，最后5天的平均气温达到了零下摄氏50度。洛筋疲力尽、严重冻伤。但是魏格纳、维鲁姆森安然无恙，在爱斯米特营地的两个人也很安全。

11月1日，他们共同庆祝魏格纳的生日。然后魏格纳、维鲁姆森开始动身返回，洛则留下来疗养。在归途中魏格纳遇难。第二年，1931年5月12日，人们找到了魏格纳的尸体，他被很好地安葬，下面垫着一张驯鹿皮，上面盖着睡袋，这显然是维鲁姆森干的。但是探险队员们一直没有找到维鲁姆森。魏格纳的遗体被留在那里，队员们用冰块给他建造了一座陵墓，后来还竖起了很高的铁十字架。这座陵墓和十字架后来都消失在厚厚的雪地里。

魏格纳在最后一次探险时，写给好友乔治的信中说："无论发生什么事，必须首先考虑不要让事业受到损失。这是我们神圣的职责，是它把我们结合在一起，在任何情况下都必须继续下去，哪怕是要付出最大的牺牲。"

超前思想，迟到荣誉

魏格纳死后几年，科学家在大西洋中央发现了大西洋中脊——和两边两个板块距离相等，长达16000千米的山脉。不久又发现，所有的大洋中都有类似的洋中脊。

1960年，美国地球物理学家赫斯(1906～1969)提出海底扩张学说，认为大洋中脊是地幔对流上升的地方，地幔物质不断从这里涌出，冷却固结成新的大洋地壳，以后涌出的热流又把先前形成的大洋壳向外推移，自中脊向两旁每年以0.5～5厘米的速度扩展，不断为大洋壳增添新的条带。因此，洋底岩石的年龄是离中脊愈远而愈古老。任何地方的海洋底壳均不老于2亿年这个发现，可以推测，从洋底海岭向大陆边缘游移的岩石圈或者同时带动了大陆，或者在每一个迁移循环之后，重新沉入地幔，并在那里消亡。赫斯在他的著作《论地球结构》中描写了这一过程。

1968年，法国地质学家勒皮雄与麦肯齐、摩根等人在前人研究的基础上提出六大板块的主张，它们是——欧亚板块、非洲板块、美洲板块、印度板块、南极板块和太平洋板块。板块构造学说很好地解决了魏格纳生前一直没有解决的漂移动力问题。随着板块运动被确立为地球地质运动的基本形式，地学也进入了一个新的发展阶段。

现在我们知道，大西洋每年以2.5厘米的速度在扩张。南太平洋扩张的速度是每年18厘米。地壳是有生有灭的。由于海底扩张，大洋底部不断更新，大陆则只是随着海底的扩张而移动。板块在相对移动的过程中，或向两边张裂，或彼此碰撞，从而形成了地球表面的基本面貌。如两三亿年前，欧、非两洲和南、北美洲相连，以后出现大西洋海岭，新的洋壳不断形成并以它为中轴向两边扩张，才使上述各洲分开。

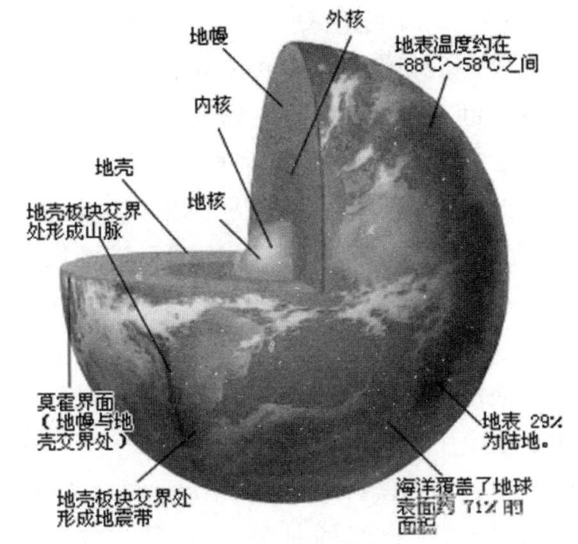

地球剖面图

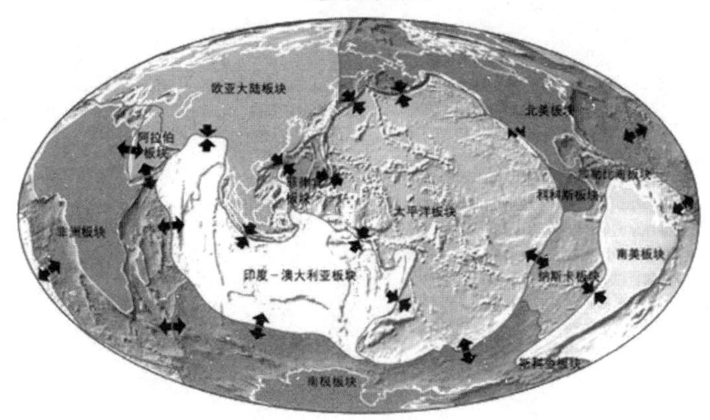

板块结构图

关于板块的驱动力问题，有人认为是地幔对流，也有人认为是地幔中的“热点”和“热柱”把岩石圈拱起，而使其在重力作用下向下滑动推挤板块运动，还有其他的一些主张，目前尚无统一的认识。

大陆漂移——海底扩张——板块构造，这是人类对地壳运动认识过程不断深化发展的三部曲。

魏格纳去世三十年后，板块构造学说席卷全球，人们终于承认了大陆漂移学说的正确性。到了20世纪80年代，人们已然确信，从大陆漂移说的提出到板块构造说的确立，终于促成了一次名副其实的地球科学领域的伟大革命。板块构造说在地球科学中的地位，就像血液循环说对于生理学、进化论对于生物学一样重要，而魏格纳大陆运动的思想在地球科学革命中的地位，正像哥白尼的主要贡献在天文学革命中的地位一样。

人们至今还纪念魏格纳的，因为他是一位不囿于成见、敢于向传统观念挑战的科学家，也是一位勇于探索和不惜献身的探险家。